私が保育学を志した頃

津守　眞

ななみ書房

空に虹を見たとき

東京の空に虹がかかった
　虹が消えるまで私は見ていた
地と天を結ぶ橋
　神と人との契約の証
地から天に昇る階段
　首をあげて美しく見る希望
その色の輝きは神の賜物とよりほか考えられぬ
　公害の空にも与えられた自然の恵み
それが消えても私は地上にあって
　天上のことを忘れないであろう

1972年8月の日記から
保育学の学徒へ転回のころ

● はじめに ●

児童心理学を志しながら、「何か」を求めて模索した日々は、私の青年期の中で重い期間であった。そんな私がアメリカに留学することになり、しかも誰かが計画したのではなくて多くの家庭の愛の中で次第に目覚めていった過程を大切に思っている。国と国とが戦争をしても人と人とは心を通い合わせ、戦とは反対に互いに大切にし、平和に暮らすことが出来ることを学んだ。私がアメリカでお世話になった家庭は物質的に豊かな家庭ばかりでなく、子どものない家庭、養子をもらって苦労しておられる家庭もあった。

私はアメリカ留学によって、国と国との境を越えて、人と人が結び合うことを深く心に刻んできた。そのことは私が人間を学ぶことの基礎となった。人種を越え、能力の違いも越えて生きることを知った。

日本に帰っても、その思いを学問研究の中にどう生かしてよいか分からず、その思いを形に出来なかった。しかし、後に大学をやめて養護学校（障碍を持つ子どもたちの学校）に身を置いたとき、私は自分の言葉で語ることが出来るようになった。

児童心理学から、やっとの思いで保育学の学徒へと転回することが出来た。その過程は長い志への道である。

私はまだしばらくはその続きを生きている。

ここにその一端を書物の形に出来て嬉しい。

津守　眞

もくじ

第1部　私が保育学を志した頃

青年期の私

私は青年期に敗戦という日本の社会の大転換期に遭遇し、戦前と戦中と戦後といずれもの時期を体験した。つい最近までは、これは私共の世代の者はだれでもが知っていた共通体験だったが、いまはその時代の人が少なくなった。過去は知らない方がいいこともある。しかしその記憶を失ったら現在が違ってしまうような大事な記憶もある。私はその時に青年期を生きた者としてそれを記しておきたい。私が保育学を専門とするに至ったのも、自分の青年期の日本の敗戦の体験と切り離すことはできない。

私は昭和18年17歳から日記を書いていた。それを手掛かりにして記してみようと思う。

●復員の日

昭和20（1945）年8月29日、私は一面焼け野原の道を駅から家に向かって歩いていた。途中、夾竹桃の赤い花が強烈だった。私は毎年夾竹桃の花が咲くとき、昭和20年のあの日を思い出す。家の勝手口をあけて、「ただいま」と声をかけると、母と妹が飛び出してきた。母は顔をくしゃくしゃにして床に座り込んだ。いまは亡き母の最も印象的な顔である。私は埃にまみれたゲートルをゆっくりとほどきながら、もう二度と兵隊にとられることはないのだと自分に言い聞かせた。

私が召集されたのは、わずか1月半前の7月14日だった。私は西田幾多郎の『善の研究』

を読んでいた。私の肩越しに母が召集令状を机の上においた。「今朝召集の報を受けたから記念に一筆書いておこう。現実の一つ一つが人生の階段である。一歩一歩登って行こう。純粋経験に徹して」と私は日記帳に記して、本を閉じた。一度軍隊に行けば、生きて帰れないというのは、当時の青年はだれもが知っていた。送る人も送られる人も、みんなが悲壮感を負いながら、毎日を何とか明るく生きようとしていた。

●昭和20（1945）年 ― 軍隊と敗戦

私は昭和20年4月に文学部心理学科に入学した。戦争の熾烈な時で、3月10日には東京は大空襲に会い、本所深川、下町一帯が焼かれ、何万という人が死んだ。5月25日の大空襲では山の手一帯が焼かれた。低空飛行で焼夷弾をバラバラと落とす米軍の爆撃機の腹を、私は映画でもみるようにすぐ目の上に見ていた。その焼夷弾を消そうと走り回って私も軽い火傷をした。一か所消しても、次から次へと落ちて来る火の玉には、もはやなすすべもなく焼かれるに任せるよりほかなかった。私共の住居は幸いに焼け残った。

入隊の日、駅のホームの端に立っていつまでも手を振っていた父の姿を私はいまも忘れることができない。私にはいつも背筋を伸ばして励ましてくれた父だったが、このときの父の姿には別れ難い気持ちが滲んでいた。背中の荷物の中には、父がくれた小さな聖書と、万葉集とクルト・レヴィンの心理学の本を入れていて、そのことで入隊早々にひどく殴られた。軍隊は、上官の命令を笠に着て、下士官が自分勝手に振る舞う下等な集団である。自己反省もなく、他人への配慮も尊敬もない。母が買ってくれた、何本も刃の出る上等なナイフがいつのまにか下士官の腰にぶら下がっていた。それを知りながら、私は何も言うことができなかった。崩壊寸前の日本陸軍の実態を私はつぶさに体験していた。兵隊とはいえ、帯剣もなく、食器は空き缶と竹の筒だった。私の部隊は房総半島南端の千倉に送られた。海岸線の砂浜に、人ひとりが入れる「たこつぼ」防空壕を掘り、竹の棒の先に爆薬をつけて上陸する米軍のタンクの下に飛び込むのが私共の任務だった。あるとき大隊長が馬に乗って視察に来て、元気があってよろしいと私はほめられた。こんな状況で、こんなことでいい気分になるのも人間心理の不思議である。竹の先にくくりつけた手榴弾でタンクを爆破できるとは思えなかったし、こちらも爆弾と一緒に死ぬのだが、だれもそのことは質問しなかった。

私共が敗戦を知ったのは8月18日だった。町にいった兵隊が、米軍のまいたビラを拾って来て、日本は負けたらしいと知らせた。次いで、杉山元帥の率いる第一軍は、奸臣の言に迷わされず徹底抗戦すべしとの軍命令が出た。私共大学生の兵隊は、2・26事件と同じ反乱軍になるのではないかと本気に逃走を考えた。日本は戦争に負けたから、兵隊は皆奴隷としてどこかにつれてゆかれる、兵たちは家に帰れると思うなと、下士官は私共に言った。次いで占領軍命令で、定められた期日までに日本車は鴨川以北に撤退しなければ射殺するとのことだった。私共は銃の菊のご紋章を石で摩り消し、部隊の銃をすべて校庭に積み上げ、油をかけて焼いた。8月23日の夕方、私共は部隊の荷物を竹の棒にくくりつけて担ぎ、房総半島を北に向かって行軍を開始した。2晩3日寝ずに歩いた。天津、小湊、勝浦と、沿道には漁師や農民が、大日本帝国陸軍の見収めだと提灯をもって見送ってくれた。袖の下に握り飯をもっていて、将校を見ると隠し、私共兵隊に走り寄ってくれるのである。いま思うと、歴史の貴重な瞬間に立ち会ったのである。大原の民家に数日宿営したが、その間にも、家に帰りたい兵隊が逃走し、汽車の屋根に乗ってトンネルで振り落とされて死んだとか、噂がとびかった。8月29日、私は突然汽車に乗せられて家に帰ることになった。いま思えば、私は最も早くに復員したことになる

●昭和20年秋の日本

召集直前に読んでいた『善の研究』を私は長い間開く気が起こらなかった。再び家にいる不思議さ、その間の世の中の変わりように、唖然として何日も過ごした。蝉が絶え間無く鳴いていた。暑い夏だった。

8月31日には、マッカーサー元帥が厚木飛行場に着陸したことが新聞に報じられた。9月2日にはミズリー艦上で降伏調印式が行われた。9月5日の帝国議会開院式の勅語には平和国家という言葉があった。私が小学校に入学以来、何十度も聞き暗唱していた「朕思うに我が皇祖皇宗……」とは全く違っていた。先日図書館で当時の新聞を見たところ、「朕は……」ではじまる詔勅は次のように述べられていた。「……平和国家を確立して人類の文化に寄与せんことを冀《こいねが》い、日夜軫念《しんねん》おかず、此の大業を成就せんと欲せば、冷静沈着、隠忍自重、外は盟約を守り、和親を敦《あつ》くし……」。どの一語もあの頃しばしば目にした語である。

9月6日には東久邇宮が首相になり、新聞は「万邦共栄、文化日本を再建設」という大見出しを掲げた。半月前までは「大東亜共栄圏、徹底抗戦」という語に満ちていた同じ新聞である。さらに首相談話として「前線も銃後も、軍も官も民も、国民尽く静かに反省する所がなければならない。今こそ総懺悔し……」と掲げた。「前線」とは、大陸や南方への最前線の兵隊、軍人であり、銃後とは、前線の兵隊が安心して戦争できるように、国内にあって家や職場を守る婦女子である。現在ではこんな注をつけないと理解されない語であるが、当時にあっては、この語を使わなければ国民の実態をあらわせなかった。軍、官、民によって人口は構成されていた中で、いまや「軍」は解体されつつあった。軍隊の階級を示す肩章を切り取った軍服姿が町に溢れ、上官に出会ってももはや直立不動敬礼する者もいない、社会の変化は急激だった。「国民総懺悔」というのは、当時の標語だった。8月15日以来、一か月も経たないうちに、軍国主義指導者のみでなく、国民全部が日本の犯したあやまちを反省して懺悔せねばならぬと国の指導者が宣言した。戦時中に正論を言ったためにひどい目にあった先輩達がいた。言うべきときに言わなかったことがあるではないかと言われれば、だれもが後ろめたく感じていた。国民総懺悔というなら、そのことだろうと青年は考えた。言うべきときに発言しなければ全体が取り返しのつかない方向に進む。このことは後年になるまで折にふれて私は思い起こした。後に私は米国に留学したときに、国際政治専攻の米国人学生の友人は、日本人は国民総懺悔と言うが、今回の戦争の何をだれが反省し、懺悔するのかと皮肉を込めて批判した。総懺悔というのは、だれも本気に理性をもって反省していないことではないか、時がくると、また全員が逆行するというのが彼の趣旨だった。現代に思い当たることばである。

9月9日の新聞は、連合軍が極めて平穏のうちに帝都に進駐したことを伝えた。9月14日の新聞は、第1軍司令官の杉山元帥の自刃、夫人も後を追って自刃されたことを伝えた。私の部隊の最高司令官の自殺である。私の軍隊生活は名実ともに終わった。

社会の大変転の中でも青年は自分が将来に向かって何をなすかを考える。昭和20年9月9日の私の日記には、「自分は何かをなすことを望んでいる。そして何もできないでいる。望んでいるのは、心理学であり、生理学であるかもしれない。しかし、最初から理想的な学問や理論が存在しているのではないだろう。自分の生活の中から学問を生み出さねばならない」と記した。戦争指導者の自決は、このころ毎日のように報じられた。軍人、政治家のみでなく、その中には、私が読んでいた『生理学』の著者であり、元文部大臣だった橋田邦彦の服毒自決もあった。これらの人々は時代の逆転に遭遇し、壮年期の精神的アイデンティティを保つには、それ以外の道が考えられなかったのだろう。価値の逆転した社会に生きて自分はどうすればよいのか、若い人は皆、迷っていたと思う。

柿の木に夕日があたっていた。蝉の声がじんじんと沁みいるようだった。

新聞は、「誠意溢れる米軍の態度」を報道した。軍隊といえば、上官の命令に服従して人間性を殺す日本軍の実際を常に体験して来た私共にとって、遠慮なく人間性を見せる米国の軍隊は驚きだった。あの当時の人々には、日本の軍隊と連合軍の軍隊とのコントラストは新鮮に映ったことは間違いないだろう。

この頃、友人たちは次々と軍隊から復員して来た。私の亡兄は昭和17年9月に当時の臨時措置による大学短縮卒業とともに、六本木の近衛歩兵三聯隊（現在の防衛庁）に入隊した。私は兄の背広を風呂敷に包んで持ち帰った。じきにスマトラに行ったが、最後まで将校にならず、兵長のままだった。音信がなくなって久しかったが、母は、玄関の扉があくたびに飛び出していった。その兄は敗戦のときイギリス軍の捕虜になってシンガポールで港の荷役に従事し、２年半後の昭和22年半ばに復員した。帰ってきたのは幸いだったが、青年時代の六年間、軍隊にいっていたことになる。私の親しい友人の中には、遂に帰らなかった人が何人もいる。私の父のいとこのKさんは、私の家に寄宿しており、私の隣室で寝起きしていた。私より2年年長で、商業高校に通っており、悩み多き青年だった。私がはじめてフロイトという名前を見たのは彼の本箱だった。その他、式場隆三郎、赤面恐怖症、性と名のつく本が並んでいた。よく私の部屋に来て悩みを語った。兵隊にゆくことを忌み嫌っていた彼にも、昭和19年に召集令状がきた。縄をつけられて引っ張られるようにして出征した。比島に行ったと聞いたが、遂に帰らなかった。悩み多き多感な彼は、死に際して「海ゆかば」も「君が代」も歌わなかったに違いない。もうひとりの親しい友、旧制高校で同じ文乙の仲間だったMくんは、哲学青年だった。しばしば夜中に彼は寮の私の部屋に訪ねてきて、哲学宗教を語った。兵隊にゆくことを嫌がって泣いていた。彼は母親思いだった。入隊直前に彼が作詞した寮歌の結詞で、彼は、「追憶（おもいで）は尽きず湧きくれ、しのびよる別れのしらべ、継ぎゆかん若き友らに、護りきし伝統（つたえ）の灯（ともし）」とうたった。彼もまた帰って来なかった。シベリアで死んだと聞く。私の同級生は戦死した者は比較的少ないが、私と1、2年違いの上級生たちは、たくさんの人が南方や大陸で戦死した。中には無実の罪を負って、外地で戦犯として処刑された若者もいる。この友らの死は何だったのだろう。畳の上の死ではない。軍隊と戦争の時代の荒波に翻弄されて人生を終わったこの友らのことを、私はいまもしばしば考える。

大学はまだ再開されていなかった。

昭和20年秋、軍隊から解放されながら、青年はそれぞれに悩んでいたと思う。後になって聞いたのだが、法学専攻のある友人は、価値観の転換に悩んだ末、基督教徒となり、ユダヤ教律法の研究者になった。生物学専攻のある先輩は仏教文化の研究者になった。陸士や海兵に行っていた友人たちは一般大学に再入学せねばならなかった。皆それぞれに自分の道を探していた秋だったのだと思う。

この原稿を書いているとき、「君が代」の法制化が国会で決められようとしている。

私の世代にとって、「君が代」は、これらの無念の思いを抱いて戦死した若き友らの記憶と結び付いている。国家にとって国歌があるのは当たり前ではないかと言って強制するのは何かがおかしい。昭和20年秋だったら、こんなことは起こらなかったろう。軍隊の体験は一様ではなく、軍隊という階級制度の中で尊敬されて良い思いをした人もいる。その人達にとっては、「君が代」は自らの人生の栄光の時期の頌歌なのかもしれない。私は外国に行って国歌が流れると皆が起立して敬意を表するのは礼儀だと思う。しかし日本人の戦争の記憶には複雑なものがある。「君が代」を批判すると、また「非国民」と言われるのではないかという心配をするのは、私の世代の思い過ごしであろうか。

●昭和20年秋

昭和20年秋は、日本人の近代史にとって特別な時期だったと思う。当時を生きた人にとっては、戦争に明け暮れしていた日々から突然に解放されたが、次の生活がまだはじまらないという中間の時期だった。毎日は食糧の調達に追われながら、真剣に過去を考え、未来を思っていた点は、人々に共通だったと思う。そのような歴史の転換期に、生涯のどの時期で遭遇したかによって、時代の体験の仕方は違うだろう。私は20歳になる直前で、社会生活の出発点にあった。その後の50数年を顧みるに、あの時期に心に深く突き刺さったことがいつも私の心の奥に留まっていて、それを抜きにして私の仕事も人生も考えることはできない。私の父は、敗戦と共に会社を辞めて、それから87歳で死ぬまで30年以上、家にいてひたすら聖書を読み、孫たちの相手をして過ごした。父の会社が戦争中に軍の仕事をしていて、父はそれを恥じた。息子は人を殺す仕事でなく、人を生かす仕事をやれと言って、私を励ましてくれた。私にとって何よりも有難いことであった。

●大学の再開

大学が再開されたらしいと知って（その頃は情報網も不足していた）、私がはじめて大学にいったときには、講義が再開されたばかりで、たしか昭和20年10月末だった。当時は文学部アーケードに開講科目と教授名が、大きな細長い紙に筆で書いて貼り出されていた。いまでも記憶しているのは、和辻哲郎教授の「世界史の反省」という題目だった。つい半年前の4月には、日本精神史における三種の神器 ─鏡と剣と玉─ について微細にわたる解釈が毎週続いていた。現在の私だったら興味深く読めるのに、その頃のノートは紛失して手元にないのを残念に思う。戦争が終わったとたんに、「世界史の反省」と講義題目が書き換えられたことに、私は釈然とせず、この講義には出席しなかった。いま考えると若気の無思慮で申し訳なかったと思う。

私は心理学科の学生だったので、専ら専門の講義、実験、ゲシュタルト心理学、統計学などが主で、久しぶりに学問的雰囲気にどっぷりと浸って満足だった。多分皆同様に感じていたと思う。毎日のように、復員して来た先輩、同輩たちがカーキ色の軍服姿で教室にあらわれた。昭和17年頃から学籍はあっても軍隊にいっていた先輩たちが、続々と学園に戻って来た。本屋には書物もなく、神田の岩波書店の前には新刊書が出る日には、早朝から列をつくって西田幾多郎など新しい本を買い求めたものである。教室の窓は爆風で破れたままで寒風が吹き通した。皆外套を頭から被って、学問に飢えたようにノートをとった。何はともあれ、毎日自分のペースで歩いて大学に通う落ち着いた生活がうれしかった。先生たちの外套は軍隊のとは違って灰色だったが、外套に身を包んだまま黒板に字を書かれた。まだ自分の専門が何であるか定まらない時期で、私はドストエフスキーの『罪と罰』や、ニーチェの『ツァラトゥストラはかく語りき』などを読み耽った。「おお我が魂よ、起き上がるがいい。心の扉を開け。太陽の光に向かって、その窓を開けよ。そして広い世界に眼を挙げよ。我は光に満ち溢れるであろう。―昭和20年11月25日日記より」。昭和20年秋は、多くの学生は解放の喜びに溢れていた。その心の中にあるものは、不満ではなくて、どこに自分の考えの基本を定めるかという積極的な悩みであった。

●矢内原忠雄講演会「日本の傷を医《いや》す者」

昭和20年12月23日、新橋田村町の飛行会館で、矢内原忠雄先生の「日本の傷を医《いや》す者」という講演会があり、夜、私は父と一緒に、この講演会に出かけた。田村町の角の虎の門寄りにＮＨＫのビルがあり、その新橋側の向かいに飛行会館の茶色いビルが焼けのこっていた。たしか、３階の講堂であった。植民地政策を専攻していた矢内原忠雄は、日本の満州政策を批判したために軍部からにらまれ、昭和11年12月に東大を追われ、昭和20年11月に東大に復帰されたばかりだった。この講演では、冒頭から旧約聖書エゼキエル書37章が朗読された。谷に満ちた「枯れた骨」に神の息が吹きかけられると、骨が音を立てて動き、肉がつき皮がついて生き返り立ち上がったというエゼキエルの幻と言われる箇所である。戦死した若者達の骨が野山に散乱しているというのは、当時の日本の現実そのものだった。「骨は枯れ、望みは絶え果てたとき、主なる神はこう言われる。息よ、四方から吹いて来て、この殺された者たちの上に吹き、彼らを生かせ。神の息が入ると、彼らは生き、その脚で立ち、はなはだ大いなる群衆となった。」とエゼキエル書は記す。戦死した人々のみでなく、空襲で、原爆で死んだ人々の骨が満ちていた。この日本の現実の中で、この人々の死を無駄にするのでなく、私共がそれを意味あるものと考えるのにはどうしたらいいのか、それは、無事に戦争を生き延びた人々の切実な精神的課題だった。枯れた骨が生き返るという希望がもてなかったら生きていかれない、このようにでも考えなかったら、友人たちの死と積極的に向き合うことはできないのではないかと、私はこの箇所に納得した。その後、私は、今井館聖書講堂で毎週日曜日の午前に矢内原忠雄先生の聖書講義に通うことになり、その同じ場所で午後から、近所の子ども達を集めて日曜学校をすることになるのだが、これについては後に述べる。

矢内原忠雄は、「この惨憺たる敗北」「国家の独立の実質的喪失」の原因として、この講演で3つをあげられた。第1は、1922年のワシントン条約に違反した満州事変である。正義（国際条約）に反した国家の行動が神から是認される筈はない、しかるに人々はこれをただ利益問題としてしか考えなかったことが日本の政治が犯した誤りである。第2には、満州事変の少し前から、軍国主義者は、国粋主義的国体論、天皇陛下は神であるという考えを作り出し、それをもって日本国民の精神を圧迫し、それを否定する言論を圧迫したことである。「片言隻句をとらえて不敬罪として処罰し」、「天皇を神として崇める信仰を己れ自身もたずして、他人の思想を圧迫する手段として用いた」。言論問題によって大学を追放された矢内原の骨身に染みた体験である。虎の威を借りて自分に都合のよい論を通す、下士官の論理であり、昔から、根強くある日本社会の性格である。昭和20年には、多くの人はその通りだと思った。それから50数年たった現在、同じことが起こっているのはどうしてなのだろうか。

昭和20年の暮、もう戦争中の灯火管制はなかったが、クリスマスというのに、新橋界隈は暗くて寒かった。目黒駅から家まで殆ど焼け野原の暗い道を、オーバーの襟を立てて、父と語りながら家に帰った。

昭和20年は、空襲で家を焼かれ、私自身は兵隊に行き、戦争が終わり、そして平和が来た、激動の年だった。12月31日の私の日記には、「苦難に満ちた昭和20年よ、さようなら」と記してある。苦難の年だったが、その反面解放の喜びをも味わった日本歴史の中で特別な年であった。私自身、青年期にこの年を過ごしたことを思うとき、人間の一生は歴史の中にあることをあらためて認識させられる。

昭和21年1月15日の日記には次のように記してある。「自分はこのまま眠って過ごせる存在ではない。世界の上に立って動く歴史的存在である。この世界の上に確固として立とう。それゆえに乱脈な存在ではない。何かに向かって進む永続的存在である。すべからく然るべく行動せよ。」

●南原繁総長の演説

昭和21年2月11日、紀元節の日、南原繁が東大総長になって演説があるというので、学生達は続々と安田講堂に集まった。南原先生は、戦時中大学を追われることはなかったが、内村鑑三の弟子であり、『国家と宗教』の著者であり、孤高の学者として私共は知っていた。南原先生は、東大総長となって以来、式典のたびに講演され、その講演集は、『祖国を興すもの』(帝国大学新聞社出版部　昭和22年)『真理の闘ひ』(東大綜合研究会出版部　昭和24年)として出版されている。いまは黄色くなったザラ紙の書物であるが、その後50年以上私の机の脇の本棚に置いてきた。たとえ専門の講義に欠席しても南原先生の演説される式典には出席すると決めていた学生は多かった。私もそのひとりである。いま、ザラ紙の講演集をめくりながら、当時の精神的雰囲気を紹介してみよう。

その最初の講演は「新日本文化の創造」と題し、我が国の敗戦と崩壊の後、最初の建国記念の日になされた。演説の趣旨は次のようである。「今日の我が国の破局と崩壊は、軍閥や一部政治家の無知と野心のみでなく、因って来るところは深く国民自身の内的欠陥にある。それは何かというと、我が国民には熾烈な民族意識はあったが、おのおのが一個独立の人間としての人間意識の確立と人間性の発展がなかった。個人は国という観念のわくにはめられて、生々の人間性の発展がなかった。」と言う。

第二には、「人間性の発展だけでは不十分で、人間主観の内面をさらに突き詰め、そこに横たわる自己自身の矛盾を意識し、ここに人間を超えた超主観的なる絶対精神―『神の発見』―とそれによる自己克服が必要である。」

第三には、ナチス―ドイツとの比較である。「ナチスは真正ドイツ精神にとっては異質なものを含み、本来のヨーロッパ精神から離反している。それに対して、日本は我が国固有の伝統と精神を賭けて戦った故に、その精神自体が壊滅した今、何を以て祖国の復興を企て得るであろうか。過去の歴史に求め得ないとすれば将来に於いて創り出さねばならぬ。」それは可能かを問い、「私は然りと答える」と南原は言う。「まず各自が自分の心に問い、その全人格を集中して真面目に思惟せられよ。余人はどうであろうとも恰《あたか》も自分がその責任を有するかのごとく決意せられよ」と。この時期、大学には応召学徒たちが戻り、5年間位にわたる先輩、後輩が等しく同じ条件のもとに学んだ。一般社会でも、軍人は勿論、政界も財界も、年長者の多くが公職追放になり、そのために私の世代は実質的に先輩のいない生意気な世代になったのではないかと思う。

「ポツダム宣言はわが民族の殲滅を要求するものではない。やがて形作らるべき世界秩序に蘇生せられた平和民族として文化と人類に寄与する道は残されている。」と南原総長は結ばれた。戦争という大きな犠牲の上に可能になった新しい道である。この考えがこのときほど広く受け入れられた時代はなかったのではないかと思う。丁度このころ、教育刷新委員会で教育基本法の原案が作られつつあった。南原繁をはじめ、倉橋惣三もその委員のひとりだった。「新日本文化の創造」の思想は委員たちに共有されていたことは確実である。将来も、これを基本にし、これを具体化してゆけばよい。

昭和21年3月30日には、東大安田講堂で戦没並びに殉職者慰霊祭が行われた。なぜこの日が選ばれたのかを私は知らないが、南原総長の「戦没学徒を弔う」という演説があるというので、安田講堂は通路まで満員だった。いまだ帰還しない学友達を思い、何はおいてもこの式典には出席したいと多くの学生達は考えたのだと思う。この日、南原総長は特別にゆっくりと、一語一語かみしめるように語られた。私の耳の底にはあの語調がいまも留まっている。この日の演説は、式典の性格からも、紹介するのにやや情緒的になることを避けられないが、これを飛ばして戦後は語れないので、演説を引用しながら紹介することを許して頂こうと思う。（文中、現代に分かりやすく、また短縮するために、漢字をかえたり、文章の一部を抜いて結び付けたところがあることも許して頂きたい。）

演説の冒頭、「今次大戦に於いて出陣したるのみ永久に還らぬ若き同友学徒諸君のため、ここに哀しき記念の式を挙行せんとして、感慨尽くるところを知らない。」と先生は語り始められた。「顧みればこの幾歳月、われわれ国民は何処をどう辿り来ったか。混沌錯乱、恰も模糊たる夢の中を彷徨しつつあった如くである。併しそれにしては余りに厳しき歴史の現実であり……」明治維新の開国以来、富国強兵、国権の拡充の80年の結末として、何十万という人の死を伴った歴史の審判の現実だった。

「軍閥・超国家主義者等少数者の無知と無謀と策謀さへによって企てられたただ戦争一途と、そして没落の断崖目がけて国を挙げての突入であった。」「忘れもせぬ先年11月学徒一斉出陣の秋、いかに愛国奉公の情熱に燃えて、諸君は勇躍して我らの許を立ったか。諸君は徒に独断狂信的なる『必勝の信念』を以て闘ったのではない。……」「憶へば諸君のうちには、いよいよ戦地に出発するといって、倉皇《そうこう》（あわただしい）の時の間を我々のもとを訪ねてくれたのも永遠の別離であった。また諸君が陣中より切々の純情を綴って送ってくれた書簡に我ら幾たび涙したか知れぬ。我らしばしばその一人ひとりの名を呼んで天地に訴えたい衝動をどうすることもできぬ。今次の戦争が無名の帥（いわれのない出陣）であっただけに、人間として同胞として転《うた》た痛嘆と同情に堪えぬものがある。……諸君はわれらに向かって語るごとくである。『今にして誰を恨み誰を咎めようぞ。全学全国民心を一にして祖国再建の事業にあたられよ。これわが永世の悲願である』と。」ここまで語られて全講堂は粛然として声もなかった。「諸君のかつて幾度か集まった思い出多き講堂、別しても先年全学の壮行会を開いてここから出で征いたその同じ場所に於いて、今日追悼記念の式を挙ぐるに当たり、諸君の霊は必ずや帰り来たって此処にあるであろう。その英霊を囲んで、学園にふさわしく何の宗教的儀式をももたぬ純一無雑な慰霊祭に於いて、不肖ながら自ら祭主ともなって執り行った我らの衷情を諸君はきっと酌んでくれるであろう。」「いまわが心の悲しみ拙詠二首挽歌として霊前に捧げたいと思う。

　桜花咲きのさかりを益良男（ますらお）の　いのち死にせば哭かざらめやも

　戦いに死すともいのち甦り　君とことはに国をまもらん

親愛なるわが若き同友学徒の霊よ、冀《こいねがわく》は饗《う》けよ。」

演説が結ばれたときには、男たちが声をあげて泣いた。

あの講堂を満たした号泣は何だったのか。戦死した友への悲しみも勿論あるが、それ以上のものがあったと思う。二度とあのような戦争を起こしてはならないとの決意である。どうしてあの時代が来たのかとの問い、日本にだけ通用する哲学―個人の人格の尊厳を考えない思想―への反省など、過去と未来への真摯な思いがこめられていた。昭和21年、この後、戦後の第二の時期に入る。

私はこの時代をあまりに直線的に描き過ぎたかもしれない。一人ひとりの心中はそれぞれにもっと複雑であろう。しかし、心の底にはこのような時代を共にした同時代人に共通の心情があったと私は信じている。その時代が通り過ぎようとしている現在、その時代精神を記しておかねばならないと書き記した。そして私が保育学を志したのも、この時代の中でのことである。

愛育研究所と私

●岡部弥太郎先生と幼児教育とコメニウス

敗戦の日から8か月を経て、昭和21年4月には、大学の年度も新しくなり、学生は通常の生活に戻った。世の中全体が茫然自失混乱の状態からようやく前に向かって進みはじめた。

文学部アーケードには、新しい講義題目が貼り出された。実験心理学、ゲシュタルト心理学など専門の講義にまじって、岡部弥太郎先生の「幼児教育」があった。私の大学の日課は実験心理学の専門科目に追われていたが、「幼児教育」には欠かさずに出席した。岡部先生の第一のトピックは、幼児教育の明けの明星と言われるコメニウスだった。先生は立派な口髭を生やしておられたが、途中で学生の感想を聞きながら訥々と語られ、派手な講義ではなかった。テーブルを囲んで数人の学生が集まっただけで、ときには私一人のこともあった。いま思うと、このことを抜きにしてこの後の私の歩みは考えられないので、これについて少しく記したい。

コメニウスについては、当時は佐々木秀一著『コメニウス』という岩波大教育家文庫（昭和14年）があるだけだった。コメニウスの祖国、モラヴィア同胞教団は30年戦争に敗れ、コメニウスは教団の人々を率いて各地を転々と逃れ、遂に国外のポーランドのリッサに行った。1625年である。彼は祖国の復興は教育にあると考え、学校を興し、その間に『大教授学（ディダクティカ・マグナ）』など、現代にまで重要な教育学の大著をあらわした。幼児期の教育は彼の教育学の中で重要な位置を占めている。彼の祖国復興の夢は叶えられず、彼の考えは次第に民族を超えて世界の平和に広げられ、パンソフィア（汎智学）の構想に至る。

その後、コメニウスは、英国、オランダ、などの平和主義者と交わりヨーロッパ各地を遍歴し、１６７０年にオランダで死んだ。

岡部先生は、なぜコメニウスを第一のトピックに選ばれたのか。すべてが焼け野原になった戦後日本の状況がコメニウスが遭遇したモラヴィアの敗戦時とよく似ており、祖国復興がこの最初の教育学者のモティベーションであることに岡部先生は着眼しておられたからだったのではないか。コメニウスは戦争によって2度までも家財、原稿一切のものを失ったと言われる。第1回は１６２１年で、彼の住んでいたフルネックの市街は焼き払われ、「神より与えられし職業を奪われ、その未来を奪われしのみならず、また多くの貴重なる過去（文庫、手稿）をも奪われ、愛妻をも失った（佐々木前掲書　14頁）という。コメニウスが祖国を追われてモラヴィア同胞教団の人々を率いて各地を転々と逃れた話を聞いたとき、私はその逃避行の有様を想像した。その中には婦女子や乳飲み子、幼児、老人、病人、障碍をもつ人達も含まれていたろう。どんなにか苦労があったに違いない。教育学はそういう中から生まれ、祖国復興の希望を与えた。いささか想像が過ぎたかもしれないが、当時の限られた知識の中でコメニウスの全体像を考えるとき、決して間違った理解ではなかったと思う。

岡部先生は、この講義の中で、稲富栄次郎のことに、とくに言語学と関連して何度もふれられた。そのときには私は岡部先生が何故そんなにこの人にこだわっておられるのか、幼児教育とどう関係するのか、理解できず、長い間私の疑問であった。稲富栄次郎は広島の出身で教育学者である。私はごく最近になって知ったのだが、稲富栄次郎には『広島原爆記―未来への遺言』という著述がある。それは昭和24年に公刊されたが、岡部先生は稲富が原爆で被災されたことを当然知っておられただろう。昭和20年8月6日の日記から始まり、学者の手になる日を追っての詳細な記録である。稲富の家は奇跡的に無傷で残り、原爆直後、何人もの被災者を泊めることになる。その記述は熱い思いなしには読めない。稲富栄次郎は後にコメニウスの『大教授学』を翻訳し出版しておられるが（昭和31年）、私がこのことを知ったのもずっと後である。岡部先生はこのことも当時から知っておられたのではなかったか。敗戦を肌で体験した日本人には、深いところでコメニウスへの共感がある。

●コメニウスと私―その後

コメニウスについては、私はその後何度も考える機会があったので、時代がジャンプするが、このついでに述べたい。

１９７９年６月、私はオランダの現象学者エディト・フェルメール先生をユトレヒトに訪ねた。そのときに現象学的教育学の長老であるM・J・ランゲフェルト先生のお宅にも招かれた。私がコメニウスに関心をもっていることを知っておられたフェルメール先生は、コメニウス終焉の地、ナアルデンに案内してくださった。ナアルデンはユトレヒトの北東20㎞ほどのところにある。コメニウスが最晩年を過ごした小さな家がコメニウス博物館として残されている。すでに夕暮れに近く、博物館は閉館されて入ることはできなかったが、コメニウスが使っていたテーブルや椅子がいまも置いてあるとのことだった。周囲には店も家もなく、四角い小さなコメニウスの家は薄暮のなかにひとり立っていた。近くには五稜郭と同じ形の中世の城砦があって、コメニウスは戦乱の世に生きていたことを思い出させた。このナアルデンの町で、ランゲフェルト先生は奥様を亡くされて後、最後の数年を過ごされた。１９７９年11月に来日され、お茶の水女子大学でも講義をされて間もなくのことである。

その後私は、『コメニウス教授学著作全集』出版３００年記念にユネスコから出版された『現代におけるコメニウスの意義 ― ヨハン・エイモス・コメニウス』を読んだ。それにピアジェが序文を書いている。ランゲフェルトは、ピアジェとは年来の論争相手である。私の研究室を訪ねられたとき、私の本棚にピアジェの英訳本が十数冊並んでいたのをいち早く見て、これはロング・コレクション（誤った蔵書）だと鋭く指摘されたことがある。私はいまもピアジェとコメニウスの結び付きについては疑問のままである。

１９８８年にＯＭＥＰ40周年世界理事会がチェコのプラハで開催され、私も出席した。コメンスキー（コメニウスの別名）の名は多くの人の演説や講演でしばしば言及され、チェコの国民的英雄として現代に生きていることを私は知った。

プラハ市庁舎の前に宗教改革者フスの大きな銅像がある。フスは宗教改革の初期、13世紀に、当時のカトリック教会に反逆し、聖書をチェコ語に翻訳して庶民のものとした。そのためにローマカトリック教会によって、火刑に処せられた。フスの銅像の下部には、赤ん坊を抱いた女、慟哭する老人など、何人もの庶民の像が一緒にいる。一人の処刑された指導者の下にこういう人達の生活があったことを、チェコの人達はいまも忘れていない。フスは宗教改革者であったと共にチェコ独立の愛国者であった。フスが火刑になった教会の尖塔がそこから見える。ボヘミア同胞教団はフスの教団と関係が深い。コメンスキーも母国語に情熱をもっていたことは、フスとの関係を考えると納得がゆく。ただ、フスの教団が戦闘的だったのに対してボヘミア同胞教団は終始平和主義を貫いた。晩年コメンスキーにとって、祖国復興の望みが絶えたとき、彼は民族の枠を越えて世界の平和へと視野がひろがった。私には英雄コメンスキーよりも教育学者コメニウスの方が親しみ深い。

プラハにはコメンスキー博物館がある。かつてお茶大の児童学科で助手をしていたOさんがチェコの方と結婚しておられ、Oさんの通訳で興味深いひとときを過ごした。説明係の老齢の婦人は、コメンスキーの日常生活までこまかく研究していて、娘にダイアモンドの指輪を買ったり、彼が人間としていかに矛盾にみちていたかを、家計簿まで示して話してくれた。こういう話はコメニウスの価値をいささかも損ないはしない。むしろ、ただ直線的に進むだけではなかった人間コメニウスに親しみを感じさせる。

１９９８年に、ＯＭＥＰ第22回世界大会がデンマークで開催されたとき、出席できなかった私に、チェコＯＭＥＰのミスルコワ女史が『コメニウスの遺産と幼児教育』という書物を届けてくださった。コメニウス生誕４００年記念大会（１９９２）の論文集である。ＯＭＥＰ世界総裁エバ・バルケが結びの章を記している。

コメニウスについては、堀内守の『コメニウスとその時代』（玉川大学出版部）が1984年に出版されている。現場の実践に毎日を過ごしていた私はその頃本を読む余裕がなかった。今回この原稿を書くにあたって、はじめてこの書物に目を通し、新たに学ぶことが多くあった。そして半世紀前に岡部先生から私が学び考えていたことと食い違うことはないことを知った。それ以上に、コメニウスの思考そのものが現象学的であり、現代に新しいことを知った。この書物の最終章は、「両義性の哲学」である。

●私はどのようにして子どもの学問を専攻するようになったか

岡部弥太郎先生によって、私は幼児教育の手ほどきを受けたが、先生との出会いには更に前史がある。それは私の専門の選択と関係があるので、旧制高等学校の時代に遡って述べたい。

旧制高等学校の私の学年は、戦時特別措置により、本来は3年の在学年数を2年に短縮され、昭和20年3月卒業となった。戦局は緊迫し、私より1年上級学年の多くの人達は学徒出陣で前年の秋に出征した。私共は勤労動員で埼玉県の農家に泊まり込み、何か月も農作業に従事した。農家では、男たちは出征して男手がなかったから、私共は親切にもてなされた。麦刈り、蚕の世話、繭を大八車で1里もある道を駅まで運ぶ等。夜には床の間付きの座敷に寝かしてもらい、農家のお嫁さんが焚いてくれた土間の五右衛門風呂には一番に入れてもらった。いまになると民族学的な体験だが、労働はつらかった。私のクラスの担任は、ドイツ文学の手塚富雄先生で、久しぶりに授業に戻ったとき、「麦刈りも辛いけど、ドイツ語を読むのはもっと辛いですよね」と私共に話された。学校の授業は勤労動員の合間に朝から夕方まで集中して行われた。全寮制の旧制高校は、自治寮で朝から夜まで忙しかった。その間に徴兵検査があり、また、大学の進路も定めなければならなかった。将来の進路の選択は慎重でなければならないが、人生の重要な選択は多忙な日常生活の中でなされるのは、どの時代にも共通であろう。忙中に閑を見いだし、日常の人や物との出会いのチャンスを逃がさずに新たな発想と思索の時とするのも、いつの時代、どの境遇のもとにも共通であろう。

動労動員は川口の鉄板圧延工場に変わった。昭和20年は1月6日から圧延工場の仕事が始まった。厚い手袋を重ねてはめて、赤く焼けた鉄板が灰色になるのを見定めて、圧延ローラーのあいだに鉄板を誘導する作業で、一瞬も気をゆるめることができない。「今日もまた機械の前で一日は過ぎんとす。無為にして機械の前に立つことが国への奉公か。一冊の本でも身にこなして自己を作り、米英に劣らぬ社会 ―その頃は米国も英国も日本の敵国だった― を作ることが日本への一番の奉公ではないか。 ― 昭和20年1月6日」と日記に記しながら、「工場の生活は一つの人格修養とはなり得よう。工場の現実が我々の前にあるからには、その中で最善を尽くすよりほかあるまい。」と矛盾したことを考える。私が岡部弥太郎先生を愛育研究所に訪ねたのは、そんな生活の最中、昭和20年1月16日だった。岡部先生は私の母の幼な馴染みで、その当時、母子愛育会愛育研究所の初代の教養部長だった。晴天でも蝙蝠傘をもって歩くという逸話を母から聞かされていた。先生は教育学科の講師だったが、心理学の出身で、職業適性検査を淡路円次郎等と共に作られていたから、新式なもの好きな母としては、私の職業適性を診断してもらいたいという気もあったのかもしれない。私は私なりに、「哲学も歴史も、文学も心理学も勉強したいが、同時にすべてを為すことはできないから、心理学はどうか」などと勝手なことを話した。心理学の書物など一冊も読んだことはなかった。それだけに、その後、先入観なしにこの分野を専攻し、納得するところに行き当たるまで遍歴することができたのかもしれない。岡部先生は、「これからはあらゆる分野が、倫理学まで、心理学なしには考えられない時代になるから」と言って、心理学を専攻することをすすめられた。この日、私は家に帰ったときには、心理学専攻をきめていた。迷っているときに出会う偶然のチャンスは、生涯にわたって力をもつ。この後、進路に迷っている若い人から私自身が相談に乗る機会が何度かあったが、いつもこの時のことを考え、身の引き締まる思いがする。「うす暗き机の前に筆をもち、わが行く末をふるえつつ見る」と岡部先生を訪ねた日、私はノートに記した。決めるということは、他の可能性を放棄することである。しかも未だ前に向かって進んでいるという実感はなく、黄色く暮れてゆく窓を眺めて、心もとなく将来を見ていたのを思い起こす。それから半世紀余の自分の歩みを見て、曲がりなりにも同じ分野にとどまり、子どもの仕事へと向かうようになったことを不思議に思い、また感謝している。高等学校の生活は相変わらずで、川口の圧延工場と相半ばして続いていた。「工場で一日働くと、眠くなって致し方ない。頭が細かく働かなくなる」「疲れ果ててくたくたの身を床に横たえる」という記述が毎日つづく。その工場の生活も2月13日に終わるのを待ち兼ねて、昭和20年2月18日に私は再び岡部先生を愛育研究所に訪問した。

●アーノルド・ゲゼル乳児研究との出合い

この日、岡部先生を愛育研究所に訪ねたのは、心理学科入学決定の通知を受けたことの報告が主目的だったが、前回訪問の折りに、先生の背後の本箱に、赤ちゃんの写真が表紙にのっている大型の写真集が目に留まり、それを見たかったという理由があった。この日、岡部先生は気楽に私を迎えてくださり、「この研究所には赤ちゃんがいるからこんなものがあるんだよ、君」と言って穀乳を御馳走してくださった。穀物からとった牛乳の代用食である。当時はこんなものが御馳走だった。その日、私はその数冊の乳児研究書を手に取った。アーノルド・ゲゼルの『Atlas of Infants』という大型の書物だった。ゲゼルは生後4週からはじめ、4週おきに乳児の発達の詳細を極めた研究があることはいまではよく知られているが、私には大きな驚きだった。愛育研究所には1930年代の児童心理学の洋書が沢山あった。1944年当時には、1938年出版の洋書と言えば最新の書物だった。1941年に太平洋戦争が始まってからは洋書の輸入は皆無だった。この日、ゲゼルの乳児研究にふれたことが、後になって私が「乳幼児精神発達診断法」を作ることになった最初の契機である。ゲゼルについては、後に米国に留学したときすでに、いろいろと批判を聞いたが、理論よりもまず乳幼児を丁寧に見た点で、彼の業績は現代に生きていると思う。

人はどこかの時点で自分の未来についてある願いを抱くようになる。その願いを抱きつづけていると、いつかはそれは形を成す。私自身の専門分野の半世紀の歩みを顧みて、私はこう思う。願いを抱かなかったら何も起こらない。私が子どものことに興味を抱くようになったのは、さらに前史があるが、それを述べるのには幼少年期にさかのぼるので、ここでは省略して先に進めることにしたい。人が青年期に、未開拓で未知の自らの将来に向かって、何を願い、何を志すようになるかは、そのときの歴史、社会の状況に規定されることは大きい。前に記したように、世界史の規模で起こった日本の敗戦の体験は私にとっては強烈である。しかし、それは話の半分で、他の半分は自分の中に幼少期から醸成され生涯にわたって成し遂げたいと願う個人的な願望で、それは青年期に至って明瞭になり、具体的な出会いとなって人生に用意されている。私の場合には子どもの仕事であった。言うまでもなくこの両者は互いに入り組んでいる。

●西本願寺戦災浮浪児

戦後間もなく、空襲で親を失った戦災孤児が東京の町には大勢いた。昭和20年暮れから21年初め頃、心理学科の学生は、築地西本願寺の浮浪児調査に動員された。焼けて曲がった鉄骨の中で寝そべっている子どもたちと面接するのだが、あまり答えてくれなかったし、私は毎日ただその中を歩き回って感想を書いて提出した。家に帰ると髪の毛から下着までシラミが糸を引いていて、当時できたばかりのＤＤＴを一面にふりかけた。いまでは想像もむつかしいが、当時の東京はどこにいっても浮浪児がいた。私はこの子どもたちとそれ以上かかわることにはならなかったが、子どもの仕事をするようになったひとつの動機だったと思っている。

●今井館日曜学校 ― 子どもに「おはなし」をする

同じ頃だったと思うが、先輩の山桝雅信さんから、今井館日曜学校を手伝わないかと私はお誘いを受けた。今井館は内村鑑三の聖書講堂で、内村の愛弟子であり横浜港の水先案内だった山桝儀一氏がお嬢さんの死を悼み、記念にそこで日曜学校をはじめられた。昭和10年頃である。当時一高生だった山桝雅信さんの「おはなし」が面白くて小学生だった私はそこに通っていた。

戦争が終わり、昭和21年は、東京の町にはどこも子どもたちが溢れていた。私共は日曜日の午後になると、近所の神社の境内にいって紙芝居をした。その中には今井よねの『聖書物語』10数巻が含まれていた。テレビもない素朴な時代だったから、たちまち大勢の子どもたちが集まって来た。「このつづきを見たい人はこーい」と言うと、皆ぞろぞろと今井館までついて来た。よちよち歩きの弟や妹も一緒に来た。こうして30人も50人もの幼児から中学生の子どもたちに毎週「おはなし」をすることになった。「おはなし」は面白くなければ子どもはすぐ立ち去ってしまう。面白いというのはおもしろおかしいとか、子どもを笑わせることではないということは、やってみるとすぐに分かる。子どもの心に響き、訴えるものがなければならない。それは大人の心に響き訴えるものと共通である。勿論、子どもに分かる言葉で話さなければいけないし、抽象的な語ではなくて、子どもが身近に触れ、容易に想像できる言葉でないと聞いてもらえない。「お日様がぽかぽかと暖かく、猫ちゃんが屋根の上でひなたぼっこしていました。」とか「三つの女の子がお兄ちゃんと一緒に、とことこ、野原を歩いて行くと、黄色いお花が咲いていました。お花を摘もうかどうしようかと迷いながら……」というような身辺ばなしを入れて、子どもたちの顔を見て話していると、子どもたちと呼吸が合ってくる。「おはなし」で重要なのは、私は何を子どもに語りたいかというポイントが自分にはっきりしていることである。むつかしい理屈ではない。私自身が心のどこかで小さな感銘を受け、これを子どもに伝えたいと思うことがなければ「おはなし」にならない。この「おはなし」は後に私自身の子どもとのふれあい（遊びや保育）にとっての原点にあるので、もう少し解説したい。今井館日曜学校で話すのだから聖書の話が主になる。聖書には子どもの好きな話がたくさんある。

たとえば羊飼いの少年ダビデの物語である。予言者サムエルがベツレヘムの町の有力者エッサイの息子たちの中から王にふさわしい人を選ぶ場面がある。長子のエリアブは背も高くハンサムな軍人である。サムエルはこの人こそ王にふさわしい人だと思う。すると主（神）が言われる。「顔かたちや身のたけを見てはならない。わたしはすでにその人を捨てた。わたしが見るところは人とは異なる。人は外の顔形を見、主は心を見る。」（サムエル記上16章7節）。こういう部分は聖書のことばそのままで子どもに通用する。子ども用に言い直す必要はない。自分で暗記するほど何度も読んで考えておけばよい。こうして7人の兄たちが次々にサムエルの前を通るが、いずれもこの人ではないとサムエルは言う。このあたりは子どもたちの顔を見ながら話すと、子どもも口をはさみ、大人も一緒になって意見を言える部分である。そして最後に「あなたの息子たちは皆ここにいますか」とサムエルが問い、「まだ末の子が残っていますが羊を飼っています」とエッサイとの問答があって主人公のダビデが登場する。文語体聖書によればダビデは「色赤く目美しくしてその貌（かたち）麗（うつ）くし」と記され、新共同訳だと「血色がよく、目は美しく姿も立派であった」となっている。色が赤く目が美しいとはどういうことだろうと問えば、子どもたちはすぐにいろいろなことを言い始める。聖書の記述はきめこまかく、その中に人の生き方がちりばめられている。こうしてダビデ王が敵の勇者ゴリアテと戦うときの祈り、サウル王からねたまれ、追われて逃げるときの王への忠誠の物語などひとつひとつ語ってゆくと何週間も何か月もかかってしまう。子どもたちは紙芝居も好きだが「おはなし」の方がもっと好きなように思えた。語り手も紙芝居では絵の裏に書かれている文字や絵にとらわれがちである。「おはなし」ではその場で子どもと大人との間にクリエイティブな空間が生み出される。子どもは溜め息をつき、「それからどうしたの？」と尋ねる。私はこの「おはなし」を通して子どもと付き合うこつを知ったように思う。小さい幼児のために、床には積み木も用意してあった。

大学生の期間を通して、私の生活は毎週日曜日の子どもたちと過ごす時間を中心に回転していた。昭和21年3月から、その同じ場所で矢内原忠雄先生の聖書講義がはじまった。これは私の魂の糧で、休まずに出席した。先生の講義が昼に終わると、玄関の扉の前に子どもたちが押しかけていて、扉が軋んで音を立てていた。扉を開くと腕白な男の子たちが飛び込んで来て、先生がまだ講壇におられるときから、壇の上に走り上がった。私は必死になって止めるのだが子どもたちの方が早かった。いつも私は冷や汗を流していた。聴衆のなかには躾が足りないと思った人もいたかもしれないが、矢内原先生はこういう子どもたちを叱られたことは一度もなかった。腕白な男の子たちの傍にはいつも小さな幼児たちがうろうろしていたからかもしれない。先生は講義のときに私語する人には鋭い目を向けられ、ときには講義を中断して注意されることもあった。けれどもその厳しさの中に、柔和な優しい目があり、そのことは聖書講義の中にも滲み出ていた。私が子どもたちにダビデのおはなしをしていた頃、先生の聖書講義は同じ箇所、サムエル記だった。ダビデ王の晩年、息子のアブサロムが反逆し、ダビデ王はエルサレムの城を出て、ケデロンの谷をオリブ山へと逃げる。「ダビデはオリブ山の坂道を登ったが、登るときに泣き、その頭をおおい、はだしで行った。」と聖書には記される。ここを講じながら、先生も泣いておられるように思えた。先生は語られた。「人生に於いて、泣きつつ坂を上る経験は真に痛ましい。……日が暮れて既に暗くなった後、私は疲れ切った身体に悲しめる心を包んで、睦坂を登って来た。坂の中ほどの十字路まで来て息が切れ、そこで立ち止まって星を仰ぐ。……幾度も立ち止まりながら泣きつつ登った。その涙が私を神に親しませた。」（矢内原忠雄全集第10巻593頁）。〈矢内原忠雄は昭和12年に「国家の思想」という論文が戦時に平和論を説いたというので軍部ににらまれ、社会問題

となり、東大を辞職された。そのときの心境がここに反映されている。〉
結局息子アブサロムは森の中で木の枝に引っ掛かり悲惨な死を遂げる。ダビデは息子の死を悲しみ、「わが子アブサロムよ、わが子、わが子アブサロムよ。ああ私が代わって死ねばよかったのに。アブサロム、わが子よ、わが子よ」と詩をつくる。このアブサロムの反乱には、ダビデ自身にも原因があった。ダビデの涙は自分の過去に対する反省をもこめたものであった。羊飼いの少年時代から王になるまでの物語を学んで来た者は人間の一生を考えざるをえない、だれにも共通の物語である。子どもにその通り話すのではないが、大人として両者に共通の人間の真実を考えておくことが「おはなし」を前向きに面白いものにする。この長い「おはなし」を終えたときには、子どもたちの間にも静かなひとときがあったことを私はいまも覚えている。あのとき子どもも人間の一生をイメージしていたのだと思う。
「おはなし」が終わると、山桝さんの姉妹がおやつを用意してくださる。それから子どもたちは分団に分かれて絵をかいたり、切り紙をしたり、道路でドッジボールをして、夕闇の中でボールが見えなくなるまで遊んだ。私は2、3歳の小さい子どもとよく玄関前の石段に腰をおろして座っていた。「おはなし」の後には黙っていても子どもの世界が伝わってくるような気がした。次の日曜日がくるのが待ち遠しかった。私が子どもと触れ合う感覚を知った原体験である。後に、当時の幼稚園の一斉指導で子どもが満ち足りた生活をしているのだろうかと疑問をもったのも、このような原体験に照らしていたのだと思う。

●米国と日本 — 占領軍による我が家の接収

昭和21年6月21日、我が家が占領軍に接収された。都内の焼け残った家は米軍に接収されるという噂はかなり以前からあったが、私共が住んでいた家には、空襲で焼け出された近所の方の家族4人と、親戚の家族5人が同居していたから大丈夫だろうと思っていた。

最初に入ってきた米軍将校はコロネル・ド・ギャンと言って、美人の奥さんと3歳の女の子との3人家族だった。引っ越しがすむとじきに私共の家族はド・ギャン家に招かれた。占領軍将校といっても物腰は柔らかく、私共の方が主人であるかのように丁寧なもてなしを受けた。私の父は第一次世界大戦直後に米国に留学していたので話がはずみ、接収前に抱いていた恐怖や不安はじきに解消した。最新の米国雑誌「ライフ」や「コロネット」、「タイム」や「ニューズウィーク」なども、長い戦争の後には珍しく、手に取った紙の手ざわり、新着洋書のにおいが、空襲の頃とは全く違う世界に誘い込んでくれた。それでも座敷の床の間に家具が置かれ、床柱に白いペンキが塗られているのを見たときは、何か大切なものが失われたような気がして惰けなかった。それを英語で伝えることができなくてもどかしかった。家のなかにも靴のままで上がると自分の家なのに外国のような感じがした。コロネル・ド・ギャンから招待されたときには、普段出入りしていた勝手口ではなく、玄関の扉を開いて対等の客として迎えてくれた。もしも日本車が占領したのだったらどうだったろうかと、しばしば私は対比して考えた。コロネル・ド・ギャンは、占領軍のカーキ色の軍服を着ていたが、米軍人と言っても歯科技工の技術者だったので、特別に軍人臭がなかったのだろう。大学生だった私には、何でも好きな本をもっていってよいと言われていたが、私はむしろ3歳の女の子のサンドラと遊ぶのが楽しみでしばしば訪ねた。住み込みの若い日本人男性のMさんは、英語を勉強して留学することを目標にしていた。当時はこういう青年が好んで米軍の仕事をした時代で、その中から大成した方々を私は何人も知っている。

戦勝国と敗戦国の立場に目をつけて考えると、あの頃どうして屈辱感や敵意を抱かなかったのかと思うのだが、不思議なことにそういう感覚はなかった。その頃の米国人には、戦勝国、敗戦国の別はあっても、人間は平等だという人間観をことさらに意識していたからだろう。復員したばかりの日本人学生にも、反米感情を起こさせるような出来事は都内では一般にはなく、むしろ戦時中に「鬼畜米英」と言った宣伝文句の方が嘘だったと思った。一歩街に出れば、米軍の焼夷弾によっていずこも焼け野原だった。私の家は芝公園増上寺に近く、戦時中、本堂の裏側に建っていた「北の御霊屋、南の御霊屋」には四季折々に訪れた。いまの人が京都の寺を訪れるように、座敷に座って庭を眺めた。冬の雪景色には特別の趣があったがそれらもすべて灰燼に帰して、その記憶をとどめるものはなにも残されていない。こういうことを思うと日本は戦争に負けたことを改めて自覚させられ、幕末の攘夷論、開国論が身近に現在にまで尾を引いている日本の歴史を考えさせられる。日本人の心には矛盾する記憶が宿っていて、空襲で家族が死んだり、戦死者を出したり、人々のおかれた状況によっては米軍に対する感情が左に右に揺れることがあっても無理はないと思うのだが、同時に、アジアの人に対して日本人はもっと深い直接の傷を残していることを思い起こさないわけにはいかない。

コロネル・ド・ギャンの家族は2年ほどいて、次の家族に代わった。それから数年たって、私は米国に留学していた1952年九月、ワシントンD.C.の郊外にド・ギャン家を訪ねた。私は「フレーベル以後の幼稚園」の資料を探してワシントンの国会図書館に一週間通っていたときである。緑の芝生に面してこじんまりした清潔な家が並ぶ米国の典型的な街並のなかだった。ド・ギャン家は夫婦とも仕事をもっていて、10歳になった娘のサンドラは学校から帰っても一人だった。母親は相変わらずヒステリックで、娘は寂しさが全身に溢れていた。翌日はミネソタに帰るという私の傍らを離れないで、夕方薄暗くなるまで、一緒に家の前の階段に腰掛けて空を眺めていた。私は心を後ろに残しつつ、ド・ギャン夫婦が帰宅される前に辞去した。

●復員運動

昭和21年、中国、満州、朝鮮、台湾、また南方から、毎日のように復員の兵隊と引揚げの民間人を満載した船が舞鶴や横須賀に入港した。私の兄は昭和17年9月に大学を卒業し、直ちに歩兵第三聯隊に入隊した。昭和17年は、大学生の徴兵延期の特権がなくなって卒業も半年早くなったのである。兄は同じ年の10月にスマトラ島にゆき、一兵卒のまま敗戦を迎えた。多くの兵隊たちが帰国したが、敗戦から1年たっても兄は帰らなかった。ある日、スマトラにいた同じ部隊の人が私共の家に訪ねて来て、兄の乗った船は途中シンガポールに寄港し、そのまま英軍の捕虜になったのだという。両親も私共も非常に心配した。私の高等学校の1年先輩のIさんの実兄も同じ部隊だったことが分かり、私共は復員運動をはじめた。学生食堂で配給米と引き替えに食券をもらって昼食を食べながら対策を練り、東大正門前で連日チラシを配り、署名を集めた。当時の考えでは、復員船が途中で抑留されたら、シベリアでも南方でも、兵隊たちは日本に帰れるのかどうか確かでなかった。私共は切迫感をもっていた。集めた署名をもって三宅坂の英国大使館にもっていったが、それがどう処理されたのかも分からなかった。

●レッドマン氏

私の父は、戦前、仕事の関係で英国大使館と関係があり、親しくしていたレッドマン氏が戦争が終わって直ぐに英国大使館に戻られたことを知り、レッドマン氏を頼って調べてもらったらと考えた。

昭和21年11月23日、私は父と共に英国大使館にレッドマン氏を訪ねた。

昭和10年頃、レッドマン氏は私共の家にしばしば訪ねて来られたのを私は覚えている。奥さんは愛想のいい金髪のフランス人で、私共の家にはいつも夫妻で来られた。その日には、母は早くからよそゆきの着物を着てそわそわしていた。私と妹もときどき呼ばれて、応接間のソファにかしこまって座り、英語やフランス語の会話を聞いていた。銀座の木挽町生まれの母はハイカラなものが好きで、レッドマンの奥さんからフランス語を習うのがたのしみだったらしい。戦争の波はまだ日本人の日常生活には及んでおらず、外国人が家庭に来るのは現代ほど当り前ではなかったにせよ、対等のつきあいがあった時代だと思う。

戦争が終わって久し振りに会ったレッドマン氏の風貌は少年の頃の私の記憶とは違っていた。もともと顔に皺の刻まれた、英国人にしては小柄な人だったが、今回会ったときには前歯が欠けていて、一層複雑に皺が目立って見えた。太平洋戦争開戦後、日本の憲兵に引っ張られて、拷問を受け、前歯を折られたのだという。私にはその事実が強烈で、どういう風に聞いたか正確な記憶がないのだが、戦時中に見聞きしたことから、そこで起こったことが目に見えるようだった。外交官にすら暴行を加えるという、国際法を無視し、外国人を人間扱いをしない、日本の社会に潜む偏狭な人間観を目の前に照らし出されたように思った。外国人に対してだけではない。「非国民」とレッテルを貼られて「内輪」から外されたとき、同じことが起ったのが私共の社会の歴史である。

兄の復員促進についての話が一通り終わると、私はレッドマン氏から大学で何を専攻しているかを訪ねられた。私が「心理学」と答えると、これからの日本では、医者か弁護士でないと食ってゆけないと、断固とした口調で言った。私は父とそのことを語りながら坂を上って帰途についた。数日後、私は指導教官の高木貞二先生に医学部に転学の相談にいったとき、後からの専攻の方が生涯の専門になるから、志をもって勉学をはじめた者は、心を動揺させてはいけないと、普段は穏やかな先生からたしなめられた。医者も弁護士も社会で権力をもちやすい職業である。私は大地についた仕事をしようと心に決めた。

その後、復員船入港の知らせを聞くたびに私は父と横須賀に出かけた。長い時間埠頭で待ったがいつも空しく帰った。

結局、兄が帰ったのは昭和22年5月11日だった。私はその日のことを「久しく待っていた我が生涯の記念すべき日」と日記帳に記した。兄は床のなかで近衛公の手記を読んでいた。たばこの煙が青く渦を巻き、時計がかちかちと音をたてていた。兄はシンガポールでのことを聞いても多くは話さなかった。ただあらゆる労働をしたと言った。昭和21年の末から通訳に回され、全体に労働も楽になったとのことだった。陰からレッドマン氏の配慮があったのは明らかだった。

その後私は米国人には多くの友人ができたが、英国人には長い間近寄り難い感情を抱いていたことを否めない。30年以上たって私はOMEP（世界幼児教育機構）にかかわり、同じテーブルを囲み保育者の悩み、喜びを語ることのできる尊敬すべき英国人に何人も出会った。マーガレット・ロバーツは、第二次世界大戦直後のヨーロッパの幼児のために働いた英国人である。私が知り合ったのは1980年代半ばで、幼児のためにはなりふりかまわずに情熱をもって世界理事会で発言されることに感激した。『OMEPの歴史 ― 最初の10年』の編集を世界理事会で提案し、見事にまとめ上げられた。マーガレット・ヒューイットはいつでもOMEPの裏方で皆の励まし役であり、日本の世界大会をも陰で支えてくださった。現世界総裁のオードリ・カーティスはユーモアとウイットに富んだ英国人で、多くの日本人留学生がお世話になっている。こうして私はこれらの人々との出会いによって長い間の英国人に対する先入観を改めることになった。人と人とが顔を合わせ、人間として直接に出会うとき、人は国籍を超えて友人をつくることができる。

「私が幼児教育を志した頃(1)」(『幼児の教育』1999年11月号)の原稿を書いていたとき、国旗国歌法案がたいした論議も経ないままに国会を通過しようとしていた。じきに法案は成立した。私の親しい友人の元裁判官Mさんは新聞の投書欄に「日の丸の掲揚じわり強制か」と題して投書された。これは協力の要請と言っても「『お上』からの命令として従わざるを得ない気持ちにさせられるのではなかろうか。それが、政府の意図するところだろう。協力の要請の実体は、協力の強制である」とMさんは記された。それから数か月の間に、教育委員会や学校、官庁の行事など、その懸念に合致するような新聞記事が幾つも報道されている。戦後50年もたった今になって、どうしてこういうことが起きるのだろうか。日本人の心の底に空襲や原爆の恨みや敵意が沈澱していて、それがいまになって浮上してきたのだろうか。それが日本精神への復帰と結び付くのなら、世界に共通の人間精神の否定である。現在の政治の右傾化は、それが国際防衛戦略にとって利用価値があるから許されている。日本の政治は教育に八つ当たりしているように見える。

恨みや敵意が日本人の心深くにあるかもしれない。歴史を考えればそれは当然であろう。しかしそれが偏狭なナショナリズムになったら、私共はまた半世紀前の軍国主義の社会に逆行することになる。何であれ、怨念を育ててはならない。もっと高尚で前進的な精神へと自分自身を向けること。それが文化と教養の力であり、教育に期待されるところである。幼児期に育てられ、青年期、成人期、老年期にまで磨き続けねばならない人間精神である。

この50年の間に育ってきた世界の良識に目を向け、そちらに希望をつなごう。「子どもの権利条約」は、実行不十分とはいえ、いまや世界の常識になったし、西暦2000年は国連の「平和と非暴力の文化」10年の最初の年である。1945年当時とは違った世界になり、平和の定義も単純でなくなってきたが、新しい世紀のはじめに、平和のための文化の創造を志すことは希望である。幼児教育にかかわる者は、世界の保育者と協力してこの課題に目を向け、心を上げて日々の子どもの仕事をしよう。

心理学と私

●科学としての心理学との出会い

戦後直後の昭和21、22年、破れたガラス窓の教室で、外套の襟を立てて吸い付けられるように私共が聴いた講義は、哲学から独立して歩み始めた科学としての心理学であった。戦争による破壊の後、何事も新しく第一歩から始めようという気概の溢れていたこの時期、それまでに染み付いた価値から解放されて、個としての人間を研究しようとする科学的心理学は時代の要求にも適していたのであろう。その頃の研究態度には批判する点もあるけれども、いまなお自分の中に生きている真実を含んでいる。

●事実と理論の透明性

当時、東大文学部心理学科教授の高木貞二先生は、とくにティチェナー（E.B. Titchener）の実験心理学の考えを好んでおられた。『実験心理学』『初心者のための心理学』などの著者であるティチェナーがモットーとしていたのは「透明さ(トランスペアランシー)」であった。色眼鏡なしに透明な眼で事実を見ること。そのような事実を積み重ねて理論を作ること。理論もまた単純で透明でなければならない。

「人がある事柄について、明晰で偏見のない意見を求めるならば、多くのことを忘れて、恰も以前には何も知らなかったようにそれを見ることを始めなければならない。―E・B・

ティチェナー」。それは主として知覚の分野のことだったが、ひろく真実に向かう研究者の基本的態度であると私は思った。

実験心理学の初歩の心得 ― 「実験の結果が研究者が予期したように進まない場合でも、それを調整しようとしてはならない。思ったように進まないというその事実をこそ尊重せねばならない」。他者である人間は、研究者の枠組みに入りきれないということは、子どもの研究の基本の心得でもある。

価値を離れて事実と向き合うためには、「科学は実用を目指してはならない。実際に役立つということは、科学の副産物にすぎない」とティチェナーは述べる。直ちに正反対の考えも出るし、それも否定できないが、研究があまりに役に立ち過ぎるとあやまちを犯すことはこの半世紀の歴史の中で私共が見てきたことである。

当時、高木先生は山雀（やまがら）の知覚の研究をしておられた。「動物心理学は、本能とか知能とか大きな分野を見渡すのではなく、小さな行動から樹立せねばならない。またすべての行動はできるだけ簡潔に解釈されねばならない」。とかく大きな問題を考える傾向のある私はこのことを印象深く聞いた。そして「今日は高木先生の講義を聞いて蘇生した感があった」とノートに記した。後に保育の実践の中で考えるようになった私は、眼前の小さな現象を考えることの面白さと重要さを知り、この言葉を思い出した。

高木貞二先生は事実と理論との両方の透明さを重んじられた。頭が熱くなるまで考えると、入り組んだことが次第に澄んでくると先生はよく言われた。それには時間がかかる。子どもの現象には大人と子どもとが入り組んでいて、透明とは程遠いことが多い。もともと生命性は混沌のなかにある。人為的に理論の枠にはめると生命性が失せてしまう。簡単に割り切らないで時間をかけるうちに次第に澄んできて、全体像が見えてくることは、保育の中で私共はしばしば経験するところである。

事実とは何かという根本的な問いはあるにせよ、事実を積み重ねる中に法則を見いだそうとする所に科学としての心理学の方法がある、我々はまだその出発点に立ったばかりであるというのが、この時期の学生の心意気だった。「人生から夢を生み出し、夢をひとつひとつ現実としてゆくことが人生である」というマリー・キューリーの言葉、「科学と平和とが無知と戦争とに勝ち得るであろうことは動かすべからざることであると信ずる」というパスツールの言葉を教えられたのも爆風で破れたままの硝子窓の教室であった（昭和21年3月6日）。

●オペレーショニズム ― 操作主義

オペレーショニズム ― 操作主義は、この時期に教えられたもうひとつの科学方法論であった。「科学的概念はそれが得られた具体的操作を明らかにすることによってのみ、はじめて正しく客観化される」という主張である。「事実」は、それが得られた具体的手続き（操作）を示すことによって、またその範囲においてのみ妥当する。それなしに「事実」を絶対視することはできない。

実験心理学においては、ある結果が得られるまでの手続きを厳密に吟味することができる。その同じ手続きを踏むならばだれでも同じ結果を得られることが確かめられたときに、それは公共の科学的知識となる。つまり反復可能性である。このような科学的知識を積み重ねることによって知識の体系が出来上がる。この時期に、象牙の塔を作り上げるのがアカデミックな学問の理想と考える傾向も生じた。後に分かってきたように、知識の体系も常に開かれていなければならない。

子どもについて言うと、一つの行為には多くのことが関係していて、同じ出来事が反復されることはない。教育や保育の場で起こることは1回限りである。大人自身がそのときに全人格をかけて応答することによって次の場の展開はかわってくる。どんなに科学的に確立されたように思われる理論体系でも、そのまま具体的な保育の場に応用することはできない。当時はそこまで気が付かれていなかった。

復員して軍隊服のままで大学にあらわれる先輩の学生を日々加えて、教室は活気に満ちていた。講義の合間に三四郎の池の水の面、青空にもくもくと湧き上がる雲を眺めて、友人たちと共に、もはや軍隊に行くこともなくひたすら学問を追求できることを感謝した。

私の日課は、朝、焼け跡を耕して植えた南瓜や甘藷を見回ることから始まったし、リュックサックを背負って食料の買い出しに行くのも相変わらずだったが、自分が心行くまで疑問を探究できたことは、戦後直後の日本の青年に与えられた恵みであった。日本各地で民主主義を学ぶ青年学級が始まり、中、小学校で新教育の実践が試みられたのもこの頃であった。

●児童心理学

子どもの発達を純科学的に研究し始めたいと考えた私は、どこから着手したらよいか、高木貞二先生の研究室を訪ねた。先生は、子どものことは分からないがと前置きされて、自分が関心をもっている空間定位の研究はどうかと言われた。上下、左右、前後等の方向知覚は発達的にどうであるのか。常に仰臥している赤ん坊にとって、上とは頭の上方なのか、それとも天井の方向なのかというような問題である。はいはいをし、立ち上がるようになるときにそれはどのように変化するのか。更に、幼児になったとき、「真直ぐ」というのは、自己の身体方向によって規定されるのか、それとも空間の物的配置によるのか。例えば鉛筆を「真直ぐに置いてください」と指示を与えて、部屋の中央に斜めに置いた机に向かって歩いてゆかせたとき、子どもは自分の進行方向を規準にするのか。机の方向や形、部屋の方向、歩いて行く方向などの条件をかえたらどうなるか。私は親戚の子どもや日曜学校の子どもたちにもこの実験をやってみた。若いときにはこういう普段見慣れないことをやるとひどく学問的なことに思えて得意な気持ちになるものである。

その結果を大雑把に言うと、容易に予測できるように、幼児は自分の身体の方向を規準にし、小学校3年生くらいからは机の方向が規準になり、その後は規準の取り方の自覚によって基準は相対的に変わる。勿論すべての子どもがそうだというわけではない。ひとりひとり違う。子どもは最初は実験を面白がるが、条件をかえて繰り返すうちに興味が失せ、私の方も類似の条件の反復に疑問を持つに至った。しかしこの後、子どもとの生活の中で私は折りにふれて上下、左右、前後などの意味について興味をもって考えるようになった。これを比喩的に考えると更に面白い。私の著書『保育者の地平』（12、22頁）で子ども時代の空間体験を考えたとき、この実験が私の頭にあった。

●フォルケルトの『実験児童心理学』

当時、東大心理学教室には児童心理学という名のつく書物はごく僅かしかなかった。その中にフォルケルト（J. Volkelt）の『実験児童心理学の進歩』（１９２６）があった。１９４６年頃には１９３０年代の洋書は新しい部類だった。W・シュテルン夫妻の『7歳までの幼児の発達』は古典的児童心理学書だったが、１９１４年の出版で余りに哲学的に見えた。後になって人間科学の観点からこれは洞察にとむ著作であることを知ったのであるが。

このフォルケルトの書物のなかに実物模写の研究があった。立方体、円筒、円錐を机の上において、「この通り描いてください」と子どもに指示する。子どもは立方体を模写するのに、展開図のように、見えていない面まで描いてしまう。また、円錐を描くとき見えていない底面を丸く描く。子どもは見えたように描くのか、それとも知っていることを描くのかという古典的課題がここにある。更に、円錐の頂点の尖った部分を手に持って描かせると、子どもは頂点を何重にも丸く塗りつぶす。触運動感覚が描画に大きく作用するのである。それから20年以上も経って後、私は実験ではなく、自分の子どもたちが自由に描いた描画の研究をすることになるが、このときに考えたことが下地になっているような気がする。

●ゲゼルの発達研究とCIE図書館

当時GHQ（連合軍総指令部）が日比谷の濠端の第一生命ビルにあり、その並びの日比谷交差点の角に、占領軍のCIE図書館があって、一般に公開されていた。2階の図書室のインフォーメーションデスクには米国婦人が座っていて親切に応対してくれた。とくに心理・教育の分野の専門書が豊富にあり、新着のジャーナルが開架式書棚に並んでいた。米国の教育使節団が来日したのもこの頃だったから、心理教育関係の図書がとくに多かったのだろう。東大の心理学教室とは比べ物にならない、明るく新式な図書室だった。ジャーシルド（A.T.Jersild）のチャイルド・サイコロジーもそこではじめて読んだ。カーマイケル編の『マニュアル・オブ・チャイルドサイコロジー（L. Carmichael Ed.『Manual of Child Psychology)』を見つけたときには、戦時中にも地道に続けられていたアメリカの児童研究の集大成にふれて、天にも昇る心地がした。

以前に私が旧制高校の時に愛育研究所で目にしたアーノルド・ゲゼルの『Atlas of Infants』のその後の著作である『First Five Years』や『Five to Ten』もそこにあった。これは実験心理学の科学研究とは違い、子どもの生活の全体を具体的に知ることができた。標準場面が設定されるとはいえ、それは生活場面に近いもので、いわゆる知能検査のように人為的に作られた状況ではない。ゲゼルは子どものことをよく知っており、生命的な遊びをよく知っていることは、数字の並ぶ研究書の行間から窺えた。実際、彼は１９２０年代にイエール大学児童研究所にナースリースクールを創設している。私が数年後にアメリカに留学したときすでに、心理学者の間で、ゲゼルには理論がないという批判を受けていたが、私は彼ほどに子どもを多く見ていた心理学者はいないと思った。ただ、この時代の科学的研究法ではこれ以外に表現の仕方がなかったのだと私は思う。

戦時中の暗い精神主義教育の後、科学は世の中に明るさをもたらすシンボルであった。１９４６年、１９４７年の初期の時代の科学、心理学から私は大切なことを学んだ。そのことを記したいと思った。

方法という語は、ギリシャ語の hodos（道）から由来している。道はどこかへの道である。目指すところに導かないときには迷い道になる。目指すものが何なのか分からなかったら、いかに方法が精密で厳密であっても、それは無意味になるだろう。この後、１９６０年代、行動科学全盛の時代を迎えることになる。

私は保育の実践の中で子どもを考える間に、関係の中で生成する子どもの研究は自然科学とは全く違う方法論に立たなければできないと考えるに至ったが、それは長い模索の後のことである。

●昭和22、23年頃の日本の社会

敗戦後２年を経た昭和22年の夏には、大学生活は安定して軌道に乗ってきた。

昭和21年９月には軍隊から復員した学生も含めて卒業式も行われた。私は南原総長が講演される式には欠かさずに出席した。当時は新聞紙上に南原総長の式辞の要約が掲載されるのが常であった。次にその演題を記しておこう。昭和21年9月卒業式「祖国を興すもの」、昭和23年3月卒業式「職業の倫理」、昭和23年9月「人間の使命」、昭和24年3月「平和の擁護者」である。私が卒業したのは昭和23年9月である。そのとき主題はシュヴァイツァーだった。教育基本法、学校教育法が公布されたのは昭和22年3月であり、4月には学校教育の6・3制が始まり、5月には新憲法が施行された。6月には片山哲による社会党内閣が成立した。昭和22年12月には児童福祉法が公布された。他方、戦時中の言動による公職追放は財界、言論界にまで広がり、旧秩序に属する人達には大変な時代であった。私共学生にとっては、日本の社会は新しい方向に向かって前進しているという実感があった。

●高崎能樹先生「阿佐ヶ谷東教会幼稚園」

私は実験心理学の方法によって子どもの方向定位と描画模写の研究をしていたが、身近な子どもだけでは不十分で、もっと多くの被験者を必要とした。高木貞二先生から山下俊郎先生への紹介状を持って、私は愛育研究所を訪れた。戦後、愛育研究所の教養部長は岡部弥太郎先生から山下俊郎先生に代わっていた。その折りに山下先生は私にヴァンデウォーカー・N・C著『アメリカの教育における幼稚園』を見せてくださった。１９０８年に出版されたその小さな書物には、19世紀半ばからの米国の幼稚園の初期の歴史が記されていたが、どのようにして現代の幼稚園につながるのか、中間は空白だった。私は岡部先生からフレーベルを学び、フレーベルの幼稚園が米国で批判を受けたのは知っていたが、フレーベルの何が批判されたのか、何が進歩主義教育に継承されたのか、疑問のままだった。この書物は、後に私が米国に留学したときに暇をつくっては図書館にもぐり込んで古い雑誌を調べることになった端緒である。ずっと後に「フレーベル以後の幼稚園」の出版をすすめてくださったのは山下俊郎先生である。

山下先生は、私を阿佐ケ谷東教会幼稚園の高崎能樹先生に紹介してくださった。昭和22年秋である。短めの黒い小倉のズボンをはいて丸顔の柔和な風貌の先生は既に頭が禿げておられた。小柄な奥様は戦時中のもんぺ姿で、子どもたちの世話を焼いておられた。学生服の私を両手をひろげて笑顔で迎えてくださった。それから1年以上にわたって私はこの幼稚園に通うことになった。先生ご夫婦は、教育学を専攻しておられた一人息子の高崎毅さんの復員を待ち侘びておられた。

高崎能樹先生の幼稚園で私が与えられた部屋は2階の小さな部屋だった。ひとりずつ子どもに来てもらって立方体、円筒、円錐など、ボール紙で作った実物を見せながら描いてもらった。子どもたちは順番が来るのを待っていた。だいちゃんという名の3歳の男の子は、いつも私の傍らにくっついていた。主任の竹内先生は私の研究が進むようにといつも気を遣われた。

高崎先生の幼稚園では、朝の会集があった。広い遊戯室に園児全員が集まる。「おはなしの先生」としても有名な高崎先生のおはなしが面白かった。それが終わると、2組ずつ並んで各自の部屋にゆく。庭で遊ぶ時間もかなりあったが皆部屋に入ってしまうと園庭はがらんと静かだった。当時は子どもの数が溢れていたから、外で遊びたい子は外で、内で遊びたい子は室内で遊ぶようにすればよいのにと、私は疑問をもった。ある日、先生は「つもりくん、明日は朝のお話しをやってくれ給え」と言われた。私はその頃毎週日曜日には今井館で午前は矢内原先生の聖書講義、午後は日曜学校をやっていたから、同じようにダビデの話をした。話しながら何か雰囲気に違和感を感じた。話の途中で移動したり、しゃべったりする子どもがいるとクラスの先生から注意されるのである。それは話が子どもを引き付けるちからをもっていない証拠で、子どもに注意することではなく、話し手の力量不足の問題だと私は考えていた。また、それは話の始まり方にも関係があるかもしれない。朝の会集は全員が鐘の音で集められる。私の日曜学校の場合には、子どもと一緒に遊んでいて集まる時間を見計らうから、子どもの側に聞こうとする心の準備ができている。私はこんなことも高崎先生と話したと思う。

高崎能樹先生は私にしばしばご自分の苦労話をされた。戦争中、特高警察から睨まれた話になると先生の語調は激しくなった。先生はキリスト教の牧師で、天皇制に対する批判的な考えをもっておられ、説教にもそれはあらわれたのだろう。私服の特高警察が礼拝のときにも後部の座席にいたこと、幼稚園でも毎朝宮城遥拝をするようにいわれても絶対に承知しなかったことなど憤慨をもって語られた。高崎能樹先生は中学生の頃には不良少年で、「さらし」の腹巻きに短刀を挟んで肩で風を切って歩いていた。その短刀を相手の眼前で床に突き立てて喧嘩したという。キリスト教に出会ってから、短刀を捨てて、だれが見ても穏やかな人になったのだが、その激しい気性をもって軍の指導に対して反骨を示した。「おはなしのおじさん」でもあった先生の話は真に迫っていたが、書き留めておかなかったのをいまになって残念に思う。

先生は当時『子供の教養』という幼児教育の小さな雑誌を発行しておられ、母の講座を開いておられた。小林恵子「母のための教育雑誌『子供の教養』について」(国立音楽大学研究紀要1991、1992)によれば、『子供の教養』誌は昭和4年に武南高志によって創刊され、昭和17年に休刊、昭和22年に高崎能樹によって再刊されて昭和28年まで続いた。高崎先生はこの雑誌の創刊以来、その編集にかかわっていた。昭和17年に紙の配給停止という理由で廃刊になったが、実際は軍部の反感を買ったためだったという。

これに対して同じ時期に発行されていた倉橋惣三主幹の『幼児の教育』誌は、昭和19年10月号まで紙の配給を受けつづけ、昭和21年10月に復刊になるまで2年間休刊となったが、それは戦争末期の空襲と、戦後直後の物資不足によるもので、この雑誌が軍部の批判の対象となったことはなかった。このようなことから、戦後になって、倉橋の戦時中の言動が批判されたことがあった。戦争中の日本の社会の空気を考えれば、容易な批判はできない。戦時中に軍を批判することは命懸けのことだった。高崎能樹はそれを覚悟で批判した。倉橋には、守らねばならないものがあった。フレーベルが説き、米国の進歩主義教育が主張したこと、幼稚園を幼児の遊ぶ場とするためには、あらゆることに辛抱を重ねなければならない、ある点では周囲と妥協もせねばならないという倉橋の決意によるものだったと私は思っている。倉橋は遊びを中心とする幼児の生活の流れを東京女高師付属幼稚園で守り通した。そのために昭和21年3月に来日した米国教育使節団は、小学校以上の教育には厳しい批判をしたにも拘わらず、女高師付属幼稚園を訪れたときにはきわめて好意的な観察をし、「日本の幼稚園は米国のそれとあまり違いはありません」(『幼児の教育』45巻1号)と報告している。倉橋は昭和21年に教育刷新委員会の委員となり、南原繁、森戸辰男、務台理作らと共に教育基本法の原案作りに挺身寄与された。

●各地の幼稚園

昭和22年秋、東京女子高等師範学校教授だった波多野完治先生が学生を幼稚園に連れて行かれるという話を聞き、現場訪問のときだけ私はその授業にまぎれこんだ。上沢謙二先生の幼稚園は茨城県の鹿島にあった。先生の書かれた子どものためのおはなしの本を私は数冊読んでいた。田舎の老爺という姿の先生と奥様が迎えてくださり、お茶とお菓子を御馳走になった。そのころは「おはなし」のおじさんが、子ども好きの家族とやっている小さな幼稚園があちこちにあった。上沢先生の幼稚園はそういう園だった。

田無の自由学園を訪れたときは、羽仁もと子、羽仁吉一夫婦が玄関まで迎えに出て下さった。昭和のはじめ、私が子どもだった頃、母は羽仁もと子の『婦人之友』誌の愛読者で、その付録の「歯磨き」や「お手伝い」の日課表に、できた日はマルをつけできなかった日はバツをつける、「甲子」「上太郎」という躾の評価表を母は好んでいた。勿論それは3日と続かなかったのだが。私共が訪問した日、すでに老年の和服姿の羽仁もと子が多く話され、大柄なご主人が控えめに傍らにおられた。ご主人がこの仕事を支えてこられたことがすぐに分かった。当時の通念と少しく違った夫婦の並び方に私は印象づけられた。

お茶の水女子大学付属幼稚園も、波多野完治先生に連れていって頂いたのが最初である。そのときのことを思い出そうとしても、その後始終出入りするようになったときの記憶と重なって、どこまでが最初の記憶に属するのか判然としない。ただ、最初の訪問のときから、庭の砂場に熱中する子どもたち、積み木で遊ぶ子どもたちなどを見て、ここに私自身が幼いときから知っている子どもの姿があると思った。それは私がずっと心の中に描いて来た幼稚園の風景に合致した。

●この頃の日記より

昭和23年4月11日

素直な美しい子どもたち、私はかれらの前にあって何をなすことができよう。かれらの方が私よりも美しく純真なこと幾層倍であろう。「徒に巷に声を挙げることをやめよう。傷める葦を折ることなく、仄暗き灯心を消すことなく」（イザヤ書42章）、いや、それ以上に、幼な子のか弱く美しい葦を折ることなく、透き通った純な心を濁すことのないようにしたい。

昭和23年4月30日

私の実験は全くひっくりかえってしまった。いま、灰を被って伏している。私は子どものために何をなすことができるのだろうか。私の志は風の前の灯火のように揺らいでいる。私の心は林の木のように騒いでいる。この研究で私は失敗しようとも、子どものために何かすることがあるのではないか。私のやり方が誤っていただけだ。私は小さなひとりの人間として子どもを育てる道を研究する。卒業論文は、現在まで私が歩んできた心理学と私の理想とする学問の在り方との交差点にほかならない。

●愛育研究所 ― 戦争の余燼

昭和23年、私は相変わらず日比谷のＣＩＥ図書館でゲゼルの書物を読んでノートをとっていた。当時、私はまだ実際の乳児にふれたことがなかったので、山下俊郎先生に願って、愛育研究所の乳児室に出入りすることになった。先生は直ちに病院長の斎藤文雄先生と小児科の平井信義さんに紹介してくださった。私は多くの時間を新生児室と乳児室で過ごしたのだが、その頃のことを考えると、赤ん坊の外見は見ていたが、それ以上のことを見ていなかったことを思う。

戦後の愛育研究所は、宮内省からの御下賜金を打ち切られ、研究者は他で生活の資を得て、手弁当で集まってきていた。私共の大先輩であり、幼児文化の先駆的研究をされた竹田俊雄先生の家は空襲で焼けた後、先生は3階の研究室の一隅を衝立で仕切って寝起きしておられた。黒いモーニング一着で通された。いまでは考えられないことだが、この時代の児童研究者たちの苦労を私共は忘れないでいたい。

　愛育研究所には創立当初から、三木安正「異常児保育室」があり、戦時中閉鎖されていて、その部屋は幼稚園になっていた。幼稚園の先生のYさんは東京女高師の保母養成科の卒業生で、私に倉橋先生の本を読んだことがあるかと尋ねた。私が知らないと言うと、Yさんは、幼児の研究をする人が倉橋先生を知らないのは恥ではありませんかと言って、『幼稚園雑草』を私に下さった。大正15年初版のその本の奥付には昭和23年7月15日発行と記され、巻頭に著書による「新版の序」が「幼稚園令に代わって、幼稚園が学校教育法中に制定せられて1周年。東京女子高等師範学校付属幼稚園にて昭和23年4月　著者」と書かれている。黄色いザラ紙印刷で、私のその古い本はいまは頁がバラバラにほつれてしまった。これが私が読んだ倉橋惣三の最初の書物である。

「我等の途」という最初の頁から私は魅せられてしまった。これまでに学んだどんな心理学の本よりもこの著者は子どものことがよく分かっていると思った。倉橋惣三が心理学の先輩であることを知って、尚更に心強く思った。この中に「お茶の水幼稚園の焼跡に立ちて」という文章がある。これは勿論関東大震災のことであるが、私には第二次世界大戦と重なった。「くづれた煉瓦と、うづ高い灰と、焦げた木材の破片との中に、土台の礎石だけが整然と残っている。……ほんとうに何もなかった。ただ僅かに見出だし得たものは、幾つかの陶器製の白い人形の首だけであった。私は、ぞっとする様な心持ちでそれを拾ひとらうともしなかった。そして、空しく、灰の中にステッキを立てて佇立しながら、……」という叙述は当時まだ私共の周囲に見慣れた風景であり、これ以上の悲惨が戦争の現実であった。

●青年期の自我の形成を振り返って

私は幸いに青年期に偉大な人々に出会った。戦争の時代をくぐり抜け、霊性をもって生きた先輩たちである。その中には、矢内原忠雄、南原繁、藤井武などがある。

南原繁は、私の大学生時代の東大総長である。式典のたびに行われた南原総長の演説に私は欠かさずに出席したが、昭和23年9月の私の卒業式の演説では「人間の使命」と題して、人間の存在を律する「精神」について述べられた。それから何十年も経た後に、私が子どもの発達における自我論を考えたのも、精神というこのときの南原先生の考えが基底にあったのかと思う。

この日の南原先生の演説は、南原繁『真理の闘ひ』（東大総合研究会出版部昭和24年刊）に掲載されているので、それを参照しながら次に述べたい。

「終戦後3年、大学卒業期も漸く平常に復し……戦時中動員された学生のうち、遅れて帰還した人々を加えて、ささやかながらこの場所に、戦争の名残の本学最後の9月卒業式を挙げるに至ったのである。」

「われわれはひとり外的権力や圧迫から自由であるというだけではなく、何よりも《自己自身》に於いて自由でなければならぬ」と南原総長が語り始められたとき、私は3年前に軍隊から解放されたときの自由な空気を思い起こした。南原はそこにとどまらず、更に《(自己自身》における自由を指摘した。それは外的環境の変動に左右されない内面の自由である。前者の自由は時がたつうちに再び現実の不自由にからめとられてゆくが、後者の自由は、常に変動する現実の状況を越えたところではたらく「精神」である。

南原の演説は更につづいて次のように言う。「人間が政治的存在であると共に、それ自身一個の道徳的精神的実在であり、そのことは、変わりゆく一定の時代の政治的形態や社会様式によって、少しもその重要性を減じないところの人間の特質であり、尊厳である。何故ならば人格はその本質において精神であって、この精神が人間の全体的存在を規律しなくなるとき、人間はもはや自らの統一と平衡を保ち得ないからである。それはついに人格そのものの破滅に導かずにはおかぬ。」(傍点筆者)

ここには政治学者をこえた南原の人間論がある。私はそれから数十年を経て、子どもの経験を組織化し調整する自我の機能を考えてきた。乳幼児期から各発達の段階で、危機に立つごとに自我は強められ、成人に至るのが自我の形成である。老年になって、過去から未来の全体を見直すとき、マイナスとプラスの両方を含めて経験の全体を肯定的に見直すことができるときに、人の自我はそれぞれにふさわしく全うされるのではないだろうか。それは人を責め、自分を責める道徳的反省によってはなし得られない。「ゆるし」によってはじめて可能になる。この作業は老年だけのことではなく、若いときから始まって日々繰り返されている。それは人間の日々の営みであるが、究極的には宗教に至る。

南原は内村鑑三の愛弟子であった。私はこの時期、内村鑑三全集、藤井武全集を耽読していて、南原の講演に深くうなずいた。

私は自分の生い立ちをキリスト教なしに考えることはできない。私が小さいときから、私の家にはキリスト教の牧師たちが何人も出入りしていた。小学生のときに私の家の家庭集会に話に来られた三井芳太郎先生は、大井町の靴屋の地下室で鉄道省のキリスト教信者のための集会をもっておられた。私も2、3度行ったことがあるが、ローマの初代教会のカタコンベのような薄暗い小さな部屋だった。真に立派なクリスチャンだったのだろうが、すでに老齢の先生は、はずれそうになる鼻眼鏡の下で口をもぐもぐ動かして定かでない発音で話されたので、私と妹はおかしさをこらえるのに懸命だった。

私の父の書斎には、父が若いときアメリカに行ったときに求めた大量の英語の聖書の注解書、説教集などと共に、内村鑑三、植村正久、上村邦良、藤井武などの書物が書棚の中央を占めており、私は少年の頃からキリスト教の書物に親しんでいた。私の父の家系は昔から神道の神職であるというが、父は若いときに東京に出て無線電信技師になって以来、キリスト教精神によって近代的な家庭を築こうとしていた。

内村鑑三の柏木の聖書講義には父母ともに熱心に通い、南原繁、矢内原忠雄、藤井武のことを尊敬をもってしばしば語っていた。ここで私は、たとえ人が師をどんなに尊敬しようとも、師も友もそれぞれ絶対者の前にひとりで立つ人格であるということを付け加えておかねばならない。

青年の日に私が心を動かされたもう一人の人にアルベルト・シュヴァイツァーがある。

南原総長は、この日の演説の終わりに戦争直後の日本の現状を見つめて、シュヴァイツァーに言及された。

「現代が直面する経済的社会的困窮と破局は惨めなものがある……」これに立ち向かうには、政治的社会的組織のみでは不可能である。内面的に自由を確立すべく努力すること、そしてその自己を、自分もその中に在る世界と同胞のために生きること、すなわち、人生と社会のいかなる領域の中にも、真の人間性と自由を回復する力を必要とする。現代人類大衆の間に欠けているのはそうした精神と人格の力である。」「他日講和が成立し、日本が世界にひろく交通を許される暁」に、それぞれの職場において各自が人間としての使命を果たすよう訴えた。昭和23年は、未だ日本と世界の国々との間に講和条約は締結されていなかった。シュヴァイツァーは、ドイツで神学、哲学を修めて後、アフリカに一生を献げようと、医学を修め、1913年にアフリカに行った。ヨーロッパ人のこれまでこの大陸と黒人にたいして犯した罪過を償おうというのが動機であった。南原は、「それは自己に絶えず内面的に深化し向上せしめると同時に、他人の運命に働きかけ、世界の苦悩を自らの苦悩として戦うところの深い倫理的宗教的な動機から出た行為である。」と言う。そしてあえて世界と言わず、敗戦日本の荒廃した地方と同胞の間になすべき仕事は夥しくあることを語った。

ずっと後になって、私はアフリカでシュヴァイツァーのもとで働いた人から話を幾度か聞く機会があった。現代のアフリカはシュヴァイツァーの時代のような暗黒大陸ではない。社会、政治状況は著しく変化している。シュヴァイツァーの病院は近代的医療機関としては批判されるべきものもあり、長年の間には彼の人間的弱点も表面にあらわれて、理想を求めて彼のもとを訪れた人々を失望させたという。このことは彼の病院だけのことではない。社会の変化の中でどこにも生じる、ひとつの組織の変遷の歴史でもある。だからと言って、このことは、ひとりの人間が生涯の出発点において、時代が迫った倫理的必要に答えて身を挺して戦った人々の人生の価値を低めるものではないだろう。

●特別保育室開設前夜 ― 障碍をもつ幼児との出会い

卒業後間もなく、私は障碍をもつ幼児（当時は精神薄弱児と呼んでいた）と出会うことになった。そのことが私の生涯の大きな部分を占めることとなったので、次にそのことについて述べたい。

大学在学中から愛育研究所に出入りしていた私は、卒業後は無給研究員となって、新生児室や乳児室に通った。昭和24年に教養部長が山下俊郎先生から牛島義友先生に代わり、その頃はまだ珍しかった児童相談が始まった。竹田俊雄先生が主任で、森脇要、星野近子その他の方々が参加しておられた。波多野勤子さんが客員で来ておられたこともある。私は牛島義友、森脇要、木田市治らが昭和13年に作成された愛育研究所乳幼児精神発達検査をする役だった。

昭和24年4月のある日、双子の幼児を連れて相談に来られたひとりの母親がいた。私はいつものように、乳幼児精神発達検査をした。黙ってうつむいたまま何もせず、検査不能だったが、発達指数は40位と推定し、母親に伝え、大きくなっても普通の能力の40パーセント位のままだろうと述べた。その母親は直ちに、「そんなことは分かっています。この子たちが通える幼稚園を教えてほしいのです」と言って帰ろうとしなかった。その頃の日本は、出産率が急増し、幼稚園も小学校も、1学級50人というところも珍しくなかった。午前午後の2部制を実施していて、知恵遅れの子どもはどこでも入園を断られた。母親はそのことも分かっていた。私共が話していた小さな部屋には西陽が射していたが、次第に暮れゆく夕闇の中で私は困惑していた。あの日の相談室の様子を私は忘れることができない。次回までに相談しておくと言うと、漸く母親は腰をあげた。翌日、教養部長室での昼食のときに、私はこの話をした。教養部長の牛島義友先生は、直ちに、必要なことならやればいいと言って、昭和13年に愛育研究所創設時から「異常児保育室」が設置されて、三木安正がそれを担当していたことを話された。保育室は研究所1階の突き当たりの部屋で、創設当初から一方視の観察窓がついていた。保育室側が白色の絹地、観察側には黒色の粗い目の布が張られている立派な観察室であった。いま考えても幼児用の部屋としては最高の部屋だった。一隅には大きなドルハウスがあり、応接間、食堂、トイレまでついていて、暗緑色の屋根の魅力的な人形の家だった。皇太子殿下（現天皇）御降誕記念に御下賜のものだという。戦時中、三木安正は保育問題研究会に熱心だったことから警察に睨まれて何か月も留置所に入れられ、岡部弥太郎先生が釈放に尽力されたことも聞いた。空襲の激化と共に「異常児保育室」は閉鎖された。

戦後昭和23年より、その保育室は幼稚園に使われていた。牛島先生は3階の先生の研究室を開放するから異常児保育室を再開するようにと言われた。1か月の研究期間を与えられて、私がそれを担当することになった。

私はまず、三木安正を千葉の自宅に訪ね、病床にあった先生の枕元で話を聞いた。当時東京都内には、神竜小学校、大和田小学校他、数校の特殊学級があるだけだった。精神薄弱児施設としては滝野川学園があった。それらを訪問する計画を立て、また、イタール、セガン、デクードル、コルヴィヌスなどを読み始めた。

私は異常児保育室という名称が気に入らず特別保育室と呼んだ。これは間もなく家庭指導グループと更に名前を改めた。その申し込み書をガリ版刷りにした。

この子どもたちのことに関心をもって研究しているのは、本当に一握りの人達だった。

昭和24(1949)年には、私はすでに幼児の発達と教育の仕事に入っていた。その出発点で、はからずも障碍をもつ幼児と出会った。当時は精神薄弱児とよばれ、何も分からない特殊な子どもと考えられていた。その呼び名はその後、精神発達遅滞児、知恵遅れ、障害児、などさまざまに変わり、現在は知的障害児と言われている。私はいまは「障碍」と書く。「害」は害毒の害であるが、「碍」は、さまたげになる石という意味である。妨げになる石を目から取り除けば障碍ではなくなる。あれから半世紀の間に私はこの子どもたちに教育されて、いまは疑わずに「障碍をもつ子ども」と書く。コメニウス、ペスタロッチ、フレーベルの幼児教育は、この子たちを含めたすべての幼児のためのものである。

●障碍をもつ幼児のための特別保育室の準備

障碍をもつ幼児のための特別保育室を私が始めたのは、数えると今から50年前のことであるのに、私はそこから発展した養護学校と現在もかかわっているので、特別保育室の開設はまるで昨日のことのように感じる。その頃の幼児はいまや50歳を越え、いまも交わりをつづけている親子も少なくない。その間に社会の考え方、行政の指導方針、専門家の考えも幾変遷し、それが親子の運命を変えてきたことを思うと、現在もこの仕事の原点に立ち返って考える必要を感じる。

私が愛育研究所の特別保育室を再開したのは昭和24年6月8日だが、そこに至る1か月の間に私の身辺で起こっていたことを私の日記から引用しながら、解説を加えたい。

昭和24年5月19日（木）

「朝寝坊をしているところを、心理学の友人のT君に起こされ、今日面接する子どもについて打ち合わせをした。いつもより遅くに研究所に行き、一人の乳児をみた。この子は1月半ほど体重が増加しないが精神発達はノーマルである。この後、身体的精神的にどう変化してゆくか興味深い。間もなく5歳6か月の男児のMさんが来た。聡明に見える可愛らしい子で、挑むように私の顔を見て足を踏み出し、声を出す。幼稚園で他の子と遊べないのでみてほしいと母親が連れて来たのである。前回母親に頼んでおいた家庭の記録と幼稚園の記録と、製作品をもって来てくれた。発達調査の結果は、発達年齢3歳6か月である。この子の言語の異常は知能からくるのか、運動機能あるいは社会性の遅れからくるのか疑問をもった。つづいて双子のTさんの母親が来て、特別保育室の申し込みをした。母親の熱意に動かされるとともに、今後の責任の重大さを痛感する。」この頃は教育相談はどこにもなかったので、心理学の友人たちはよく愛育研究所に集まっていた。「言語の異常は知能からくるのか、運動機能あるいは社会性の遅れからくるのか」と記しているが、いまだったら自閉症と診断されただろう。当時は自閉症という語は未だなかった。「夜、岡部弥太郎先生宅を訪問。西本脩さんと一緒に英文翻訳の手伝いをする。その帰りに高等学校の友人に出会い、同級の真鍋君の戦死の公報がはいったことを聞いた。感無量。」

昭和24年5月20日(金) 雨

「精神薄弱児施設T学園に、研究所のスタッフ数人と見学に行く。雨が本降りになった。夜、コルヴィヌス『発達障害児』第2章を読む。」精神薄弱と診断されると、この子たちは結局は収容施設に送られるのかと思うと、私はがっかりした。こういうのとは全く違う考え方が作れないかと考えた。私がやろうとしていた特別保育室は、一番陽当たりの良い、明るい部屋にしたいと私は主張した。幸いなことに、私共の特別保育室に予定されていた教養部長室は3階東南の角部屋で、日当たりの良いバルコニーがついていた。

昭和24年5月21日（土）

「生後5か月の乳児の相談を受け、発達検査をした。9か月早産で、身長と胸囲が普通より小さい。神経質な印象を受けた。午後は日比谷のCIE図書館に行き、カーマイケルの『マニュアル・オブ・チャイルド　サイコロジー』の中にドルが書いた「フィーブルマインディッド（精神薄弱児）」の章を20ページ程読んだが、精神薄弱児教育について一層悲観的になってしまった。少しく疲労を覚え、何もする気がしない。明日の矢内原先生の聖書講義に期待を感じると共に恐怖を感じている。」

当時は児童心理学の書物でも精神薄弱児というと、普通の子どもとは違う特別の心理があるとの考えが一般的で、その分野に踏み込もうとしている自分を考えると、気が重かった。接すれば可愛い幼児なのに、違う種類の子どもとは私には考えられなかった。

昭和24年5月22日（日）

「今井館聖書講堂で矢内原聖書講義は『心の悪』という題目だった。

恐怖は善き行いを萎縮させ、感謝は善き行いを刺激する。神は愛であり、喜びの神であると言う方が信仰を生産的にするという趣旨の講義だった。「小事に忠なる者は大事に忠なり」

という聖書の箇所の矢内原の注釈である。
午後はいつものように日曜学校で子どもたちと遊んで心を洗われた。」

昭和24年5月23日（月） 雨

「朝から日比谷のＣＩＥ図書館にゆき、『マニュアル・オブ・チャイルド サイコロジー』の「フィーブルマインディッド（精神薄弱児）」の項を読了。たいして啓発されるものはなかった。それよりもゲゼルの新刊の『ディヴェロップメンタル・ダイアグノシス（Developmental Diagnosis）』に興奮した。彼の数十年にわたる苦心の結晶である。このような仕事に対する情熱が駆り立てられる。こういう仕事を私もしたいものだ。昼少し前に研究所に行き、昼食後幼稚園で一時間ばかり遊ぶ。夜、コルヴィヌスを読む。落ち着いた面白い書物である。」ゲゼルの研究は知能検査とは異なり、乳幼児の発達の細かな観察に重点がある。後に私は日本の子どもの生活場面での観察による『乳幼児精神発達診断法』を著したが、戦争中もたゆまずに続けられていたゲゼルの研究に触発されたのである。そのひとつひとつの行動の意味を私が考えるようになったのは更に後である。

昭和24年5月24日（火） 曇ったり晴れたり

「午前中、渋谷区役所と赤坂区役所を回り、昼に研究所に行く。今日は1日こうして過ぎた。特別保育室の開設期日は迫ってくる。」特別保育室開設にあたって、区役所で就学猶予、免除の児童名簿を調査することを私は命じられた。経営の見通しのためにはそれも必要だろうが、いま教育相談に来た子どもたちが通う幼稚園がないのだから、その切実な要望に答えることが緊急だと私は考えていた。発達が遅れているからといって、幼稚園から断られるのはおかしい。そういう事実に出会うと自分が拒否されたように感じてしまう。幼児はたちまち大きくなるから、制度がどうであれ、この子が幼児のうちに、幼児にふさわしい保育の場を用意しなければならないというのが保育者のセンスだと思う。

昭和24年5月25日（水）　快晴

「朝、スキッピー（犬の名前）について来られて迷惑する。Mさんが研究所に来て、午前一杯かかってしまった。母親はきわめて熱心で、特別保育室に申し込んで行った。ますます責任を感じるが、張りが出てきた。午後から赤ちゃんが来た。10か月だが、発達指数65である。身体発達は2か月以上進んでいる。特別保育室の経費を計算したが非常に苦しい。最初から難航である。」

スキッピーは、接収されていた私の家に新しく住んだ米国陸軍大佐ドナルドソン家で飼っていた犬である。私の家から愛育研究所まで、当時はバスもなく、片道30分以上歩いて行くよりほかなかった。スキッピーはよく私のあとをついて来て、困らされていた。

昭和24年5月28日（土）　曇り後晴

「午前中に2人知能の遅れた子どもをみる。ひとりは9歳、ＩＱ56。父親が連れて来た。何とかならないかと訴えられた。大和田小学校を紹介し、小児科に回した。もうひとりは4歳3か月で、ＩＱ75である。」この頃、都内の特殊学級はこのほか、神竜小学校、金竜小学校、その他1、2校があるのみだった。勿論、養護学校はまだなかった。

●日本保育学会第2回大会

昭和24年5月29日（日）晴

「今日は、日本保育学会の研究発表会に行くか、あるいは矢内原先生の聖書講義に行くか、前から迷っていたが、結局保育学会に朝から行った。私は一生懸命に集中して聞いた。いろいろの発表を聞き、保育ということの性格がだいぶ分かったように思う。だが実際にこういう仕事をしようとしている自分を考えると、学問とは縁遠いように思えて、自分が惨めに感じられたのは何故だろうか。しかし夕方までじっくりと聞いているうちに、だんだんに元気を回復した。学問と矛盾しない道もある。それはやり方によるのだ。子どもは心理的に社会的に生物的に、また教育の対象としてあらゆる面からみてゆかねばならない。終了後、会場の整理を手伝って、お茶とお寿司を御馳走になり、西本君ほか数人としゃべった。帰途牛島先生と一緒になった。」

この日は第2回日本保育学会大会で、会場は東京女子高等師範学校（現お茶の水女子大学）附属幼稚園遊戯室だった。発表数は7で、参加者は遊戯室に入る位の人数だった。いまでは考えられないくらい、保育というのは一段と低く見られた時代だった。そういう風潮の中で、その分野に入ろうとしている自分が惨めに見えてきたのだと思う。しかし、やり方によっては学問と矛盾しない道があると直観的に考えたその直感は、保育にかかわる学問の遍歴をいくつも経て来た現在、間違っていなかったと思う。あの頃の実践者たちは、いま思うと立派な保育をしていた。当時の私には、実践の中から生み出す保育学が未だ見えていなかった。

●特別保育室開室

昭和24年6月8日（水）雨

「午前中保育の準備。午後から第1回保育」

在籍者は4人だったが、この第1日には双子の2人が欠席だった。こうして、週2日、研究室での保育が始まった。子どもの数はじきに増えていった。3階の研究室では不便なので、数か月後には階下の幼稚園の保育室を週2日、午後使わしてもらうことになった。この間のことを思い出すと、保育の実践としては現在私がやっているのと大差はなかったように思う。すぐには部屋に入らない子どもがいて、私はその子と並んで、子どもがほんのわずか足を前に出すと私も子どもの動きに合わせて足を出し、少しずつその子は部屋の真ん中に歩いて来た。そんなとき、保育経験のあるスタッフは、部屋に入るときには靴を履き替えさせなければいけないと主張した。靴を履き替えさせているうちに子どもは気持ちが変わって動かなくなることは自明なのに。最初からこんなコンフリクトがいくつもあった。

このようにして、ともかくも2学期、3学期と過ぎて、昭和25年3月25日に、お客様を招いて1年目の修了の会をした。心理学の友人たちが何人も来てくれた。東洋英和女学院からスクルートン先生が来られて、これは日本の教育の基礎となる仕事だと励ましの言葉を述べてくださった。愛育研究所長の斎藤文雄先生は、文化国家日本にふさわしい仕事と励まされた。

あの初期の時代にこの仕事に関心をもった一握りの人たちには、この子たちが幼稚園や学校から拒否されるという、こんなことがあっていいのかという怒りがあった。また、この子たちのために、保護する場所を作りたいという親心と熱意があった。（障碍をもつ子どもの仕事のその後に言及するといくら紙数があっても足りない。これまで私自身いくつも書いてきたし、日本保育学会「保育学研究」第36巻第1号「展望―幼児保育から見た障碍の意味とその歴史的変遷」に概要を記したので、あわせて読んで頂きたい。）

●倉橋惣三先生宅訪問

昭和25年5月9日（火）晴

「倉橋先生宅訪問」かなり以前から、愛育研究所小児科の平井信義さんと私は乳児室で一緒に仕事をしたり、語り合っていた。平井さんは私に倉橋先生に会ったことはあるかと尋ねられ、今度一緒に訪ねようと約束していた。それがようやく実現し、中野駅に近い千光寺町のご自宅を平井さんと訪問した。この後私は何度もお宅を訪ねることになったのだが、倉橋先生はいつも茶系色の和服に兵児帯で、温顔で迎えてくださった。この最初の訪問のとき、私は特別保育室のことを話したと思う。先生はそのことに非常に関心を示された。私は矢内原先生のことなども話した。先生自身内村鑑三の聖書講義のメンバーであったこともあり、そのことにも話は及んだ。その日の印象を私は日記に次のように記した。

「この子どもは、この子どもだ。私は私であり、あの人はあの人。この人はこの人。あなたはあなたである。将来どうなるか、そんなことは分からない。神様の御手に委ねなければならない。」先生がこのように言われたのかどうかは確かでないが、先生はひとりひとりの人を独自の人格として接せられた、その印象である。

先生は障碍をもつ子どもに深い関心を寄せておられ、この年の秋に私が小さな保育室を建築したとき、自分はたいしたことはできないがと言って、5円を紙に包んでくださった。当時の5円は大金である。私はそのお金で靴箱を買い、カルテボックスを大工さんに頼んで作ってもらった。先生の句に「はいれない子にも薫れや梅の園　園丁」というのがある。こうして、倉橋惣三先生と私との間の長い交わりが始まった。

アメリカ留学へ向かって

1951（昭和26）年、私が米国に留学したころ、日本は占領下にあり、米国に留学するのは極めて困難な時代だった。1950年代初頭のアメリカは、黄金時代と言われたときで、敗戦直後の日本とは対照的だった。1ドルが360円の時代で、私の父は私の志を励ましてくれて、勉学の生活には困らなかったが、渡航費を考えただけで米国留学など不可能だった。私が保育学を志したのは、この20世紀の戦争と文化と世界の中でだった。いま人生の主要な時期を通り過ぎて考えるとき、私の生涯の導き手である神の大きな力とあらゆる機会がこのように仕向けたとしか思えない。

私が留学したのは、フルブライト留学生の制度ができる以前のことで、私は、前年にミネソタ州立大学児童研究所（Institute of Child Welfare）大学院より入学許可と授業料免除を得ていたが、当時は米国滞在中の生活保証がなければヴィザを貰えなかった。私が中学生の頃から私の家の家庭集会で聖書講義に来ておられた吉田隆吉牧師の親身な推薦があり、ミネソタ日本人教会牧師北川大輔先生とアルバータ・トンプソン夫人の尽力により、ファースト・コングリゲーショナル・チャーチ・オブ・ミネソタがスポンサーを引き受けて下さった。戦争直後の米国のキリスト教会には、戦争中に敵国だった国の青年の世話をしようというスピリットが生きていたことを私は後になって知った。

私は昭和25年秋より、新制大学となったばかりのお茶の水女子大学家政学部児童学科の非常勤講師になった。愛育研究所の、知恵遅れの幼児の特別保育室も軌道に乗ったばかりで、それを離れて外国に行くことにためらいもあったが、私はこの機会を自分の運命として受けようと決心した。飛行機ではなく、私は貨物船の客として渡航した。当時はそれが一番廉価な渡航法だった。11月14日、私の乗った飯野海運の「若島丸」は広島県の因島から出航した。因島に向かって出発するときには、東京駅まで、特別保育室の親子たちが見送りに来てくれた。私は恐らく船で米国に渡った最後の留学生だと思う。

●日本の港を離れて

船の中にどらが響き渡った。出航の合図である。外国に行くことを身近に感じていなかった私の体中からさっと血がひくのを覚えた。船の中にまで送ってくれた母、妹、それから私の婚約者は船を降りなければならない。何分かの後に出る。船のボーイが、もう何分もありませんからゆっくりお別れ下さいと言って、部屋を出て行った。やがて「お時間でございます。早くお出にならないと、船が出帆致します」。私は皆を送って甲板に出た。船の汽笛が11月の朝の空気を振って鳴り響いた。皆、駆け出すように船と陸とをつなぐ栈橋を渡って行った。最後の人が栈橋を渡りながらもう一度振り返った。私は思わず「危ない」と叫んだ。

栈橋は静かに上がり、船はドックを離れて音もなく動き出した。船のボーイがテープを陸に投げてくれた。テープはのびて、陸の人の顔が次第に霞んで来た。私は陸から目を離すことができなかった。船はやがて岬をまわって、港は見えなくなった。

船は半日瀬戸内海の静かな美しい海を東に進んだ。陽当たりの良い甲板に椅子を出して、私は別れて来た人達のことを思い出していた。やがて船は淡路島をめぐって大阪湾から紀伊水道を通り、潮岬を目の前に見て、太平洋に出た。2日目から船はひどく揺れ始めた。冬の北太平洋は荒れるので定評のある航路である。冬の荒海の夜、私は幾晩もブリッジに出て海を眺めた。背丈よりも高い大波の上に船が乗るかと思うと、次には谷底のような波の間に船は落ちて行く。舳先は真っすぐに東へと向かっている。船のエンジンの音が絶え間無く耳の底をはなれない。潮風の中を行く船に絶えず塗るペンキの臭いが食欲を失わせる。客は私ひとりで、船長室の隣に個室をもらっていた。食事は船長と、一等航海士、機関長、パーサー、通信士、ドクターと一緒にする。船が揺れるとき、私の皿が船長の前に滑り、機関長の皿が私の前にきていて、そのときは皆で笑った。船はほとんど2週間揺れ続け、私はベッドの上で輾転反側する日夜を過ごした。このことは、航海に慣れた船員たちも同様らしく、皆その苦しい生活に耐えていた。一日も早く足の下が動かない大地に着くことを願う気持ちは皆に共通だった。通信士が、公海上では日本に電報を打てることを教えてくれてから、私は毎日家族と電報で俳句のやりとりをした。荒れに荒れた一週間の後に、私は次第に船の動揺に身を任せることを覚え、心も平静を取り戻して来た。晴れた夜には荒海の上に月を見ながら、出発前に倉橋先生から言われた「月は世界中どこから見ても同じだ」という言葉を思い出した。そして太平洋上の月を仰ぎながら、次第に未知の世界アメリカで始まろうとする冒険に心を向けた。そのとき心に決めたことは、これから来るべき世界に白紙の人間の心になって、自分のまわりに起こる事柄を素直にありのままに受けていこうということだった。太平洋の荒海を昼も夜もエンジンを唸らせて、遅いながらも絶えず進むうちに船はきっと目指すアメリカの港に着くのだろう。私も、歩みは遅くとも一日一日を過ごすうちに来るべき未知の生活を乗り切るだろう。ただ進むよりほかに道はない。

こんなことを考えて、2週間心の準備をできたことは、あっと言う間に飛行機で目的地に着いてしまう現代よりも恵まれていたと思う。この後、私は困難に出会うたびにしばしばあの荒海の上の日々を考えた。

●初めて見るアメリカ

入港の1日前になると、船のマストのまわりに鴎が飛んでくる。波の間に静かにおりて、翼をたたんで浮かぶ。足が赤くて大きな目が可愛い。まだ見えないが近づいてきた陸からの使者である。

11月28日、午前2時頃、眠っていた私を船長が起こしてくれた。「シアトルが見えますよ、ほら、あれです」と指さした。海の上から見るシアトルの港は宝石をちりばめたように、青い街灯の光、ネオンサインの赤や黄色が夜空に浮かんでいた。ゆっくりと静かな湾を入って行く船のブリッジに立って、私は未知の世界に想像をめぐらした。

シアトルの埠頭には、吉田牧師の紹介によるシアトル日本人教会のツァイ牧師が出迎えて下さった。蒋介石の台湾国民政府から最近米国に逃れて来られた台湾出身の人である。その晩は、１９４７年2月28日の国民党政府による台湾独立運動弾圧の話を聞いた。当時の日本人は知らなかった話である。

12月2日、シアトルからグレイト・ノーザン・レイルウェイに乗り、私はミネアポリスに向かった。現在と違って米国でも西部から中西部、東部に行くのには自動車よりも汽車が使われていた。汽車の中で2晩を過ごさねばならなかった。隣席の人は日本から帰ったばかりの米軍下士官だった。日本で見る占領軍のＧＩは特別の人だったが、ここではただの同乗者だったことに驚いた。ビールを飲もうと誘われたときには恐ろしく感じて断ると、それではコーヒーを飲もうと夜の車中の暗い通路を通って食堂車に案内してくれ、翌朝も朝食を共にした。親切な人だった。日本では4月にマッカーサー元帥が罷免されてリッジウェイに代わったところで、日本人というと皆がそのことを話題にした。

12月4日、汽車はミネアポリスの駅に着いた。ホームで北川大輔先生の大きな手と、アルバータ・トンプソン夫人の笑顔に迎えられた。書類の上だけではなくて、私を実際に待ってくれた人がいたことを知って、長い旅の間私の心の奥に抱えていた心配がすっと消えた。翌日から私がひと月お世話になる家庭のことも話された。その後の家庭はまだ決まってないが、顔をみれば世話する人も出てくるだろうとのことだった。

いまになってこのことを思うとき、北川先生とトンプソン夫人の共通の理念に支えられた友情とその度量の大きさに感心させられる。第二次世界大戦中、敵国人収容所の牧師だった北川先生は日本人であるが、戦後直ちにミネアポリス市長諮問委員会人種問題部会の委員長となり、同じ委員であったトンプソン夫人と苦労を共にしておられた。その後私のミネアポリス滞在中に次第に知ったのだが、北川先生は日本人一世の生活問題の世話をしながら、米兵と結婚した日本人女性、黒人やアメリカインディアンを親身に世話をしておられた。トンプソン夫人は米国のさまざまな人種（マイノリティ）の人々の住宅、就職問題から、留学生の世話に家族ぐるみでかかわっておられた。ミネアポリスは米国中西部（ミッドウェスト）ミネソタ州の州都で、南北戦争のときには奴隷反対運動の先頭に立ち、南部から多くの黒人がこの町に移ってきた。その進歩的な気風が１９５０年代はじめのミネソタには生きていた。この２人の方がいなかったら私の米国留学はなかったと思う。最初から綿密な計画のもとになされたのではなく、いざとなれば自分たちが引き受ければいいという大雑把な大胆さがあったことを、これも後になって私は気が付いた。戦勝国も戦敗国も人間は皆同じだから、援助を必要としている人がいたら自分たちの出来ることをするのは当たり前ではないかという、当たり前でも実行は難しいことを気張らずにしておられた、普通の市民だった。

私の米国留学は、この方々のスピリットに支えられて成就したのである。

第2部　アメリカ留学

1951年、私は、6年前までは敵国だった国に留学し、戦争中は鬼畜と宣伝されていた米国人とも友人となり、米国人の方も、かつては残忍で野蛮と思っていた日本人が、同じ心情をもつ人間であることを知ってくれた。国と国との間で、相手を中傷する宣伝文句がどんなに人々を切り裂くことかをも、戦争を通して私共の時代は学んだ。私はこの戦後早い時代に米国に行き、家庭の一員として迎えられ、米国の家庭を内側から体験する機会を得た。その当時から、日本に帰ったら米国の家庭について本を書くことができると米国の友人たちに言われたものだった。それから半世紀余を経てはじめて、私はこのことを書いている。私がお世話になった大部分の方々はすでに亡く、懐かしさにたえないのは人の常であるが、ここでは1950年代初めの黄金時代の米国の家庭と人について、私が体験したままに記したいと思う。その後その人々とは繁く文通し、何度か再会し、私の壮年期を通して励ましてくれた人たちである。私の保育論の根底にはいつもその記憶が温かくあった。

クラウンズさん

●最初の家庭

夜8時、私は北川先生とトンプソン夫人に連れられて、これから1か月泊まることになっているクラウンズ家を訪ねた。

ドアをあけると、白髪のクラウンズ夫人が両手をひろげて私を迎えてくださった。長身のクラウンズ氏は後ろに静かな笑顔で立っていた。

　クラウンズ家の玄関を入るとすぐに目に付いたのはガラスのケースに入った大きな日本人形だった。クラウンズ夫妻は日本の青年が来るというので40年も前に伯父さんからもらったという大きな日本人形を私のために屋根裏から出して飾っておいてくれたのだった。「あなたのお国の友達も待っていますよ」と言った。私は遠くに残して来た婚約者のことをすぐに思った。クラウンズ夫人は間をおかずに、「私たちは、この間まで戦争をしていた敵国の青年を家に泊めたいと思い、トンプソン夫人の提案を聞いて直ちに応募したのです」と言った。続けて、「パールハーバー（真珠湾）を私共アメリカ人は忘れない」と言った。私は慣れない英語で一生懸命に何か言ったと思う。クラウンズ夫人はつづけて「この日本人形は、戦争中も私たちは大事にしていたのですよ」と言い、私ももう一度つくづくとこの可愛い人形を眺めた。じきに私共の間の空気はなごやかになった。

「2階のベッドルームと、3階の屋根裏部屋と2部屋あいているから、あなたの好きな方を選んでくれ」と言って、案内された。2階の部屋の隣室には夫人の姉で寡婦になっている老婦人が住んでいた。私は迷わずに3階の屋根裏部屋を選んだ。廊下のドアをあけると急な階段がついている。小さな洗面台があり、小さな机の上にはラジオがおいてあった。夜おそくなってその部屋に落ち着いたとき、私は机の上に1冊の本を発見した。布製の英語版絵本の『かちかち山』だった。ありたけの日本のものを私のために取り出しておいた心遣いが身に沁みて感じられた。娘さんが学生時代に使っていた部屋とのことだった。

翌日からクラウンズ家での生活が始まった。

パールハーバー（真珠湾）のことが話されたのは最初の晩だけで、翌朝からはクラウンズ家での気持ちのよい毎日が始まった。

クラウンズ老夫妻と私と3人で朝食を済ますと私は市電で大学に通う。私のメンター（指導世話役）である北川先生から、「米国人の家庭では家族皆がそろうまで食事をしないで待っているから、夕食に遅れるときにはかならず電話をするように。そういうことが信用につながる。米国人は一度信用すると、それは一生涯つづくから」と言われていた。この先長い間の米国人とのつきあいの中で私はそれが本当であることをためらわずに言うことができる。

夕食後は、居間のソファに腰をおろして皆で歓談する。この最初の家では私の英語は特別に拙かったので、若いころ中学の英語の先生だったクラウンズ夫人は私のために毎晩英語を教えてくれることになった。リーダーズ・ダイジェストや、ナショナルジオグラフィ、ライフなどの雑誌が主なテキストだったが、教養人の夫人は図書館から借りた書物を私によく見せてくれた。夫人は「aunt」という語は日本語で何というかと尋ね、私が「おばさん」と言うと、これから自分たちのことを「おばさん」「おじさん」と呼んでくれと言い、私はいつもそのように呼ぶことになった。夜はしばしば友人の老夫婦がトランプをしに来た。カナスタという簡単なトランプ遊びだった。おしゃべりをしながらトランプに興じるのが老夫婦の社交の楽しみだった。

クラウンズ夫妻は、昔ながらの礼儀を守る古典的な人達だった。クラウンズ家に泊まった

2日目の夕食のときだった。スープを飲むときには、スープ皿の上に身を屈めるのではなくて、首を真っすぐに起こしたままスプーンを口の方に運びなさい、それが礼儀だと言われた。ナプキンは毎週一度洗濯し、私専用のデザインのナプキンリングがいつもテーブルに並べられた。翌朝は、コーヒーを飲むときには決して音をたてないようにと注意された。音をたてないで飲むと美味しさが半減すると私は思ったがじきに慣れた。

●ハリス先生

クラウンズ家に行った次の日、私はスポンサーであるファースト・コングリゲーショナル・チャーチのサイディ牧師に連れられて大学に行った。児童研究所大学院で私の指導教官に決まっていたデール・B・ハリス先生も同じ教会であった。当時先生は40代はじめで、児童研究所の所長になったばかりだった。秘書のメアリーは、ハリス先生は学生の間で一番人気のある教授だと教えてくれた。握手をするとすぐに、先生は友人の原子物理学者に言及し、彼は広島の原子爆弾で良心を責められて神経を病んでいると話された。そして申し訳ないと私に謝られた。私はアメリカの学者にこういう人がいることに心を打たれた。大学での私の勉学のプランを話したのはその後だった。（ハリス先生はそれから15年後にフルブライト教授としてお茶の水女子大学で半年間にわたって講義をされ、日本の学生のなかに多くの影響を残された。先生については後にまた述べることになる。）

●古い同窓生

クラウンズ夫妻は、いずれも1900年頃のミネソタ大学の卒業生である。クラウンズ氏は工学部の機械科を、夫人は文学部の英文学科を卒業し、すでに70歳を越えていた。あれから50年を経て、私共がその年齢に達し、その年齢でよく敵国の青年を家族の一員として家庭に泊められたと尊敬の念をあらたにする。その昔、クラウンズ氏が大学を出てすぐに、ノースダコタのスポケインという町に鉄道技師として就職し、1年後にクラウンズ夫人が同じ町の中学の英語の教師になって赴任した。クラウンズ氏に言わせれば夫人が追いかけて来たのだし、夫人に言わせれば旦那が呼び寄せたのだそうである。白髪になっても、こう言い合っているのを見るのは気持ちがいい。

クラウンズ氏は、前年、長らく経営していた玩具会社を売って引退した。家の地下室に仕事場があって、旋盤、ドリルなど金工具をそろえ、1日閉じこもって、船の模型、馬車の模型など、精巧な工作をするのが趣味だった。私がいたときには、地下室と一階の間の天井に穴をあけ、扇風機を箱に入れた冷房装置を工夫して取り付けた。

クラウンズ夫人は口やかましい几帳面な人で、一見尊大ぶった感じすら他人に与えた。クラウンズ氏は鷹揚だがきちんとした人だった。来客の応対など礼儀正しく隙を見せない。しかし家庭の中の雰囲気は、私が子どもの頃の我が家と大差はなかった。この頃は、アメリカ人男性の平均寿命は67歳で、日本では1947年に56歳だった。

●ミセス・ストロウブリッジ

クラウンズ氏の家にはミセス・ストロウブリッジという85歳になる老婦人が同居していた。クラウンズ夫人の実の姉である。耳が遠くて、補聴器をつけているが、いまだに矍鑠《かくしゃく》として自分の部屋は図書でうずまっている。歴史が好きで、地図を見ながら、古今東西の歴史の書物を読んでいる。私と知り合ってから、東洋の歴史を勉強し始めた。1885年に19歳で結婚して、9か月で夫に病死され、それ以来独身である。クラウンズ夫人の話によると、夫に死に別れてから、その悲しみにうちひしがれて、しばらくワシントン州のケープフラッタリーに気晴らしのために転地していた。それから1年もたたないうちに、姉妹の母親にも死なれてさんざんの数年だったと話された。それ以来60年以上の月日を、夫の写真を自分の部屋に飾って眺め、妹夫婦の家に一緒に住んだ。

クラウンズ家の皿洗いは数十年間ずっと、ミセス・ストロウブリッジの仕事になっていた。私がクラウンズ家にいる間、皿洗いはミセス・ストロウブリッジと私の仕事になった。1時間も2時間もかけてゆっくりと皿洗いをしながら私はこの老婦人とおしゃべりをするのが楽しみだった。皿洗いを終わるとソファに座って、クラウンズ夫人の英語のレッスンをかねたおしゃべりである。

クラウンズ　　　　ストロウブリッジ
夫妻　　　　　　　　夫人

●映画会

クラウンズ夫妻はよく映画を見に行った。黒澤明の「羅生門」や「美女と野獣」も私は米国で見た。

あるとき、いつもゆく教会で、子どものための映画会があった。その中に「我ら常に備えあり」というタイトルで、日米戦争の海上戦が出て来た。アメリカの潜水艦が日本の軍艦を撃沈する場面で、日本の飛行機を打ち落とす場面、艦砲射撃など、私は見ていて戦時中を思い出した。集まった子どもたちは6~10歳位の子ども20人程だった。終わってから牧師さんが私の所にとんで来て、あらかじめ試写をしなかったのでこんな映画を見せてしまった、全く手落ちだったと謝り、途中で何回やめようと思ったか分からないが、中止したらかえって子どもに妙な印象を与えるだろうと思ってつづけたのだと話して、戦争中の日米間の事を話し合った。この牧師さんは、良心的兵役拒否者（コンシエンシャス・オブジェクター）で、私は戦時中に米国ではこういう制度があったことを知った。

●クリスマスの贈り物

１９５１年12月、クリスマスイーヴの晩、クラウンズ夫妻の教会のキャンドルサービスに私は伴われた。さんさんと降る雪の中の小さな教会の尖塔は絵のように見えた。翌朝クリスマスの日には、クリスマスツリーの下に家族が集まってプレゼントを開ける。私が小さいころ、わが家でも同じことがあって、何日も前からこの時を楽しみに待った。この日はクラウンズ家で、私にもプレゼントがあった。おじさんから卓上カレンダー、ケンタッキーにいる息子、娘から私にもイニシャルを刺繍したハンカチ、ミセス・ストロウブリッジから2ドル入りの封筒、夫妻から私に部屋靴、それから、5ドル紙幣5枚入りの封筒とカードがついていて、「これはあなたがアメリカの最善の物を買うためのお金です」と書いてあった。私は口もきけず茫然とした。夜は、クラウンズ氏の弟夫婦と息子、独身の老婦人と総勢七人で、ダウンタウンの16階のビルのレストランにターキーのクリスマスディナーを食べに行った。漢字で書いた日本からの婚約者の手紙はよい話題になった。

クリスマスが終わった翌日の午後、「おばさん」に呼ばれた。昨夜「おじさん」と遅くまで話したが、プレゼントのお金のことで誤解しないようにと前置きして私に言われた。「アメリカは世界中の人にいろんなものを分けて来た。このお金はあなたが良いものを持ち帰るようにという意味だ。良い物の解釈について、もうひとつ違うふうに考えてみよう。アメリカの物質ばかりではなくて、アメリカは物質以外のものをもっているはずだ。君はそれを日本にもって帰るのが一番良いお土産だ。このお金は君がそれをできるようにその手段として使うのが一番良い。だからこれは君が自分のために使いなさい。ここで勉強するのにはコーヒーも飲まなくてはならないし、本も買わなければならない。そういうことに使いなさい」と言われた。陽が西の空に沈み、向かいの家の窓が赤く光っていた。私はアメリカに来ていることを全身に感じた。

●玄関の鍵

ある晩、私のミネアポリス滞在中の住宅の世話をして下さるトンプソン夫人の家からクラウンズ家に帰る途中、玄関のドアの鍵とスーツケースの鍵と間違えて持って来たことに気が付いた。しまったと思ったが、家に帰ると玄関のドアに鍵がかかっていなかった。助かったと思って入ってみたら、私の部屋の前に今日「おばさん」が修繕してくれたコートと玄関のドアの鍵がおいてあった。鍵のことは何度も注意され、落とさないように、忘れないようにと言われていて、今日も出がけに鍵を持ったかと言われたばかりだったので、恥ずかしかった。翌朝、私は顔を合わせるのがこわかった。「おじさん」「おばさん」は、叱ることもなく、冗談まじりに私をたしなめられた。その頃は現代とは違って、日本の私の家では夜も玄関のドアに鍵をかけたことはなかった。

この家に1か月滞在の後も、私はしばしばこの家を訪れた。いつも台所口から勝手に入り込み、ドアをあけて声をかけると「おやまあ、よく来ましたね、私の息子」と手を広げて迎えてくれる。ミセス・ストロウブリッジが、台所の手をとめて、台所用のゴム手袋をはずし、「おやおや、だれかと思ったらあなただったのか、お父さんは元気か、お母さんは元気か。手紙はよく来るか」などと尋ねる。「夕飯ができるまで、居間で新聞か雑誌でも見ていなさい」と言われて、私はソファに腰を下ろして新聞を読み始めると、クラウンズ氏が書斎からラジオをとめて出て来る。そして夕食が済むとミセス・ストロウブリッジが、自分は耳が遠いからあなたがたは話していなさい、今日は自分が皿洗いは全部やってあげるから、と言うので、私たちはよもやま話をする。クラウンズ氏は機知に富む冗談をいい、夫人は、日本のいろいろのことを根掘り葉掘り尋ねる。半年ぐらい過ぎた後には、もうあなたもアメリカの生活習慣に慣れたから、キスをしても良いだろうと言って私を抱擁した。

私が忘れることの出来ないことの一つは、ちょうど1952年の7月に大統領選挙演説で賑わっていたときのことだった。いつも政治のことなど話したことのないクラウンズ氏がパイプをくわえて私に大統領の選挙演説のことなど尋ねた後に言った。アメリカにはいろいろ良いことも沢山ある。しかし政治家というのはいつの世にもくだらないものだ。政治家は自分の国に都合の良いことばかり考えて、外交政策を真剣に考えない。国内政策も同じことだ。豊富な天然資源をもつ広大なこの土地で、それを濫費し、林野を切り開き、材木をどんどん燃やし、石炭や石油を掘り尽くし、それを有益に使わない。これはアメリカ人の犯した最も大きな罪だ。そして政治家はこれを反省しようとしない。クラウンズ氏はいつにない激しい語調で言った。

ずっと後のことになるが、1年9か月のミネアポリス滞在の後に私がミネアポリスを出発のとき、自動車で駅まで送ってくれたのもこのクラウンズ夫妻だった。別れ際に夫人はひとつの封筒を私のポケットに差し込んで言った。「これはただの手紙だ。決して途中で開かぬように。船に乗ったら開いて読みなさい」と涙をためて言った。

クラウンズ家にて ─ 房江への手紙から

■12月14日　午後

今、君の手紙を受け取ったところです。今日は学校にいったら、皆、休講でした。それで君への手紙を出してから、ピルグリムファウンデーションでお昼を食べて、一度うちに帰ってきました。そうしたら君の手紙が来ていました。オバサンがにこにこして、丁度よかった手紙が来ているっていいました。思わずとび上がって、応接間でオーバーもぬがず、オーバーシューズもぬがないで夢中で読みました。もう3回も読んでしまいました。手紙がくるのがなんてうれしいんでしょう。

今晩はサイディさんの教会でクリスマスの夕食会がありました。皆、家族連れで弁当持ちで食事するのです。大学の先生が何人かいました。子どもたちも一緒で、ゲームをやって楽しかった。ちっとも堅苦しくないんです。和気アイアイです。皆、僕をとっても大事にしてくれます。そうして帰ってから、ここにいる耳の遠いおばあさんと一時間くらい話しました。……このおばあさんミセスで、1904年にご主人が死んだそうで、その話をしてくれて、何だか可哀そうになりました。とても良い人でね、本を一杯持ってます。歴史が好きで、歴史と文学の本が一杯あります。……おじいさんの代にスコットランドからここに来たんです。80の耳の遠いおばあさんと、口のまわらない僕とが、君の手紙と写真を前にして、色んなことを交々話している姿を想像して下さい。まんざらでもないでしょう。僕はこの家をとても楽しんでいます。

12月15日（土）夜

●アルバイトをしたいと申し出る・アガペーについて

今日は昼までにサイディさんの所に行きました。何しに行ったのかというと、僕、どうしてもお小遣いが要るでしょう。お小遣いのみならずお金が要るでしょう。学校で月謝以外にいるお金、本を買うお金、コーヒー代、映画見たり、音楽会に行ったり、電車に乗ったり、そういうお金を作るために、働こうと思ったんです。学校が始まったら、パートタイムで、休みの時はフルタイムで。それで、それには移民局の許可が要るので、ムーアさん（留学生アドヴァイザー）に紹介状もらいました。それで、移民局に行く前に、一人で、サイディさんに話しておかなくちゃと思って、そのことを話しにいきました。生活費と食費とは教会の方々のお世話になるけれど、それ以上の入り用のお金は、そんなに他人の世話にばかりなるわけにいきませんから、自分で働いて稼ごうと思いますって。そうしたら、サイディさん、何て言ったと思う？「まだ君は来たばかりで、ここの生活になれないし、英語になれたり電車に乗ったり、方々違う家をまわったり、それだけで十分に精力を使うんだ。それ以上に精力を使わすことは、私たちには出来ない。身体でもこわしたらどうする？」って。それで、昼食とお菓子はピルグリムファウンデーションで、いつでも好きなだけ提供するし、それ以外に入り用のお金は、基金があるから、それから出して上げる」って云うんだよ。それでね、僕はそんなこと云われても、ピルグリムファウンデーションでは、皆、やっぱりお金を払って食べているんだし、そんなに人の世話にばかりなるのは、一個の人間として、心苦しいし、いけないことだと思う、だからやっぱり働きます、といったの。そうしたら、サイディさんはね、「君にここで食事のみならず、お金まで上げるというのは、それは私が出すんじゃない。これにはアメリカのクリスチャンの基金がある。しかもそれはアメリカ人が出す慈善のためのお金じゃない。これはアメリカ人が出すんだけれども、アメリカ人が出すんじゃない。私は君にもう少し詳しく説明しよう。聖書のコリント前書13章の終わりに、信仰と望みと愛とはいつまでも絶えることはない。而してそのうち最大のものは愛なり、ということがある。この愛というのはどういうことか知っているか、これは恵んでやることじゃない。これは、ただのLove（愛）じゃない。これはAgape（アガペー）の意味だ。アガペーは最も広い意味の愛だ、Holy Love（敬虔な愛）だ。このお金はCharity（慈善）じゃない、アガペーのお金だ。誰もそれに対して義務も報酬も求めないし、それによって誰も優越感を感じない。君はそのアガペーをこの地において受ける。しかしそれは誰から受けるんでもない。神さまから受けるんだ。そうして君が日本に帰ったら、その受けたアガペーを、今度は、君がまたそういうアガペーをもって君がその専門とする日本の子供たちに注げば良いんだ。君は此の地においてそのアガペーを受けなくちゃいけない。

●日本に帰ったら、アメリカの家庭の研究をしなさい

そうして、何にも心配しないで勉強しなさい。アメリカの家庭をまわって、アメリカの家庭を研究しなさい。私たちには何も負う所はない。何か返すとすれば、神さまに。日本に帰ったら良い仕事をして、神さまにそれを返すだけだ」ってこう言うんだよ。そうして、サイディさんの大きな手が伸びて、僕の手を握りしめて、立ち上がって、僕を抱きしめました。僕、何だか国境を越えた、とっても大きなものを感じちゃって、体がふるえちゃった。全然よその国から来た一人の青二才がこんな優遇されるなんて、何週間も一人旅を続けてきた僕には、奇異にさえ思えることでした。

……それで僕は、そういう行為は名実共に受けなくちゃならないと思いました。こういう時には、小さな独立心や、自己の尊厳、自負心なんていうものは、ごく小さなものにすぎない場合もあります。小さな自己に止まっていないで、ほんとに、そういうアガペーには、こちらも大きな広い心で、受け取ってゆかなければいけないと思います。

12月15日　つづき

家に帰って「何から何まで世話になって、何も出来ないから、何でも仕事があったらやる」って、そうしたら、そう言いかけただけで「ノーノー、君はここに勉強に来たんだ！君は何もしなくっていい。私たちは何にも君からもらおうと思ってない。その代わり君が帰ったら、今度は私たちが日本に行くことにするから、君のフサ何とかっていう女性と結婚したその家に、私たちを泊めてくれ、そういう約束をしておけば良いだろう」っていうの。僕その時も何だか、大きなものを感じちゃった。それは心から出てくる言葉だっていうことは確かです。それで、このうちでも、僕は食後のテーブルを片づけるのと、お皿拭きと、時たま絨毯の掃除をやるだけです。「これから君は方々の家を回って歩いたら、私たちより以上にアメリカの家庭を研究できる。」結局僕はここで専心勉強さしてもらえるようです。一歩一歩あせらずやってゆきます。それで、僕はここで何を勉強するのかしら。まず第一にアメリカ人の生活です。アメリカ人の考え方、感じ方、行動の仕方。何が一体この現代アメリカの繁栄を来しているのでしょう。次代を担うアメリカの子どもたちはどういう風に育てられているのでしょう。狭くなると共に国際的にならざるを得なくなっているこの世界で、日本はどういう位置に立たされているのでしょう。日本の子どもは一体どういう風に育てられたらいいんでしょう。

12月20日

●郵便を待つ

今朝、雪かきしてたら郵便屋さんが手紙を持ってきました。この頃家にいるときは、朝、郵便屋さんが来る時を見計らって、雪かきすることにしてるんだよ。それだもんで郵便屋さんと仲良くなっちゃった。いま、ご飯に呼ばれたんで一寸食べてきました(おひる)。今朝はね、方々掃除してまわって、洗濯物も全部やって、とても忙しかったんだよ。この頃は食器洗いは半分くらい僕の役になりましたし、掃除もします。それから今日は洗濯もしました。もちろんワイシャツのようなものはやってくれるんだけど、色物だけは自分でやります。ひげをそるのには30分位かかるし、なかなかこんな事に時間がかかります。……トンプソンさんの所から、さっき電話があって、僕あてに手紙が2~3通来てるっていうの(もう2、3日前に)。きっと君のもあるでしょう。……手紙を読みました。君の小さいときのお話、とっても楽しく読みました。ほんとに久し振りで僕の心の中に日本的な感覚をよびさましてくれました。またどんどん書いてね、ひまなとき、気のむいたときでいいからね。僕もその中にぽつりぽつりと書くからね。とっても楽しいことだね。僕のこないだからの手紙、何だか神経衰弱みたいで恥ずかしくなっちゃった。嫌になっちゃった我ながら。今度からもっと楽しく生活することにきめました。純粋の日本人、典型的な日本の学徒、胸の中に一杯に日本の感覚を持った学生として生きることに決めました。そしてこういう日本の姿を、英語で表現することが出来るようになりたいと思います。何だか今はとっても気が楽になって、楽しくなった。

12月22日

今夜急にオジサンとオバサンが映画に連れてってくれるって、7時半頃から出かけました。勿論自動車。すぐ家の筋向かいに湖水があってね、それを半分ぐるっと回ったところの映画館に行きました。それで見たのが「美女と野獣」。……こうして日本を遠く離れてみると、日本の良さを別の面から見直します。日本人程、芸術に敏感な心を持った人間はないでしょう。日本人はもっと芸術家を大切に育み、もっと芸術家を育てなければいけません。きっとどこの国よりもすばらしい芸術家を生むことができるだろうという確信をもってます。そのためには、今のような風変わりな、奇を衒《てら》う芸術ではなくて、まず美しい心をもった、そして芸術の後にひそむハートに対して敏感な心を持った人間を養うことが必要です。……何よりもうらやましく思ったのは、こんな寒い土地で、夜8時になってから、70代の夫婦が自動車で映画を見に行くなんていうこと、そんなこと、日本じゃ考えられないものね。ここじゃ、ごくあたりまえのことなんだけど。……

12月24日

●真夜中のクリスマス礼拝

……今夜は北川先生の聖公会の教会の真夜中のクリスマス礼拝に行きます。10時から1時頃まで。……夜8時半、今夜はリンハーストチャーチでも11時からキャンドルサービスがあるというので、そっちにも行くことにしました。そうして、今、その前に手紙書いてます。今日はここの人たちに何をプレゼントしようかと思って、ストロウブリッジ夫人には、まゆ人形にしました。……そっちでミネソタ寒波が新聞に出たなんて驚きました。寒さなんて、何回も書くけど、ちっとも苦になりません。なにしろドライでしょ。この頃は大がい湿度10%位、これ位ドライだと、寒さなんて感じないもんだよ。それに、部屋の中が丁度良いくらいの温さだから、むしろそっちの方が寒そうでかわいそう。日本では家の中も寒いんだろ。夜寝るときに厚い布団をかけて寝るんだろ、寒くてかわいそうにね。……だけど外に出るときは、耳当てをして、エリマキ、手袋、オーバーシューズをはいて出ます。これで風が吹いたら辛いでしょうか。だけど、まるで、天候や自然とは縁遠いのがアメリカ生活の一つの特徴でしょう。……以前読んだ本の「紫苑の園」の中にこんなのがあったよ。「立ちて待つもの、そのものもまた、神の喜び給うものなり」。あせっても決して時は来ません。船の中では随分辛いと思ったけど、一日中、そして何日も、夜昼絶え間なくエンジンをうならせていたら、あの広い太平洋を渡ってしまったでしょう。じっと待っていたら、そうしてその間中その時にすることをしていたら、アメリカに着いてしまいました。これからも、じっと待ちながら、お互いに、この生活を有効に生かそうと努力しているうちに、目的に到達するんじゃないかな。そうして、一杯に希望を豊かにもっていようね。

●ちょっとうるさいクリスマスキャロル

……思えば今日はクリスマスイヴ、あんまりクリスマス・キャロルや何か、ラジオまで、ギャンギャンやると、良さが無くなってしまいます。キリスト教はそんなものではない筈です。クリスマスをこんなにしたのは、キリスト教が悪いのではなくて、世間が悪いのだけど。僕らは、何もわざわざ、クリスマスにキリストの生誕を祝わなくたって、いつも神の子の生誕を祝っていれば、それで沢山だと思います。アメリカのキリスト教の悪いところ。

12月25日　昼（お年玉　特別通信）

ビッグニュース。今日はネ、朝ご飯がすむと、クリスマスツリーの下に置いてある沢山のプレゼントを皆集まって一つづつ開けていきました。オジサンとオバサンと麦橋（ストロウブリッジ）夫人と僕と4人で。僕のもらったもの順番に言うね。だんだんよくなるから、おたのしみに一つづつあげていきます。第1は、オジサンから皮のケースに入ったカレンダー立て。それから、オジサンとオバサンのケンタッキーにいる息子、娘さんからハンケチ。これにはMTという字をデザインした刺しゅうが入っています。3枚あるから、その中の一枚、君に送ります。まだ、だんだんすばらしくなるんだから楽しみにしててね。それから、ストロウブリッジ夫人から封筒、その中に2ドル入ってます。早速これは君と小枝子にクリスマスプレゼントを買うことに使うって宣言しました。それから、靴下に入ったキャンデー、それから……ね、ゆっくり読んでいくんだよ。一気に読んじゃいけないよ。それから、ね。それから、それから、エヘヘ……、それから、いつか話した山羊の皮の上靴ね。あれと、それから、又、麦橋夫人からネクタイをもらいました。アメリカのにしては地味です。それからオバサンからインク。それから、ね。平べったい包みで、上に「オジサンから房江さんへ」て書いてあるのをもらいました。何かと思って開けてみたら、このエアレターが10枚入っていました。オジサンがヘラヘラ笑ってました。まだあるんだよ。驚いちゃいけないよ。これが一番すてきなんだから。……クリスマス1951と書いてあります。……そして「私の属している教会の25人の婦人からの贈り物です」

僕、始め読んだとき、茫然としっちゃった。ウソじゃないかと思っちゃった。君だってそうでしょう。何のことだか分かった？そうして一緒に、封筒がもう一つくっついていました。中に25ドル（5ドル紙幣が5枚）入っていました。そうしたらオバサンが言いました。これは自分の入り用のことに使っちゃいけないって。これは日本にいるお前の恋人とか、お母さんや、お父さんや、そういう人たちのクリスマスプレゼントを買うのに使わなくちゃいけないって。僕、ウレシクて口もきけない位でした。……今日はこれからオジサンの兄弟達が来て、ダウンタウンに夕食をしにゆくことになっています。だから、これから、その準備をします。おめかしです。……10時半、今夜はね、あれからごはんを食べに行きました。ビルの16階です。オジサンの弟夫妻と妹と一緒です。そこで食べたのは、茹でた海老と貝、七面鳥、焼いたジャガイモ、空豆のマッシュ、プラムのプディングなどなどで、とてもおいしかった。……

12月30日

……今頃日本は、みんなにぎやかにお正月だろうなーって考えています。こっちはお正月なんて、何にもないんだよ。日本のあの、仄かに豊かな気分を、心ゆくまで味わいたいような気がしています。日本の都会、日本の田舎、それは何と情緒豊かなのでしょう。あの竹馬に乗って遊ぶ子どもたちの姿、たこあげ、はねつき。こたつで夜が更けるまで、半分居眠りしながら、しゃべりあかす日本の冬、何と、しっとりとした落ち着きを感じさせることでしょう。ラフカディオ・ハーン小泉八雲が日本を好んだ理由が分かる気がします。……日本ではもっと人と人との間が近いです。それだけにうるさいことも沢山あるんでしょうが。お互いに、良い点を学び取らなくてはいけませんね。こういうこと、いつかゆっくりまとめて、倉橋先生に報告したいと思っていますけど、なかなかひまがありません。もし会ったらよろしく言っといてね。僕、とにかく、これから、愉快にやれそうな気がしています。……

1月7日

●英語が少しずつ分かってきた

……不思議なように、英語が良く分かって、ぺらぺら口から出てくるんだよ。その代わり、ものすごく疲れちゃうの。それで5日の晩は、お客さんが来て、2時までカナスタ（トランプ）をやって、ぐったりして、昨夜は7時からの会合に行こうと思って、電車に乗ったらめまいがして、途中から引き返してきて、6時半から家で寝て今朝7時までぐっすり。……来週から、月水の10時30分～11時20分は英語入門コースが正式に始まります。……5日の夕方は、教会で子どもの映画会があって、行ったら、日米戦争の海上戦のもあったんだよ。それで牧師さんがしきりに僕にあやまって、牧師さんとそんなことしゃべって（ものすごくいい牧師さんで、戦争中良心的兵役拒否者だったんだって。それから終戦の時も他の教会ではVictoryのお祭りやったりしたけれど、この牧師さんの所では、そんなことしなかったんだって）。それから6日の朝は、牧師さんの家の青年会で、結局僕が1時間くらい、いろんな質問攻めにあって、日本のことしゃべって、とても面白かったよ。……

1月8日

●人の世話になること

……明日までにForest著『Early years at School』を早急に読んでしまわなければなりません。これからリポートを書くんだよ。全くしっかりしなくちゃ。僕は、人の世話にばかりなっていて、一体、これでいいのかしら。人の世話になるときには、勿論、世話になるけど、時々は、僕の独立心がゆるさないんだよ。だけど考えてみれば役人だって、文部省の留学生だって、皆、人から金をもらっているわけだしね。但し、人から直接世話にならなければ、身近に感じないというだけ。結局、こんなこと反省するだけばからしいのかしら。皆、神さまがアレンジして下さるのだと思っていいのかしら？異論がなければそういうことにして、ここの生活を最も有益に過ごしましょう。もっと考えるべき大きなことがあるね。僕たちの住んでいる社会を明るい平和な良い社会にしてゆくこと。……ともかく卑屈な考えをもたないで、大きな心で生きようね。忙中有閑。人間関係のあり方というのは、とても大きな問題。大きな心になって一緒に人間の世界を学んでいきましょう。

1月9日

今日は僕の誕生日。その日に君から1月5日のとてもいい手紙の返事をもらいました。有り難う。僕、安心して一生懸命勉強するね。……オバサンがバースデーケーキを作ってくれました。ろうそく立てて。一杯お話ししたいことがあるけど、今日は一寸感じたことがあるから、又書くね。それはね、僕、ここの生活をとっても今反省しているんだよ。何のために何しに来ているんだろう……というよりむしろ、僕は今混沌として、ただこの生活にうまく適応していくためにだけ生活しているみたい。そんなの全くナンセンスだと思う。もっと積極的に僕の果たすべき事を果たし、求めるものを見きわめていかなくちゃ。僕はここの生活に適応してアメリカ人になるのが目的じゃない。人間として、一個の独立した人間として、しっかり自分の方向を見てゆかなくちゃ。だけど、どういうのが良い道かということは一朝一夕じゃ分かりません。僕らはこの複雑な社会にあって、いろいろの勉強をしながら、その中で経験するごとに、自分の云うべきことを、自分の為すべきことを選びとってゆかなくちゃならない。その過程が繰り返されてゆかなければ、求めるものは得られないでしょう。

●自分の為にすべきこと

……無定見に適応していくばかりが素敵なことじゃありません。僕は少しそういう傾向があるかも知れないね。一体何が正しいことで、何が神様の道に叶ったことなのか、何がキリスト教か、何が児童心理学か、全く分かっていないんだよ。それで、もう一度白紙に返って、全て白紙から勉強し直したい、自分の良心と、眼と、ハートに訴えて、全ての経験を問い直してみようと思います。今度は二人という地盤の上で、やり直してみようと思うの。

●言語のこと

それからもう一つ。ここの生活は何と言っても英語だから、英語で考え、英語で語っていかなければ、通用しない。それが、ここの生活を良く送る上の最大条件の一つなんだよ。僕には一寸辛いけどそう、断然そうしようと思う。許してね。そこで君にも今度こそほんとに英語で手紙を書きます。自分の考えたこと、思ったこと、感じたことを、最も単純な形で英語にしなければ、自分を理解してもらうことも出来ないと思う。それで、君には、一番直裁に僕自身を表現するから、それをそのまま英語にしたら、とても今の生活の助けになると思うんだよ。二重言語の生活は今の状態ではとても辛いんだよ。今度こそ許してね。君も僕に英語で書いてもいいよ。どんなに拙くたってケイベツなんか絶対しないから。

1月12日

今日は期待していなかったのに、うちから手紙を二通もらいました。12月9日に出たのと、15日に出た写真です。それで何となく嬉しくなりました。今日は土曜の晩だから日本語ね。月曜に学校に行けば、又、君の手紙が見られるね。うれしいな。それに君がとても元気そうなので嬉しい。君が今の生活に適応しているっていうので、とても嬉しい。明日の午後、トーマス・ライトさんの所に引っ越します。……今度のうちは、大学院に行っている息子と息女と、5歳の子がいるんだってさ。どんなうちかな。英語がやっぱり一番苦労です。考えれば随分適応したと思うけど。今日は一日、お客さんと、皿洗いで大変。お客さんが来ると上等のお皿とフォーク、ナイフをものすごく使うから、皿洗いがたまらない。僕たち、うちをもったら（こんなことばを使うと何だか変な気がするね）、シンプル・ライフにしようね。一昨日からストロウブリッジ夫人が気分が悪くて。今日はもう良くなったんだけど、年がいっているので心配しました。今、今日の写真を見せに行ったんだけど、明日から僕がいなくなるといって、悲しがっていました。僕もこのおばあさん大好きです。「貴方が此処に来てからとても楽しかった。寂しくなるわ」って云って、ほんとに悲しそうでした。こういう年寄りっていいね。僕もこのおばあさんのこと、一生忘れないでしょう。これから倉橋先生の所に、元気を出して手紙を書きます。……今夜は、一か月間の荷物を纏めるので大さわぎ。推察できるでしょう。

ライトさん

米国留学中、私はミネアポリスの家庭に1月ずつ泊めて頂くことになった。このことは前にも書いた。次の家庭に移るときには、いつも互いに別れ難い思いが残った。クラウンズ家を去るときには、ミセス・ストロウブリッジは風邪を引いていて、明日から私がいなくなると言って悲しがった。1952年1月13日午後、私はクラウンズ夫人に連れられて、次の一月をすごすことになったライト家に行った。クラウンズ夫人は朝からそわそわしていたが、出がけに私を抱擁して、「おばさん」という呼び名を決して他の人に使ってはいけないと私に言った。

●ミネアポリスの旧家 — ライト家

ライト家は、大きなデパートや銀行の立ち並んだ市の中心部の小高い丘の上にあった。40年ほど前までは裕福な家の並ぶ閑静な住宅地だったが、いまは繁華街の大通りから一筋奥にはいったところで、その近隣十数軒だけがわずかに喧騒を逃れていた。ライト家は3階建ての煉瓦造りの大きな家で、ベッドルームだけで10以上あり、私は2階の一室を与えられた。息子と3人の娘は東部の大学に行っていて、末娘の5歳のグレーシーだけが両親と共に住んでいた。隣室には、ミセス・コクリンという長年ナースリースクールの先生をしていて退職した老夫人がいた。それからミセス・フリーマンという、ライト夫妻の結婚以来この家に住んでいるメードさんがいた。スウェーデンの人で、いまは金曜から日曜までの3日間は自分のアパートに帰る。その他に週2日間洗濯掃除に来るお手伝いさんがいた。こういうわけで、私は皿洗いも掃除もする必要がなく、ちょうど大学も忙しくなったところで、勉強に専念できた。また、ピルグリムファウンデーションという、大学キャンパス内のクリスチャン学生のクラブでいつも昼食を食べていたが、そこでの若い学生たちとの付き合いも結構忙しくなっていた。

ライト家の毎日は極めて静かだった。ライト氏は殆ど書斎で過ごしていた。ライト氏は静かで、影のように家の中を歩く。応接間、書斎、それから3階の部屋には、祖父母時代よりの書物がところ狭きまでに天井までぎっしりとつまり、東西洋の古い陶磁器、人形、絵画等が家中至るところに置いてあった。ライト氏の母親が東洋の書画骨董の蒐集家だったとのことである。ライト氏はアメリカでも有名な工科大学の出身なのに、彼の読書は、シェークスピア、チョーサーから、ラテン語の史書、比較言語学、仏典の翻訳など幅広い。私がこの家に来て間もなく、私はライト氏の書斎に呼ばれ、徳川家康の肖像画の軸を見せられて、日本語で書かれた賛を読むように言われて驚いた。

ライト氏は月に数回、ミネソタ州北部にある水力発電の会社に行く。ライト氏の祖父は1850年頃、アメリカ東海岸よりこの地方の地質調査団の一員として移住してきた。この大きな家を建てたのが1870年頃という。

こういう格式のある家なのに、日常生活は質素で、ほとんど人も来ない。ライト氏はユニテリアン派の教会に属しているが、教会には殆ど行かない。夫人もまた静かな人である。夫人は週に1度、ミネソタ大学の「小説の書き方」という講義に通い、自室でタイプライターに向かう時間も多かった。末娘のグレーシーを週1度ミュージアムで開いているバレエ教室に、日曜は教会の日曜学校に連れて行く。夫人は週に1度は音楽会かお芝居にゆき、しばしば私を連れて行ってくれた。

アメリカ人の家では、朝起きると、奥さんがガウンのまま朝食を準備し、台所で食事をするのが普通であるが、ライト家では朝食にもきちんとスーツを着て食堂で食卓につく。夕食時にはミセス・フリーマンが鐘を鳴らすと、ライト氏夫妻とグレーシーと私と、皆上着を着て食堂に行く。椅子につくとミセス・フリーマンがいつもきまった物腰で給仕をする。おそらく彼女がライト家に仕えて以来40年間同じようにこうしてきたのだろう。食事が済むと応接間で皆で雑談をする。週に3日ミセス・フリーマンのいないときにはライト氏夫人が食事を作り、皿を洗い、ライト氏が皿を拭く。格式のある旧家の主人でもこの点では平民的である。

近所の人が通りがかりに立ち寄って話しこむということはない。客を招待するときには、主人夫妻は威儀を正して玄関で迎える。食卓の給仕はミセス・フリーマンではなく、正式の給仕人が雇われる。

こういう旧家はもはやミネアポリス市に多くはない。私を泊めて下さった家庭の中で、旧家はここだけだった。旧家といわれた家も若い人の代になると古いものを捨て去って出て行く。あるとき、ライト氏自身が話してくれたのだが、父親が死んだとき、兄弟はだれもこの古い家を欲しがらなかった。古風な煉瓦作りの薄暗い大きな建物、役にたたない無数の書籍、古い品々、それよりも便利で使いよい近代的な家具と機器の方が若い人々には魅力的だったのだそうである。ライト氏はたまたま静かな古い生活を愛していたのでこの家を受け継いだが、子どもたちはだれもこんなものを欲しがらないだろうと笑っていた。

ミネアポリスでは富裕人たちは、子どもたちを東部の大学、高等学校に出す。ライト家でも子どもたちがクリスマスと夏休みには東部から帰ってくる。そうすると普通のアメリカの若い人たちと少しも変わらない。床に寝転がって本を読み、母親から注意される。

●5歳の娘

夕食後は、居間のソファで、5歳の娘のグレーシーと、私が日本から持ってきたキンダーブックを読むのが日課だった。それは私共にとって楽しい時間だった。

グレーシーは母親を愛し、母親も彼女を愛していた。ある晩、母親が、グレーシーが遊んでいる間にこっそりと音楽会に行った。しばらくしてグレーシーは母親がいないのに気がつき、泣いて家中を捜し回った。私はそれからどうなるかを興味をもって、グレーシーのそばに行きたいのを我慢して見ていた。父親は書斎から出て来なかった。マミー、マミーと家中を歩き回るグレーシーの声が聞こえていた。と思ったら、驚いたことに、グレーシーは新しい折り紙とはさみを手にもって私の部屋に来て、私のそばに座った。母親が帰るまで彼女は

ライトさん一家

グレーシーと

私の傍らで遊んでいた。

ライト家の脇は斜面になっていて、橇《そり》で雪滑りをするのに最適だった、土曜日にはグレーシーも幼稚園がなく、私も大学の授業のないときは、雪滑りのスリルを楽しんだ。時には近所の子も加わり、私も子ども時代に戻ったような気になった。土曜の午後のライト家は、もの音ひとつしない静けさで、私はしばしばもの寂しい気持ちに襲われた。ある土曜の午後、私は久し振りに倉橋惣三『幼稚園雑草』を開いて、とても日本が懐かしくなった。子どもに対するあの柔らかい空気はここでは得られないものだ。ここの児童心理学は専門的になりすぎて心がかさかさになる。学問的にはいい仕事でも、うるおいがない。全く忙しい。「我は己自身を子どもに与えん。教育は己自身を与えることである」というフレーベルの言葉は、ここでは理解されないように思った。それは異国の生活の緊張感からくる私自身の異常心理だったかもしれないが、その後の学問の進展をみると、子どもの学問は、ひとりひとりの人間の心の真実に立ち戻って考えることを忘れてはならないとその時に考えたのは間違っていなかったと、いまになって思う。

●人間はどこでも同じ

この年は特別に雪がひどかった。吹雪の夜だった、ピルグリムファウンデーションでの会合が遅くなり、ライト家の前まで急ぎ足で帰って来ると、よろよろと前を歩いていく人がいた。近づいたら、女の人だった。追い越そうとすると、急に私の足元に倒れてきた。昨日からものすごい吹雪で、歩道には人の歩いた道が1尺ぐらいの幅で付いているが、両側は膝より上まで雪が積もっている。今ここで倒れたら凍死してしまうだろう。私は抱き起こすと、30歳くらいの痩せた女性で、まるで幽霊のように見えた。やっと抱き起こしてどこまで行くのか聞きながら、歩いた。酒のにおいがぷんと臭った。酔っ払いとこんなに夜遅くまでかかわりあうのは嫌だから、よほど家に入ろうかと思ったが、こんな雪の中に倒れていたら本当に死んでしまう。とたんに考えた。私もここでアメリカ人の世話になっているのだから、いずれにせよ、この人をうちまで送っていかなくてはいけない。たとえ酔っ払いであろうとも、同じ人間だ。ほっといてはいけないと思った。決心して、倒れそうになるのをかかえながら歩いた。何を聞いてもただでさえ分からない英語が、酔っ払いの英語だから一層わからない。分かったことは、その人の家まで遠くないこと、送って来てくれろということだった。途中で、その人が持っている紙袋の底が抜けて何かが雪のなかに落ちた。一生懸命暗闇を探して見つけたら、何と胸に抱えるくらいの大きなウイスキーの瓶と、もうひとつウイスキーの小瓶だった。私は片方の腕にそれをかかえ、もう一方の腕で倒れそうな女の人をかかえて、吹雪の中でそれは大変だった。途中で彼女は何度も雪のなかにひっくり返ってしまう。母にはお酒のことを隠しているんだからうちに帰っても言うなと言った。うちであなたが母に会ったら、きっとびっくりするだろう。それはこわいんだからと言う。何度も母に言ってくれるなと嘆願するので、そんなこと言わないから安心しなさい、しかし、何でこんなに酔っぱらうほど酒を飲むんだとお説教しながら10ブロックほど歩いた。暗闇の雪の中で心細かったが、次第にこの人がかわいそうになった。良く考えれば、この人も私も神様の目から見れば大差はない人間である。見下してはならない。ようやくその人の家にたどり着いてドアのなかに送り込んだ。一緒に入ってくれと言ったが、もう私の役目は済んだと思って後も見ずにライト家に帰ってきた。

当時は東京の町には酔っ払いは多かった。清潔なので有名な米国のミッドウエストの町、ミネアポリスで女性の酔っ払いに会うとは思ってもいなかった。占領下の日本では米国人というと軍人か特別な人しか知らなかった私は、どこの国にもいろいろの人がおり、だれでも同じ人間だということを、あらためて知らされた。

●文章を書く人

ライト家の生活は、家が広いこともあり、互いに顔を会わせることも少なく、干渉がなさすぎるくらいだった。ことに後半2週間は、ライト氏夫妻は東部に行って留守で、私は全く気楽に過ごした。そして2月24日、夫妻の留守の間に次の家庭ホワイト家に引っ越した。

ライト氏夫妻は、それから5年後の１９５７年秋に客船「プレジデント・クリーヴランド」号で日本に来られ一月程日本各地を旅行された。私は大学の仕事に忙しいときで、思うほどに案内できなかったことをいまになって残念に思っている。ライト氏は、帰国してすぐに「一旅行者の見た日本」と題して40ページの小冊子を自費出版された。鎌倉、日光からはじまり、関西、九州、阿蘇、島原と、旅で見聞きされたことを、宿屋や料理にいたるまで具体的、詳細に記されている。その最後に、「一般論には真実はない」というヴォルテールの言葉を引用しながら、日本の自然、文化、人についての一般的感想を記し、「日本人は自発性があり、勤勉で、10年から30年の間に一大工業国になるだろう。私は日本が物質的、芸術的、精神的に世界に大きな寄与をすることを、そして西欧はそれを認めるにやぶさかでないだろうと信じている。」と結んでいる。ライト氏の旅行記を読んで、私は、ライト氏の静かな書斎を思い起こした。

米国人は、しゃべるのが好きな人が多い。ある人はしゃべるように気楽に手紙を書いてくれる。ライト氏のように、文章で表現する人は少ない。私が滞在していたとき、あの家の中の静けさに多くの思いが篭められていたことを私はライト氏の旅行記を再読して思った。ライト氏はその後数年で亡くなった。夫人は東部に移住されていまも健在である。グレーシーは菜食主義者で、母親と一緒に住み、飛行機のパイロットである。

ミネアポリス市の中心部にあったライト氏の大きな家も、氷滑りをした丘の斜面も、いまは再開発されて繁華街になり、その位置を確かめることも困難である。

ライト家にて ― 房江への手紙から

1月14日

元気?今日学校に行ったら、君の手紙が来ていてとても嬉しかった。君が楽しそうにやっているんで、とても嬉しい。君が津田英語会に行ってるんで嬉しい。僕、日本でもっと英語をやっておくのだったとつくづく思っているんだよ。そんなこと思ったって、やるひまなんかあらばこそだけどね。日本で英語をやっても、こっちでも、変わりはないような気がするんだよ。即ち、正しく聴いて、正しく伝えること。正しく読んで、正しく書くこと。この頃、頭がこんがらがっちゃって、英語が分からなくなってきっちゃった。だから、一緒に一生懸命やろうね。……この次から英語で書くね。……

1月19日

●しばらく英語の手紙が来る

もう英語めんどくさくなっちゃった。ここのうちはほんとに快適なんだよ。まるで王侯の生活。……エグレストンさんは今度僕をお茶に呼んでくれるそうです。それから日本の船長がベルに持ってきてくれたという銀の人力車（小さいの）と漆の茶器がありました。この船長って山桝さん（日本での友人）だと思うよ。……私がミネアポリスに来るというので、山桝さんの友人の山本泰次郎譯補『内村鑑三』という本を持って来てくれたことを思い合わせ、何て世界は狭いんでしょう。……

1月21日

●英語講読入門

……先週は英語で又、とっても苦労しちゃったんだよ。君が英語の手紙だと僕の言葉みたいじゃないっていったでしょう。正にその通りなんだよ。自分の思うことが言えないんだもの、いらいらしちゃう。だけどもういらいらするのやめました。英語講読入門ていうのがあるんだけど、それは、何と、毎日の自分の使った時間を記録するのが第一週（僕は一日のみしかやらなかったけど）。今週は毎日の予定を立てて、生活を円滑に、心身の健康を保つようにすることだって。学校でのこのコースの時間は月・水10時30分~11時30分だけなんだけど、こういう教え方って面白いね。僕は毎週6~7時間しか眠らないって云ったら、7時間から7時間半は必要だっていわれっちゃった。僕にはこういう計画的な生活は苦手だけど、確かに必要なことに違いないからやってみます。……

1月23日

今朝はマルケ5番街の乗り換えで40分も待たされて、もう、9時30分から10時30分の講義が半分以上過ぎちゃったから、出るの止めちゃった。それで君に、手紙を少し付け足して出すことにしました。昨日、一昨日は目も開けられない程の吹雪で、今日はマイナス15度で、電車を待っている間、凍死しそうになっちゃった。山のように人が待ってるんだよ。全くここの電車には閉口します。来る時は2台も3台も続けて来て、来ないとなったら30分も来ないんだから。待ってる間の寒いこと。全く。……君に小包1つ送りました。クラウンズさんが、僕の誕生祝いに、うちに送るもの買うようにってお金くれたの。それで送ります。楽しみに待っててね。包装までオジサンがしてくれて、もう送っちゃいました。……

1月26日（土）

●僕の作った日本料理

今日は土曜で学校が休みで、一日うちにいます。お昼からグレーシーと前のうちの子どもとを、公園につれてって、氷すべりをして一緒に遊んできました。子どもの言葉って分からないんで困っちゃう。今、うちに帰ってきたんだけど、土曜の午後で、とても静かなんで、何だか物悲しくなっちゃった。こういうことってよくあるでしょ。物音一つしない静かさ。何となく物憂いような。こういう時ってとっても寂しくならない？　今、そういう気持をつくづく味わってます。今夜は大学でお芝居があって、ライトさんがつれてってくれます。先週の土曜は音楽会に行ったの知らせたかしら？大学講堂でとても良い音楽会でした。今夜のお芝居はどんなかしら。僕たち寂しいけど、しっかり切り抜けていきましょうね。それからね、今夜はここのうちですき焼きをするの。それから、今度いつか、ピルグリムファウンデーションですき焼きと日本料理をするから、僕に教えろっていうんだけど、僕、そんなのしらないでしょう。お料理の作り方、代表的な、易しそうなの、至急知らせてくれない？何しろ、お醤油もないし、お豆腐もしらたきもないんだから、一寸困っちゃうけど。インチキでも良いから、至急いろんなの知らせてくれる？じゃ、これから勉強するね。

夕方。今、夕食が終わったところ。今日は大張り切りで、すき焼きと海苔巻きをこしらえたんだよ。醤油を作るので一苦労、いろんな香料を混ぜ合わせたら、ほとんどお醤油と同じのが出来ちゃった。だけど、すき焼きをお皿にちょっぴり盛って、のりまきと、パンと水で食べるんだから、一寸妙だよ。ライト氏はのりまき、満更でもなさそうでした。こんど、茶碗蒸しの作り方教えてくれない？いろんなのね。今、部屋に戻ってきたんだけど、こういう生活がいつまでも続くんじゃなくて、一定の期間だけすませば、必ず日本に帰れるんだと思ったら、嬉しくなっちゃった。……ただいま。今、お芝居から帰ってきたんだよ。ヘルマン・メリル原作、"Bill Bud"というので、18世紀のイギリス海軍の船の中の出来事を描いたので、男ばかり出てくる珍しいお芝居でした。面白かった。……

1月29日

……昨日から牧師さんの会合がミネアポリスであって、ミネソタの各地から牧師さんたちが集まり、このうちにも4人泊まっています。ライト氏は昨日から旅行に行き、木曜に帰ってきて、木曜の晩から夫妻で東部に2週間行きます。今日一杯にリポート出さなくちゃならないし、2月4日は試験があるし、なかなかいじめられます。だけどしっかりやるからね。……

僕、アメリカに来るまでは洋書に惹かれていたけど、来てみたら、一体アメリカ人のどこから、そんな魅力的な作品が出てくるんだろうかといぶかしくなります。日本人の手で、日本の土地から、もっと良いものが出てこないものかしら。……アメリカ人は日本人にも親切だけど、日本人の業績なんて一顧もしないものね。興味は持つけど。僕たち、いい日本の国を作るために努力しようね。……専門書はつい安く買えるのが見つかると買っちゃうんだよ。昨日もグッディナフの『実験児童学』を1ドルで買いました。……

2月1日

●英語での初めての話

……昨日はピルグリムファウンデーションで話をしたんだけど、英語でまとまった話をしたことなんて初めてだろう。それですっかりあがっちゃって、自分でも何をしゃべっているんだか分からなくなって、ちんぷんかんぷんになって、ものすごく疲れちゃった。……ただあらゆるチャンスに敏感になればいいだけ。今日までに出さねばならぬリポートを昨日の晩は3時までかかってタイプに打って、一寸大変だったよ。……

2月3日

●僕が今かかえている不安について

今日は徹底的に自己分析をしてみたんだよ。君には何でも書くって云ったから、何でも書くね。万年筆が見つからないから鉛筆で書くね。僕はここに来てからとても不安や心配に悩まされていることを発見したの。その不安の根底をつきつめてゆくと、ここの生活で、僕が、価値がないとみなされたら、僕の生活の破滅になってしまうでしょう。あまり、全面的に世話になるから、世話する人が、僕を価値なしと評価したら、だめになってしまうわけ。それで、そういう価値評価の対象は、一杯あって、僕はそれに囲まれている。1．言語がコミュニケーションに十分でなかったら、十分に、この機会を利用できない。2．生活態度が消極的だったら、十分にこの機会が利用できない。3．生活態度がふまじめだと、何だこれが日本人かと評価される。4．思想が未熟、無知だと、これが日本人かと評価される。大雑把にこれだけ挙げても、ほとんど生活全般でしょう。これが全て評価の対象だとしたら、僕は、生活全般に亘って監視されていることになる。それで、もし、これらの点で一つでも水準に達しなければ、僕はここの生活を続けていけなくなる。ここの生活が続けられなくなって、日本に帰ったとしたら、日本でも僕の立つ瀬がなくなってしまう。（あまり早く帰ると）上の諸点に神経過敏になって緊張が高まる。それで、極めて現実的に破局を予想する。これ即ち、不安神経症でしょう。もし僕が上述の通りになったとしたら、不安神経症になってしまうというわけ。しかし現実にそういうことが起こり得るかどうかという点も分からない。それから、もし、上の点を皆、満たせる人があったとしたら、それはあまりにも理想的な人間でしょう。僕はそんな理想の人間じゃない。だから、僕は、そんな水準を越そうなんていう気を持っているとしたら、そんな気持は捨てた方が賢明だというわけ。そんな不安から出てくる努力なんかで本当の仕事なんて出来やしない。そこで、僕はもう一度、偉大なる勇気を奮い起こす必要がある。それは何？僕は僕らしく振る舞い、人間の評価を気にかけないで、僕にふさわしく働き、その結果と評価とは、人間を越えた、わが偉大な神様に任せること。それで人間の評価がどのように下されようと、その結果がどのようが僕にとって必要なこと。全く偉大なる勇気を必要とします。しかし、それな形で訪れようと、たとえ破局が来ようと、僕は始めから終わりまで、僕らしくやり通すこと。僕のままであること。そうして僕にふさわしく考え、仕事をし、僕のあるがままに語り、振る舞い、そして、それを一生涯続けてゆくこと。たとえ誤解されようと、どんなことがあろうとも、僕は、僕にふさわしく生活してゆくだけのこと。人がどのように倣そうと、僕達が本当によいことを、この地上でしてゆきたいという意図は神様はちゃんと知っていて下さるでしょう。そうして最後の日に神様はきっと正しく裁き給うでしょう。その時に、神様の前に砕けた心と、自分のありのままの心とを携えて、神様の前に出られるように備えだけしておけば、その他の人間的な事柄がなんでしょう。それで僕はこういう現実的な不安から解放されることも出来ます。

2月3日　つづき

●神さまの大きな手の中で

こんな人間臭い不安を超越して、というより乗り越えて、神様の前に平伏しましょう。人を裁く勿れ、ということがあります。裁きは神様にのみ任せなくてはなりません。裁くことも裁かれることも。ともすると、人間の方にひきずられるけれど、もっと強く、固く、単純な信仰を持ちましょう。この神経衰弱のような現代から救われるためには、神様の前に単純な心で平伏することです。そうして、僕は、僕らしく、僕達は僕達らしく、僕らのパーソナリティにふさわしく、僕らの能力にふさわしく、僕らに備えられたことをしてゆくより他に、何も思い煩うこともない筈です。憂いも、悩みも、この大きな神様の手の中に消えてしまうでしょう。人間の根底的不安は、この神様を見出すことによってのみ解消しうるでしょう。現代の人間社会はあまりにも煩雑です。人間は単純な人間に立ち返る必要があります。アメリカの社会も。それから僕も。「人を裁く勿れ」２０００年前の単純な教えを、今、身にしみて、つくづくとかみしめています。僕達は僕達らしく、他の人はその人らしく、明るく正しく生きましょう。僕はこう考えて、このようにします。どう？　それで結論は、結局、今までの僕とちっとも変わらないというわけ。ただ、この頃少し感じていた不安をすっかり神様におっかぶせてしまって、僕は、僕のなすべきことを、僕の力の範囲で、毎日してゆけばよいというそれだけのこと。又一緒に楽しく、明るく、やってゆきましょうね。

2月4日

●悩みを持つ人に対する理解の芽

今日は又手紙をもらいました。君の知人の話、悩みに駆り立てられ苦しめられる人って可哀想だね。僕、ここに来る前の僕だったら、何だ、馬鹿な人があるもんだなって考えたでしょうけれど、今の僕はそうは考えません。むしろ同情に近い気持ちで眺めます。不安や劣等感や悩みを持つ人は、どんなにか苦しいことでしょう。だけどもっと、どんなにそれが辛く逃れがたいように見える程の苦境であっても、それに押しつぶされてしまわないで、ほほえみを持って受け取っていけないものかしら。特に不安や悩みというのは、一つは自分でこしらえているものので、実際の現実の世界に入っていったら、案ずるより産むが易しというような具合なんでしょう。僕は実際全く、ここに来てものすごくいろんなことを学びました。全く、四面皆、新しいことなんだものね。そして、アメリカの社会というのは実際忙しく動いていて、ぼやぼやしていたら取り残されてしまいます。余程要領の良い日本人でない限り、なかなか適応するのが困難な社会です。殊に言語のハンディキャップがあるでしょう。殊に、僕の立場は難しい立場でしょう。全く、アメリカというのは、日本が考えているような呑気なものじゃありません。

2月5日

こないだから、大分、参っちゃったようなこと書いたけど、元気だから安心してね。時々つくづく嫌になっちゃうこともあるけど、又、もりもりと力も出てきます。

2月6日

……ここの子ども関係の仕事、とてもいい仕事しているけど、うるおいがないよ。フレーベルの、われは、己自身を子どもに与えん、教育とは己自身を与えることである、というような、そういうことは、ここでは理解されないでしょう。

2月7日

●日本の国とは

今晩は、今日はまた感想を書きます。日本の将来と立場について、ここにいるととっても考えてしまいます。僕日本人でしょう。そうして、今まで日本から一歩も出たことがなかったでしょう。ここにきて、身にしみてつくづく日本の国の立場を考え直します。西洋文化が流れ込んでいるけれども西洋じゃないでしょう。日本は東洋だものね。一体、日本の国の特殊性というのは何でしょう。何が日本をして日本たらしめているのでしょう。これから考えてゆきましょう。それにしてもつくづく思うのは、日本の国を美しい良い国にしたいと思うこと。日本人て、いま、外国崇拝熱があるでしょう。でも、崇拝は粉砕しなければなりません。日本人自らの手で、世界に互してゆける日本文化を作らねばならないと思います。世界に互してゆける人間と、文化と生活を作らなければ。本当につくづくとそう思っちゃうよ。僕らの代から、しっかり、その方向に向かっていきましょうね。……今夜は久し振りで何気なしに『幼稚園雑草』（倉橋惣三著）を開いて、とても日本がなつかしくなりました。あの柔らかい空気は本当にここでは得られないものなんだから。君、大事に育んでいてね。

2月8日

僕、この頃つくづく考えちゃうんだよ。

日本て、一体これからどうなったら良いんだろう。僕はどういう風に何をしたら良いんだろうって。だんだん、ここの良さというよりむしろ進歩していることが分かるにつけて、日本の現実が情けなくなっちゃいます。きっと僕らの一生には、いろんなことしなくちゃならないけど、君、一緒に何でもやってくれるだろ？　一緒に僕らのすばらしい生活と、僕らの良い国とを作っていこうね。

2月12日

僕この頃すっかり英語になっちゃった。こうして日本語で手紙書いていると変な気がする。だけど、英語って思考の道具として悪くないよ。英語で考えたり、英語で書いたりするのが面白くなってきっちゃった。苦痛でなくなってきたの。それで、あせらないで時をかけることね。……それから僕、英語で苦しんでいる中に、日本語をもっと注意深く使わなくてはいけないと思うようになりました。明快な日本語を使うように心がけねば。

2月14日

●日本へのなつかしさ

今日、小包をもらいました。……久し振りで日本の新聞や日本の絵をみてなつかしくて。この頃、ここの生活に大分なれて、良さも分かってきたし、日本の悪い点も分かってきたけど、今日はとても日本がなつかしくなっちゃった。美しい国、心の国、日本。僕、日本に帰ったら君と一緒に、京都、奈良、箱根など、美しいところに方々いこうね。日本の自然がたまらなくなつかしい。もう今すぐにでも飛んで帰りたいくらい。だけど日本の国をアメリカに紹介するのはとても難しいね。この良さは一寸アメリカ人には分からないでしょう。来たりて見よ、というより他にはね。……こんな良い国のことを、アメリカ人にその良さが分かってもらえないのが悔しくて。全く、時々涙がでそうになる位、悔しくなることもあります。これから、日本の良さを忘れないようにするために、日本語の本も読むことにするから、小説、童話、論説の類、何でも（翻訳じゃないの）ひまな時、送って。

2月15日

……僕そんなに君が心配するようなこと書いたかしら。もう何書いたんだか忘れちゃった。それ位だから大丈夫だよ。もう僕ね、決してあの時みたいに、気落ちしないことにしたんだよ。何故そう出来るかっていうと、僕たちは皆一人一人独立した人格で、何を考えるかという思想の自由と、考えたことを何でもはっきりとしゃべれるという言論の自由、起こった事柄を何でも公にして、皆で考えることが出来るという報道の自由、自分がどのような問題に取り組んで、何を研究するかという研究の自由、がすべての人間に等しく、あの人にもこの人にも、そして僕にも与えられているということを発見したからなの。……

2月15日　つづき

●目を外へ

僕、今まで、いろんなことをまとめるのが下手だったから、今度から、精出して、上手に、短期間に、まとめてゆくことを勉強します。具体的に一つずつね。それで、この中間学期をのりきります。欲求不満や劣等感ほど下らないものないね。徒に心を悩まし、能率を下げて、出来ることまで出来なくしちゃう。仕事魂というのは、正にこの土地のモットー。そうして、人各々出来ることを力一杯やって、そうして、時々意見を交換し、また、社交をすればいいわけだものね。その反面、ここの人の特徴は、たえず眼が外に向かって、何か外国で出来ることはないかと、たえず、国外のことに気を配っています。ミッションのしごとにせよ何にせよ、こういうこと、僕たちの国、もっと学ばなくてはね。僕たち気持ちを大きく持って、日本的且つ世界的な道を進みましょうね。僕達の国の人たちも、もっと、自分のことばかり考えないで、何か自分たちの力で出来ることはないか探さなくてはね。そうして、進歩的にならなくてはね。僕たち年老いても、隠居なんかするの止めようね。

2月18日

●テンプリン先生にほめられる

……今日はテンプリン先生によばれて、この間の試験で1題全然手をつけなかったもんだから、他のはとても良くできているから、これをうちにもって帰って、書いてきたら、中間学期の点はAが上げられるからっていわれて、良い気になって、それから読解力で要約を作る問題で良くできたっていって、皆の前で例として読まれて、良い気になって、それからサイディさんのうちにいって、1時間半程いろんな話をしたり、議論して、良い気になって、帰ってきました。もう、くたびれて、この間の手紙何べんも読み返しています。……

2月19日

……今日は朝から吹雪で、7～8間先が見えない位。ほんとに文字通り目も開けられません。まだ目下吹雪の最中。

2月23日

●引越の忙しさ

今日はものすごく忙しかった。明日、引越。シャツをすっかり洗って、荷物をまとめて、そうして明日の晩は、ピルグリムファウンデーションで外国のフォークソング大会があって、僕は日本の歌を歌うことになっています。……

今夜は全く忙しかった。もう1時すぎた。だけど早いもんだね。僕、ここのうちに来てからもう1月たったんだから。ミネアポリスに来て、もう、3か月にじきなるんだものね。そうして、3軒目のうちに行くんだものね。もうそれだけで帰っても、悔いがない位いろんなことを学びました。もう帰りたくなっちゃった。ここが辛いからじゃないよ。僕は今、とってもここの生活を楽しんでいます。忙しすぎることを除いてはね。君に会いたいから帰りたいんだよ。

ホワイトさん

●アメリカの中産階級

1952年2月24日、私は次のひと月を過ごすホワイト家に移った途中の自動車のなかで、ハワード・ホワイト氏は何度も言った。「私たちは平凡な中産階級で、私たちの教会の人たちは勤労者ばかりだから、あなたもじきに私たちを好きになるでしょう。それから、心得ておいてほしいが、私たちには子どもが2人いる。2人とも実子ではない。6年前に州の児童相談所を通して全然知らない家から養子にした。児童相談所は親の経済状態、教育程度、希望などを検討して養子縁組をきめる。私の家はそれに合格した。姉のドリーンは9歳、弟のウエスは5歳で、実のきょうだいたった。ふたりとももう大きかったから、自分でもよく知っていて、私たちのことを、パパ、ママ、と呼んでいる。」とホワイト氏は誇らしげに言った。私がこの家に泊まっていたときはドリーンは15歳、ウエスは11歳である。

ホワイト氏夫妻はいずれも50歳を少し越えた年配で、ホワイト氏は歯科技工士をしている典型的な勤労階級である。夫妻とも教育程度は高くないが、極めて好人物であることが一目で分かる。ホワイト氏はずんぐりと太って、快活で屈託がない。電気をいじったり大工仕事を好む。本は殆ど読まないが、実直な職人である。夫妻とも貧しい家庭の出で、若いときから貧乏と戦ってきたと話す。ホワイト夫人の両親はスウェーデンからの移民である。ホワイト夫人は稀にみる宗教的な人であった

ホワイトさん一家

●ホワイト家の生活

今度の家は今までと対照的で、マッチ箱のような小さな可愛らしい家である。夫婦の寝室と、2階に子ども部屋がふたつあるだけである。私はウエスの部屋に同居し、ダブルベッドでウエスと一緒に寝ることになった。ウエスも私も寝相がわるいので、夜中によく目が覚めた。1週間ほど後に、ウエスは床に寝て、私にベッドを譲ってくれた。それでもウエスは私と同室になることを大喜びして、当座の2、3日は私のベッドまで作ってくれて、私に愛敬をふりまいた。ウエスはすっかり私のことを尊敬しているのでおかしくなる位だった。朝起きると、私の前で直立不動の姿勢をとって、「あなたには素敵な奥さんがいるんだね」と言った。昨夜机の上に婚約者の写真を飾ってあるのを見ていた。学校中に私のことを言いふらし、翌日には近所の学校友達が私を見に来た。夜はまた、近所の高校生が私たちの部屋に来た。この家の人たちは豊かではないが、愛情と善意に満ちている。

毎朝、ドリーンとウエス、ホワイト夫妻と一緒に食卓で朝の祈りをしてから朝食を食べる。夫人は皆のサービスに忙しいが、祈りのときは食卓に加わる。朝はコンフレークに、卵とベーコンであることは他の家庭と同様である。食事が終わるとそれぞれに飛び出してゆく。私は食後の片付けを手伝いながら、夫人とおしゃべりをした。ホワイト夫人は「神様がこの子たちを私たちに与えてくださって、なんて幸せなんでしょう。この子たちは私のエンジェルです」と朝食を用意しながら何度も言った。「神は愛ですよね、そう思いませんか？」子どもたちはこの言葉に閉口しているみたいであった。私もときどきなんて単純なんだろうと思ってしまった。いま思えばホワイト夫人の言ったように、こう思うことによってこの家庭は皆がひとつになれたのである。

ウエスはどこか落ち着きのない子どもである。学校から帰るとすぐにテレビに飛びついて夜寝るまではなれなかった。当時日本にはまだテレビはなくて、私はアメリカに来るまでテレビを見たことはなかった。最初のうちは私も一緒に見ていたが、彼が見る番組はカウボーイのピストルの撃ち合いで、これは平和の思想に反すると思った。テレビが食後の会話の時間を占領してしまうこともあった。ウエスは学校の成績もよくない。ドリーンは中学3年だが、美貌で、ボーイフレンドがいた。ホワイト夫人はこのことも心配していた

●里親と里子

ある晩、教会の集会からの帰途、自動車の中で話が2人の子どもたちのことに移った。ホワイト夫妻は熱をこめて話し始めた。ドリーンが生れたのは母親が14歳のときだった。父親は海軍の提督の息子で、息子に厳しかった。息子は素行がおさまらず、酒場を飲み歩いていた。親の反対を押し切って結婚し、次々に子どもが生れた。ドリーンを頭に6人の子どもがいたにもかかわらず、ますます酒癖がひどくなり、数年前に別の女ができて、ドリーンの母は捨てられた。いまは刑務所にいるとのことだった。ホワイト夫妻がこの子たちを引き取ったとき、ウエスはいじけきっていて、夫妻を上目づかいに見て、一言も口をきかなかったという し、来た当座は金を盗んだり、万引きしたりした。ドリーンは泣いてばかりいた。実の母親

を慕っている様子も見えるので、親元に帰したほうがいいのではないかと考えたこともあったが、惨めな生活になることが目に見えているので、自分たちで育てようと決意した。いまふたりともだれが見ても実の親子である。始めから知っている友人たちは、よくここまで来たと感心している。笑いながらしゃべっているこの子たちには、暗い過去があったとは思えない。2人の子どもたちは、養父母に従ってゆくのが最善の道であることを知っている。児童相談所は実の親には会わせない方針であるが、ホワイト夫人は、子どもたちが成人したら、親に会わせようと思っている。

しゃべっているうちに、私たちはガレージの中の冷えきった自動車にいることに気がついた。外は雪が一面にふりしきって、零下10度の寒さである。家の中に入って温かいコーヒーを夫妻と一緒に飲みながら、だれにでも温かい家庭が必要であることを思った。里子を育てるには人一倍の苦労がいるだろう。けれども育て育つうちに愛情がかわされて、ホワイト夫妻はもうこの子たちがいなければとても寂しくて生きてゆけないと言う。夫妻は経済的に余裕があるわけではない。昨年から自動車が故障していても修理に出せないでいる人たちである。この子たちはなんとしても育てるのだと言う。ドリーンのボーイフレンドは数か月前にドリーンを構わなくなつてしまつた。まだ15歳なのに5歳も年上の男の子とそんなに親しくしては心配でたまらなかったホワイト夫人はドリーンが悲観しているのを見ると、今度はかわいそうでたまらなくなるのである。ウエスも最近は休日というとお金をもらつて一人で映画を見にゆく。これも夫人の悩みの種である。私はこんな家の家族の一員になった。

ホワイト家の台所には、始終近所の人がおしゃべりに来ていた。私はしばしばそれに加わった。ホワイト夫人はおしゃべりのあとには、「神様がこの子たちを私たちに与えてくださって、私はなんて幸せなんでしょう。神は愛ですよね。」ときっと付け加えた。

今日は驚くべき話を夫人から聞いた。新聞で5つ子の誕生の記事を読んだとき、ドリーンは、どうして5人もいちどきに赤ん坊が生れるのかと尋ねた。こんなことはめったにないと説明したらドリーンは急に泣き出した。訳を聞いたら自分の母は、数年前に赤ん坊が生れた。そのときにだれも赤ん坊を生むのを助ける人がなくて、ドリーンが出産を助けた。それで、5人もいちどきに赤ん坊が生れたら、いったいどうするのだろうという質問だった。これがドリーンの9歳のときだった。

この話を終えて、夫人は次のように話した。「現代の世界ではだれも一人で生きることはできませんね。だれひとり同じ性格の人はいないけれど、だれでも幸福に生きる権利をもっています。だれひとり捨てられてはなりません。だれでも人間として尊敬される権利をもっています。だれでもその人にふさわしく世の中に貢献する道があります。」豊かではなくても最も教養のある人の言葉である。これは私が現在付け加えたのではなく、私の日記からの引用である。アメリカの中産階級には、その当時すでにこういうスピリットがあった。

●アメリカの大学生活

一方、私自身はどうかと言えば、大学の勉強が本格的に忙しくなってきた。当時のアメリカの大学は知識のデパートのようなもので、試験に合格するためには考える暇なしに、文献と専門書を読まなければならなかった。

異国にいると、日本の田園風景が懐かしくなるのは多分どの時代にも留学生の常であろう。私も藁葺き屋根や段々畑、蝉の鳴き声、地引網などの日本の田舎の風景を懐かしく思って心が疼いた。50年前にはどこにもあった日本の自然と共にある生活の余裕であった。アメリカ人には当分の間日本の良さは分からないだろうと思い、それが理解されるようになる前に、日本の風景が壊れてしまうのではないかと異国にあって恐れた。児童研究についても、子どもの心を汲むだけの余裕がなくて何の発達心理学があるものか。何の児童教育があるものかと私はお茶大の幼稚園を懐かしく思った。私は「静まりて我の神たるを知れ。」という聖書の言葉を思った。

私が勉強していた児童研究所は、発達心理学が主流だったから、幼児教育やナースリースクールの実習をとる学生は少なかった。ナースリースクールの主任、ミス・ヘッドリーは、当時全米の幼児教育界で一番力のあったACEI（国際幼児教育協会）のリーダーだった。（ミス・ヘッドリーの著書は後に『幼稚園』と題して日本語に翻訳された。）幼児教育の講義は、Dr.E.M.フラーの担当で、学生は数人しかいなかったので、ごくインフォーマルに進められ、私は日本の幼稚園の紹介で倉橋惣三の『育ての心』の詩を翻訳して話したが、私の英語の拙さもあって、あまり関心をもたれなかった。

アメリカ人には世界を股にかけて飛び回る可能性が開けていたが、当時の日本人にはそれが閉ざされていた。国際と言えば、外国の新しい知識をいち早く知る窓口というような認識で、外国から言えば、日本に何かを学ぶものがあるとは思われていなかった。

私はレポートを書くのに、ホワイト家にはタイプライターがないので、前に泊まっていたライト家にしばしばタイプライターを打ちに行った。ある晩ライト家から帰ってきたら、ホワイト氏の妹が18歳の娘とその婚約者を連れて来ていた。婚約者の19歳の青年は今度軍隊にいかねばならず、兵役は4年間だと顔を曇らせた。私は日本は戦争に負けたおかげで兵役の途中で軍隊から解放されたことを話すと、青年は羨んだ。

●少女の笑顔

私の指導教官、Dr.ハリスは、私が日本で知恵遅れの幼児のグループを開いていたことを知っていて、3月の休みの間に行くようにと、ミネソタ州南部のオワターナの学校を紹介された。3月23日から4日間の予定で私ははじめてバス旅行をすることになった。私は父がかつて米国に留学したときに使った大きくて頑丈なトランクしか持っていなかったので、手ごろな鞄がなくて困っていると、ドリーンが自分のスーツケースを貸してくれた。「あたしはあなたの役に立って嬉しい」と言って喜んだ。このときのドリーンの美しい笑顔を私は忘れることができない。

●長い年月の間に

私の壮年期は、まだ日本人が外国に行くのは大変な時代で、殊に私の子どもたちが小さい頃は、私がアメリカに行くことなど考えられもしなかった。私がアメリカにその次に行ったのは、20年後の1971年だった。私のためのレセプションが、ホワイト家で開かれたとき、料理が好きなホワイト夫人は何日もかけて大御馳走を作ってくれた。ホワイト氏はすでに健康を害して、首が痛いと私に訴えた。そのときにはドリーンもウエスもホワイト家を離れ、結婚して子どもがいたという話だがすでに離婚していた。その年の暮ホワイト夫人から夫妻で一緒に撮った写真が送られてきた。その裏には夫人の自筆で、「ハワード、何と美しい顔でしょう。エンジェルのようです。私の夫は恍惚の人になろうとしています」と記されていた。3回目に行ったのは1974年で、ホワイト氏はすでに亡く、夫人がひとりだった。壁にかけた楕円の額縁にいれた家族の写真を夫人は両手で撫でた。私は胸が熱くなった。4回目に行ったのは1985年だった。市の北のはずれの小さな家に、ドリーンが離婚した最初の夫とその奥さんがホワイト夫人を引き取って面倒をみていた。夫人はソファにすわったきりで、皆は彼女の記憶は失われて何も分からないと言った。だれが話しかけても、ホワイト夫人は首を振るだけだったが、私は彼女はすべてを了解していると思った。私と妻は、夫人には恐らく最後になるだろう別れのキスをして帰途についた。それから間もなくミネアポリスの友人から新聞の死亡記事が送られてきた。「リリアン・ホワイト　享年83歳。月曜日午後2時30分より記念礼拝。ウオッシュバーン・マクレヴィ・スウオンセン・チャペルにて」と記されていた。

ドリーンとウエスがいまどうしているのかは分からない。しかし、私にははっきりと確信できることがある。この子たちは、あの信仰深く献身的な養い親を決して忘れることはなく、たとえ現在が困難な境遇にあったとしても、あの頃を思い出すときには心に安らぎを覚えているに違いないということである。いま私があの子たちに会ったとしたら、成長期のあのひとときの幸せは一生涯の心の支えになっていると、共に語り合えるだろう。

ホワイト家にて ― 房江への手紙から

2月24日

又新しいうちに来ました。今度のうちは夫妻が気のおけない親切な人。2人の養子がいます。僕はその男の子と隣あわせのベッドで寝ます。今度のうちではうんと思い切って、アメリカ人の生活の中に飛び込んでみようと思います。今夜はね、ピルグリムファウンデーションでフォークソングの会があって、僕、「荒城の月」と「浜辺の歌」を歌って、それからお能のお面（ライトさんに借りたの）を見せて能を説明してから、「羽衣」の一部をホンの一寸だけやりました。

……

2月26日

●権威にならない

今日は手紙もらいました。有り難う。……ここのうちの人達は又、本当にとってもいい人達。今までの所と違って、夫妻とも庶民的だけれど、とても愛情と善意に充ちています。2人の子どもが全く傑作。……一寸アメリカ人という感じじゃありません。この頃は、アメリカ人と何だかとっても親しさが感じられるようになりました。ピルグリムファウンデーションの学生連中とも何だかとっても親しくなって、アメリカ人と日本人っていう感じじゃありません。やっぱりだれでも愛すべき存在なんだね。小さな劣等感や罪悪感をすてて、大きな心持ちで、お互いに世界中の人が皆親しみ合い、いたわりあい、理解し合って。僕達、ほんとに、いろんな人達のために一生懸命尽くそうね。だけど、この頃考えているんだけどね、日本人て今、（日本にいる）アメリカ人を何か特別視しているんじゃないかしら。どう思う？　もし、アメリカ人に何か劣等感を感じたり、アメリカ人を優秀視したりする傾向があるとしたら、それは問題だと思うんだよ。優越感と同様、劣等感も罪悪だね。……特に今、一番いけないのは、アメリカ人を何か優秀と考えるくせ。……それからすぐに権威ぶりたがるくせ。僕達、いつまでも決してそうならないようにしようね。いつまでも学生、青年でいようね。……

■ 2月28日

今夜はアイオワ児童センターの所長が来て、学生会館で話をしました。そして、その席でアンダーソン先生から夫人を紹介されました。……僕、ある意味では、3か月前とずい分変わったよ。第1に、とってもジェントルマンになりました。第2に、とっても自由に大胆に振る舞い、どんどん意見を何でも言うようになりました。個人の自由ということに徹底してきたんだね。第3に、とっても英語が楽になりました。前は、英語の講義を聞くととても疲れたんだけど、この頃は努力しないで英語が分かるし、話せます。勿論分からないこともずい分あるけど。……こうして日本語で書いていながら、まわりでしゃべっている英語が耳に入ってきて意味が分かるし、話しかけられてもすぐ英語で返事が出来ます。大した進歩でしょう。……もう、ここに来てから、そろそろ3か月になるんだものね。ほんとに夏休み頃には、とっても楽になるでしょう。

■ 3月4日

今、セント・ポールのマカレスターカレッジのグループに話をして帰ってきたところ。……

7時から9時半まで殆ど英語でしゃべりづめ。一寸すごいでしょう。

3月5日

今日はね、とっても何だか新しい反省をしました。ここの社会、本当にあんまり急げ、急げでしょう。それでね、断然そんなのいけないと思っちゃった。何でこんな反省したのだか分からないけど。「静まりて我の神たるを知れ」っていう言葉があるでしょう。何かに駆り立てられた生活じゃなくて、のんびりと落ち着いた静かさを欲するね。しかも明るくて前進的なね。

3月7日

●日本が壊されること

この頃、とっても日本のこと考えているんだよ。……アメリカ人なんて、ただ広い土地と豊富な資源と巧妙な社会を持っているだけ。それなのに、日本がアメリカ人の思うままになっているのを見ると、しゃくにさわってしょうがないんだよ。僕たちの美しい国、美しい風習、美しい心が原爆や焼夷弾で市街が破壊されたように、こわされてしまわないでしょうか。強制的にこわされないまでも、日本人自らの手でこわしてしまわないかしら。何ら確とした目的もなく、代わるべき価値あるものを見出すのでもなく、ただ単に、アメリカのものというとなんでも良く考え、アメリカに気を兼ねることの故に。……僕たちの国のことは僕たちでやらなくちゃ。全く情けないね。アメリカ人にはまだ当分の間、日本の良さは分からないでしょう。日本の心がすっかり独立するまでに、日本の風俗がこわれてしまい、忘れられてしまうことを恐れます。……そういう意味では今、日本の幼稚園はとてもいいと思うんだよ。妙なアメリカの干渉と、生半可な洋行帰りが、日本の幼稚園の感覚を崩さぬようにって祈ってます。……僕達がこれからどういう生き方をするでしょうか。僕達日本人がこれからどっちを向いて歩いていくでしょうか。僕達はどういう社会を望んでいるでしょうか。僕達はどういう人間を望んでいるでしょうか。……

■ 3月9日

●「汝ら静まりて……」

……ピルグリムファウンデーションでマカレスターカレッジのトンプソン先生の「受難節の意義について」という話があって、とても気持ちのいい話でした。僕この頃つくづくと、うんと人に与える生活の良さを思ってるんだよ。……自分のエゴイズムのために使うこと少なく、更に積極的に人を助けることに多く。決してこれは禁欲主義じゃないよ。……「汝ら静まりて、我の神たるを知れ」静かに、しかも張り切ろうね。

■ 3月10日

……今日はテンプリン先生に、日本で僕のした仕事のことを話すように言われていて、今朝、1時間まるまる授業時間をさいてくれました。それで、僕30分くらい話して、20分質疑応答で、その上、又、終わってから興味を持った学生が30分位、色々質問して話し合って、今、やっとポストにとんできた所。皆、とっても興味持っていろいろのことを聞いて価値を認めてくれました。日本でこんな研究がされているなんて、皆、夢にも思っていなかったので、面白かった。明日は、フラー先生の時間に日本の幼稚園のことを話して、水曜はピルグリムファウンデーションの礼拝で僕が司会する番で、話を用意しなければならないし、木曜はフラー先生の最終試験。そうして今度、日曜の晩は、セント・ポールのオリヴァーコングリゲイショナルチャーチで日本の話をして、それから来週の水曜、テンプリン先生の最終試験の研究課題論文を一つもよんでいないし。それでも、もう決して、落ち着きを失いません。

3月11日

●忙しさ

今日は、フラー先生のクラスで日本の幼稚園の紹介をしました。

1時間が15分も超過してしゃべり続けちゃったんだよ。いろんな資料を提供したんで、とっても皆興味をもちました。フラー先生がとっても感心して、日本のことを学ばなくちゃならない、私達はあまり知らなすぎるってさ。今度は、明日

ミシンとタイプの両方がある女性学者の研究室
（テンプリン教授）

の礼拝の司会と、明後日の試験（３００頁の本がまだ30頁しか読んでいないんだよ、大変！）それから、その翌日までに出す、リポート。（これは今日のを下敷にして、日本とアメリカの幼稚園の比較）あ、しまった。明日までのリポートもあったの忘れてた。これから勉強するね。

……

3月12日

……ああ、全く、ここの勉強なんてばからしい。子どもの心を汲むだけの余裕も持たないで、何の児童心理学があるもんですか、何の児童教育があるもんですか。ねー、そう思わない？ゆっくりと子どもと一緒の空気も吸わないで。早く帰って、日本の子どもと一緒に暮らしながら勉強したい。それが本当の勉強だってこと、この頃分かってきたの。……今ね、散歩したくなって、外に出たんだよ。そうしたら吹雪で、目もあけられないの。……吹雪の中を一寸歩いてすぐ帰ってきっちゃった。

3月13日

……今日はすばらしい月夜。……今いる家、前も話したように、庶民的な人でしょう。時々、とってもおしゃべり好きで困ることあるんだよ。アメリカ人て貧乏な人でも自動車と電気冷蔵庫は必ずあるという国。字が読めなくてもテレビジョンは持っているっていう国。それだから、時には粗野で、しかもそういう連中で一度日本に行ったことのある人は、何か日本というと馬鹿にしたような口のききかたをする。それがもうしゃくにさわってしょうがないんだよ。……こんな美しい、謙遜な、優しい心を持った日本の国を。僕らは何も持たなくても僕らがお互いに、何ものにもまして愛し合って、どうやら食うに困らず、何か人のためになることをして、平和に過ごせれば、それで満足だねー。……

3月14日

日本の土地に根ざした僕らの心は、僕らの手で守ろうね。……僕は、しみじみとした人間の愛情を保つために、それを破壊するものに対して反対すること、事実と真理とを決してまげず、事実と真理とは、あくまで正々堂々と述べること。そして、私のまわりから、つねに人間性の香を漂わせること、これをつとめていこうと思います。どんなことがあっても正しいと思うことはまげないつもりだよ。……

3月16日

……今夜は、ホワイト夫妻とおしゃべりした。僕ずい分いろんなことしゃべったけど、やっぱり、つくづくと、何でも秘密を持たないでオープンになって、心を開いていかなくちゃいけないと思っちゃった。……

3月18日

●奨学金の問題

……僕、つくづく考えたんだけど、僕がここに来たのも、全く僕だけの意志や計画で来たんじゃなくて、神さまの計画でしょう?僕がここで何を学ぶかということも、神さまの計画の下にあるんだよね。決して人間の計画を第一に立ててはならないんだね。今は、僕たち、互いに本当に辛いけど、神さまの計画だと思って有効に過ごそうね。僕たちがめぐりあって、こんなに幸福を得られたのも、神さまの計画でしょう。これから先も、人の計画よりも、神さまの計画を第一にして過ごして行こうね。……「静かにただ立ちて待つもの、その者も亦、神のみむねに叶うなり」というロングフェローの詩のように、立ちて待ちつつ、僕らの歩みを歩んで、僕らの時を待とうね。時は神さまが下さるものなんだから。……今年の秋の学期からの奨学金が一寸問題なんだよ。もしこの秋から奨学金がもらえないんだったら、どうしよう。早速、ムーアさんの所に行って相談してみるね。……もう1年余計にいる間に、米ソ戦が起こらないとも限らないし、或いは1年延びた方がいいかもしれないし、まったく僕ら人間の心には測りがたいことが実際に起こるんだから、決して度を超えて心配しないことね。何事にも。ただ僕らは一日一日を本当によい生活を送ってゆけばいいの。毎日毎日が新しいんだから。明日のことを思い煩ってはいけないんだね。……

3月22日

●母への想い

今日は朝からものすごい吹雪。今日はね、午後からエジプトの友達の所に行く約束しているんだけど、一寸外に出ただけで、目も開けられず、息がつまりそうなんだよ。それで、残念だったけど止めちゃった。……この頃よく、夜、地下室のピアノで賛美歌をひくんだよ。ホワイトさんが僕が賛美歌をひくと、天国みたいだって喜ぶし、僕も賛美歌ひくの好きだから。今夜はね、偶然「母君に勝る友や世にある」という賛美歌を何回もひいて、すっかり母のこと思い出して、なつかしくて、何だか、胸の中が熱くなって、涙が出て来てしょうがないんだよ。おかしいね。こんなに大きくなっていながらね。だけどね、ほんとにね、胸の中に熱い固まりが入ったみたい。何だか母が可哀想でたまらないんだよ。とっても。母の所にちっとも手紙書かないから、かわいそうだから、君、慰めて上げてね。ひまな時、うちに行って、慰めて上げてね。頼むね。……

3月23日

●成績判定会議の結果から

……今日はね、朝サイディさんの所に、奨学金のことで相談に行きました。それで、僕の希望を述べて、奨学金が得られたら、尚、僕の生活をサポートしてくれるかどうか聞いたんだよ。それで結局、問題は、僕が尚、ここで勉強して此処の学界に入り込み、修士号でも取れる所まで、進みうるかどうかということが一つ、このまま、夏までに帰ってしまうとしたら、一寸なれただけで帰ることになるから、サイディさんも出来ればもっと居させたいという意向で、結局、奨学金が得られたら、喜んでサポートしてくれるということになったんだよ。それで、早速その場でハリス先生に電話して、僕がこの学問研究に耐えうるかどうか、を相談してくれたんだよ。丁度、ハリス先生はこの冬学期の成績判定会議から帰った所で、僕の話が出てた所なんだって。それで、教授達が皆、僕のことに強い関心をもっていて、僕の学問研究の進展に、とても期待をかけているんだって。それで、僕が特別優秀な学生だっていうことになっちゃったんだよ。おかしいね。それで、奨学金の延長の為には、教授の推薦が必要なんだけど、喜んで強力なサポートをしてくれるって。それだけじゃ不十分の場合には、サイディ牧師が、尚その上に、極力、1952～3年の奨学金がとれるように、強力な応援をしてくれるっていうことになっちゃったんだよ。……結局、僕の目的は、批判そのものでもないし、最も平和な幸福な世界を、アメリカを、日本を、そして世界を作るために、一つの鎖になることなんだものね。……それからね、アンダーソン先生って、とってもとっつきの悪い人なんだけれど、すばらしい推薦書をくれたんで嬉しくなっちゃった。僕が用件を言ったら、むっつりしてるから気を損じちゃったかと思ったら、その場で、口述して、手紙書いてくれたんだよ。それによるとね。「言語的困難があるにもかかわらず、津守眞氏は初めの学期から素晴らしい成績を修め」から始まって、一寸そばで聞いてもじもじしっちゃった。それからね。「彼の誠実で素直な性格は勿論のこと、非常に優れた知性は児童研究所の全てのスタッフに強い印象を与えている」ってさ。そうして、このまま、帰してしまうのは惜しいから、是非残ってもう一年勉強を続けられるように、全員挙って推薦するって。それは単に彼一人のみならず、日本に大きな貢献をすることになるだろうって。……

3月24日

今日はね、9時のバスに乗るつもりで来て、5分違いで乗り遅れちゃったんだよ。北7通り、1番からグレイハウンド・バスが出るんだけど、ほんとに惜しいとこで乗りおくれちゃった。次は午後1時。それで、今、大学の学生会館に来たの。きっと、少しゆっくり休めるようにと思って、神様が静かな時を下さったんだね。今、休みだから、学生会館は誰もいなくて、広いホールに僕と音楽だけ。バスは2時間だけなんだけど、4時間おきだなんて、ずいぶん不便だね。スーツケースと新聞を抱えて、これから旅行するんだと思うと一寸過ぎし日を思い出して妙な気がしちゃうね。何かホームシックではなくて、郷愁を感じちゃう。

●自分の中の民族的偏見

……一寸アメリカの悪口を言いすぎたと思って、自らの言葉を恥じてるんだよ。これを機にして、もっと即事的に、客観的な目で、真実さを以て、ここの生活をもう一度、新しく出発して学び直してみるね。……雪の広野を大きなバスで走り抜けて、3時間かかって、今、オワターナ州立高校に着きました。バスの中で景色を見ながら、いろいろのことを考えたんだけど、……僕の方に民族的偏見があったんだね。そんな小さな心をのりこえて、人間として、すべての人とおおらかにつき合い、人間そのもののために僕らの出来ることをつくさなければね。そうして、何国人であるよりも先に人間でなくちゃね。こういう風に考えるようになったのは一大進歩じゃない？ほんとに、先ず、人間でなくちゃね。温かい心と他人に対する理解とをもった人間でなくてはだめだね。今、僕の部屋を案内されましたが、一寸すばらしいの。ベッドルームとバスルームと応接室のついた来賓室。所長のヘンダーソン氏のお客様なんだよ。今夜はヘンダーソン氏のうちで夕食に呼ばれています。そうして、これから、ここの中を案内してもらうの。ここは収容施設ではなく、教育施設です。……

■3月25日

今朝は素晴らしい良い天気。木々に霜が降りて、まるで花が咲いたようです。……校長のミス・エイデックを始め、皆、とても親切です。……お昼過ぎ、オワターナの新聞が僕のこときいて、写真をわざわざ撮りに来たんだよ。それで、子どもと一緒にヘンダーソン氏と写真を撮りました。木曜に新聞に載るそうだから送るね。人口1万の小さな田舎町の新聞だけど、田舎の町では、何か変わったことがないかと思って、きょときょとしてるんだね。ちっちゃな田舎新聞だよ。オワターナ写真ニュースとか何とかいうんだよ。木曜日には所長のヘンダーソン氏に連れられて、ファリボーの会議に出席します。今夜はヘンダーソン氏の家で夕食によばれて、他にお客さんもあって、いろんなことしゃべって面白かった。その中で、パラット夫妻という人の息子とその奥さんとが弘前の東奥義塾というミッションスクールの先生してるんだって。なかなかいい人らしいよ。……

■3月26日

今夜は何も予定がないんで、何だか物憂いような感じ。こういう気持って分かる？たったひとりぽっちの生活って、もう何だかいやになっちゃった。人間の生活の根底は家庭だって云うことがつくづく分かったような気がするの。僕が、家庭を持たなかったら、何処に生活の楽しみを見出すのでしょう。僕は、とても家庭の愛情を求め、家庭の一員となることを求めているんだね。家庭をはなれると何か変になるんじゃないかしら。……

■3月27日

……シアトルに上陸して、丁度4か月。もう帰りたくなって困っちゃう。今日はミネアポリスに帰れると思うと、何だか一寸日本に近づくような気がして、それだけで嬉しいんだよ。……今、オワターナから帰ってきました。レイノルド博士（ミネソタ大学の特殊教育の講師）が僕を自動車に乗っけてきてくれました。2時間いろんなことしゃべって面白かったよ。そうしてヘネピンハ通りで電車待ってたら、ホワイト氏に会いました。……

ロフリンさん

●家の「におい」

家の中にはそれぞれ独特の「におい」がある。台所口から入ってその「におい」をかいだ途端に、その家庭のすべてが思い出される。私が米国で泊まった13軒の家庭のそれぞれに違った「におい」があった。

1952年4月にひと月泊めて頂いた4軒目の家庭、ロフリン氏の家の台所は、いろいろのものがごった返していた。流しには食べたあとの皿、料理のあとの鍋が積み重ねられて、片隅のテーブルの上には遊んだままのトランプが散らばっていた。私が皿洗いを手伝おうとしたら、あなたは学生だからと許してくれなかった。ロフリン氏の家は小さい。台所の隣が私の寝室で、それと向かい合って夫妻の寝室があり、それに居間があるだけである。ロフリン夫妻には子どもがなかった。

ロフリン氏は小学校を終えてすぐに郵便配達夫をして20年過ごした後、本局勤めになり、いまは本局の小包係で、やっと生活も安定して来た。子どもがないから夫妻とも遊びごとが好きである。トランプ、ボーリング、釣り、映画など、日曜の朝起きるとロフリン氏はパジャマのまま、新聞のクロスワードパズルに熱中する。ある晩、食事のあと夫妻はソファで新聞を読んでいた。私はそばで本を読んでいた。ロフリン氏が疲れたから寝ると言ったら、夫人がトランプでもやればなおるだろうと言った。ロフリン氏がいつものぼそぼそした調子で「彼

（眞）は本を読んでいる」と言った。私が一緒にトランプをやると言ったら大喜びしてとうとう1時間半もカナスタをやってしまった。

ロフリン夫妻　トンプソン夫人　眞

●「怒りの葡萄」

私は朝の授業が遅い日や、夕方早く帰った時には台所で何杯もコーヒーを飲みながら話し込んだ。ロフリン氏夫妻はアメリカの社会の悪に対して心の底からの憤懣をもっていた。「美術館を建てた大金持ちは不動産会社をしているが、昔安値でインディアンから無理やりにとりあげた土地を高い値で売っているのだ。美術館を建てた木材は他人の林から勝手に取って来たものだ。」ロフリン夫人がそう言うと、ロフリン氏が「そうだ、そうだ、それは確かなことだ」と相槌を打つ。「ジョン・スタインベックの小説『怒りの葡萄』に書いてあるとおりだ。15年程前にミネソタ、ダコタ、モンタナにかけて数年間干ばつが続いた。それに苦しみあえいだ農民が更に西部に移住して行った。その裏には金持ちの勝手な振る舞いがある。スタインベックの小説はみな本当のことだ。私たちは若いときからまじめにこつこつ働き続けて、いつも生活苦と戦って、すこし余裕ができてきたのはやっとこのごろだ。」ロフリン氏は口の中でぶつぶつと独り言のようにそう言った。

ある日、私は大学の友人、ジョン・ジェニーに誘われて、ミネアポリスでも立派な教会の青年グループの夕食会にいった。彼は医学を勉強しているが、重箱の隅をつっつくような研究をやるよりも自分は臨床医になって医者のいない土地にいくつもりだと言った。彼は戦争中、兵隊でサイパンに行った。サイパンといえば日本軍が玉砕した地である。彼は潜水母艦に乗っていたという。昭和19年6月の日本の新聞の見出しは忘れ難い。「ああサイパン島」という大木敦夫の詩も記憶に新たである。「戦は熾烈になっている。死命をかけて同胞は戦っている。私がサイパンにいたら、やはり命を的にして敵に備え、敵と戦っていることだろう。」と私の日記には記されている。その敵がいまは友として一緒に話し合っている。彼も戦争体験が人生を変えたという。ジョン・ジェニーは、それまでテクノロジーを学んでいたが復員してから医学部に転学した。会のあとスクエアダンスをしていた女の子達が全員帰り、ジョンと私と数人の男子学生とF牧師が残った。F牧師が突然、ライフルをやろうと言い出した。教会の地下室に射撃場があった。日本の基督教会の常識では考えられないので、私は驚愕した。F牧師が鉄砲をもってきて皆で代わり番こに射撃をやり始めた。地下室だからものすごい反響がある。私はたまらなくて、帰りかけた。皆が引き留めた。F牧師はやり方を知らなかったら教えてあげるからと一生懸命に言った。私は中学生のとき射撃の選手をしていたから負けないだけの自信はある。しかし戦争が終わったとき、私は生涯鉄砲を手にするまいと思った。F牧師は、これは単なる遊びなのだからと言ったが、とっさに自分が加わることはできなかった。私は手短に話して、ひとりで帰ってきた。

ロフリン氏は、この国はキリスト教国と称して全く何たることかと嘆いた。

季節はすっかり夏になった。芝生が青々として木々が新芽を吹いてきらきら光っている。私は頭をまっすぐ上げて自分の足で歩もうと思った。

●ロフリン氏夫妻との別れ

ロフリン氏夫妻は心から親切な人である。自分で蒔くつもりで取り寄せた朝顔の種を半分日本に送るようにと私に分けてくれた。その芽が出たばかりの頃に私は次の家に引っ越した。夫人は、この花が咲くころにまた来てくれ、もし来なかったら私は怒りますよと言った。それから数回ロフリン氏夫妻と映画を見に行った。けれどもとうとう花を見に訪ねる機会を逸してしまった。そのうちに、ロフリン氏は郵便局を退職し、その退職金でフロリダに行った。年が明けて5月には帰ってくるからまた会おうとフロリダに発つ前日に電話で話したのだが、そのままになってしまった。それから1度、ロフリン氏の家の前を通ったとき、わざわざ玄関のベルまでおしてみたが、カーテンはすっかり閉じられて、だれもいる気配はなかった。

●20世紀の終わりに

この原稿を書いている時はまさに戦後55回目の8月である。夾竹桃の赤い花と、地に沁み入る蝉の声はかつての日と同じだが、あの頃は都心でも鳴いていた「蜩（ひぐらし）」の声はいまは聞こえない。この間に日本は経済繁栄し、そしてバブルが崩壊し、一転して不況に陥った。近隣諸国に対する戦後処理の問題もいまだに燻り、内には大きな犠牲を払った戦争の反省の総括もないままに、憲法改正、教育基本法改正の声がしきりである。世界もまた、平和は後退し、核抑止力、軍備増強の競争である。

50年前に私が米国の生活で発見したことは、国と国は戦争をしても、人と人が直接接すればどこの国でも人間は皆同じである、軍部や政府の宣伝や噂を信じてはならないということだった。米国の家庭での体験を通して私はそのことを記したいと思った。

私を泊めてくださった米国の家庭には、富裕な階級も、勤労階級も、また知識階級もあった。あの時代は戦争直後で平和への願いは、いまよりもっと強くあった。私が泊まっていた家庭のなかには世界連邦運動（世界の国から軍隊をなくし、世界警察を作ればよいという平和運動）に熱心な人もいた。戦争中それぞれの国で何を考え、何をしていたかを私共はしばしば夜遅くまで語り合った。一般に原爆への罪悪感はいまよりもずっと強かった。近年では、米国に行っても原爆は必要悪だという見解が蔓延しているが、50年前にはそうではなかった。

第二次世界大戦後、半世紀を経て、米ソ冷戦の時代も終わり、いくつもの民族戦争と難民の時代を経験し、平和の定義も簡単でなくなってきた。人を殺し人が殺される戦争をどうやって避けることができるのかも、単純な答は得られないのが現代である。

20世紀日本人の悲惨な戦争体験から言えることは何か。

私はこの期間を生きて、戦争の最大の反省は、あの時代に人が本当に思うことを言えなかった、言わなかったことであったと思う。言うべきことを言わなかったことが日本の社会をだめにした。それを言ったときには非国民というレッテルを貼られる社会風土が根底にある。つまり、組織（国、軍隊、学校など）の方針に合わないと排除してきたのが日本の社会だった。翻って今日はどうかと言えば、この点はあまり変わっていない。皆と違う人は依然として生きにくい。他人と違う髪形、違う意見、違う能力の者はのけ者にされる。組織の内部に入ると、個人が人間として振る舞えなくなる。学校でも「教師」の立場になると子どもとの接し方が人間的でなくなる。これはどこの国にもあることだが、日本ではとくにそうである。この連載を書き始めたとき、君が代の法制化が国会で決められようとしていた。私の世代にとって、「君が代」は、無念の思いを抱いて戦死した友の記憶と結び付いている。それから1年たったいま、それに反対意見の教師が処罰の対象となっている。これでは教師は一層組織の枠のなかに固まって、教育でもっともたいせつな「ひとりの人間として子どもと接する」ことが阻まれるだろう。だれもが自分らしく振る舞い、相手を人間として尊重する社会の実際の場「学級」をつくることはこれからの日本の教育の課題である。55年前に敗戦で学んだことをまじめに反省し、平和のための思想を実際的に作ってゆこうではないか。

ロフリン家にて ― 房江への手紙から

■ 3月30日

今、これから次のうちに引っ越す所。……何だかもうこの騒がしいがしゃがしゃした野蛮な国にいるよりも、日本に帰って、早く根を下ろして勉強した方が良いような気持ちすらしているの。何だか、何を好んでこんな所にいるんだか分からなくなっちゃった。ただ、家庭めぐりだけね、為になるのは。今、ロフリン氏という人のうちにおちついたところ。ここは郵便局長さんでね。子どもがいない二人暮らしの老人。家の建て方、間取りに至るまで、ホワイト氏の所と全く同じ。それで、今度は一部屋もらって落ち着いたの。……君ね、西部劇見たことある？アメリカ精神の半分がカウボーイ精神だと知ったときの僕の驚き。だけどほんとなんだよ。フロンティア精神の半分はカウボーイ精神なんだよ。僕らのセンスには耐えられないピストルの撃ち合い。こんなものが巷に氾濫している。……更に膝を交えて話をすれば、或る人々は、決してこういうアメリカの風潮を良く思っていないということが分り、又、真の平和な世界を求めているということが分る。……

■ 3月31日

今日は霧雨が降って春のようです。今日から早くも春学期が始まります。今、この学期は何を取ろうかとプランを立てています。今度は少し沢山取ろうかと思います。……

君が内村全集を読み始めたっていうんで、たまげっちゃった（これはほめてるんだよ）。内村全集はね、一寸読み始め、むつかしいように思うかも知れないけど、ちっともむつかしくないんだよ。内村全集に盛られている思想は、しごく単純な平凡なことだと思うの。それだから、君が読んでくれるのとっても嬉しい。きっと、多くの事柄について、今まで君が抱いていた考えが違う言葉をかりてもっとはっきりした形で述べられるのを発見するでしょう。それだから、決して余りにも哲学的に読まないようにね。（こんなこと君に言う必要はないけど）直観的に読んで感想をきかして。……内村先生と僕と経歴が似てるっていうけど、とっても違うことが、而も致命的に違うことが一つあるんだよ。……それはね、内村先生がアメリカに来る動機知ってる？内村先生、アメリカに来る前に結婚したんだよ。そうしたらね。半年も経たないのに赤ちゃんが生まれちゃったの。内村先生ってとても純情な人でしょう。そのはじめの奥さんはね、前から身持ちが悪くて、いわゆる悪い意味のモダン女性だったんだって。内村先生はあの通りの人だもんで、直ちに離婚したんだよ。だけど、最初の結婚が1年を経ずしてこんなにして破れ、而も、その人がとても純情な心の持ち主だったとしたら？とても、ものすごい人生観の変化を或いは来すと思わない？この事件のために蒙った傷を癒すために、いわば、アメリカに逃げてきたんだよ。アメリカに来ることによって結ばれたぼくらとは、まるで天地の相違だと思わない？そうして、この相違がこれから先の僕らの仕事、思想、生き方を、内村先生のそれと違うものにするんだと思う。本質においては同じであってもね。内村先生の聖書の解釈はとても良いけど。「研究20年」とか、「後世への最大遺物」とか、「デンマークの話」、なんていうの良いね。それから、「ガリラヤの道」、「十字架の道」、て二部作があるの。イエス伝だね、いわば。これも全集の中にあるよ。『新約研究（上）』だと思うけれど。それからね、『藤井武全集』のね、11か12巻に、「内村先生の思い出」と藤井先生の「内村先生記念講演」が3つのってるんだよ。これはとても面白いよ。それからね、『藤井武全集』の1、2巻、「コスモスの花の言葉（こひつじの婚姻)」と「黙示録研究」はとてもすばらしいよ。……

4月4日

……今、日本人の評判は世界ではとても悪いけど、それには確かに、日本人自身にも悪い所もあるし、又他の国の人に反省してもらわなくてはならないこともあるけど、常に最も良いことのために働こうとする人はこういう種類の重荷を負わなくてはならないんだろうね。それでね、ぼくたち、僕たち自身の国の中の良いものと悪いものを選り分け、外国文化の中の良いものと悪いものとを選り分け、本当に人間の幸福と平和が保たれるような世界を、社会を作るために皆が工夫して働くことなんだね。この観点からよしあしをはっきりきめて語り且つ、行うことなんだね。僕は、今はアメリカにいるから、アメリカの善きもの、悪しきもの見分けていくから、君は日本の善きもの、悪しきものを見分けない?僕らのセンスでもって。……そうしてね、もうすぐに、僕らのまわりから明朗な社会を少しづつでも作っていくように心がけない?勿論、勉強しつつね。勿論、急がずにあせらずに。これぞ、汝の花冠。……僕たち直感は発達してるけど、それから幸福と平和への意欲は最大に持ってるし、殊に幸福に対する直観的センスは素晴らしいものだけど、判断に当たっては事実的裏付けをしてゆかねばね。そういう意味でお互いにうんと勉強しようね。僕は、今学期は「青年期と社会」「異常児のこと」「幼稚園の材料のこと」を中心に勉強していくからね。僕ね、日本文化の講義、実は一寸たまらないの。僕らのとても大事に思っている文化財が、単調な英語になってまな板の上にのせられていく。例えば氏神というと、僕らすぐ鎮守の杜のお祭りなど、あの村の風景を思い出すのに……

■４月６日

……今夜はね、ピルグリムファウンデーションでアフリカ伝道から帰ってきた人の話があって面白かった。今夜はとても良い月夜でね、帰りに少し歩きながら月を見て帰ってきたの。この頃はね、僕、英語を聞くのが楽になったんだよ。聞くのが上達する秘訣は、くつろいだ気持ちで、しかも注意深く聞くこと。今度はね、僕、話すことが上手くならなくっちゃって思っています。聞くののもう一つの秘訣は、読むのを早く、しかも、正確にできるようにすること。それが分かったから、話す秘訣は、やっぱり書くのが正確にしかも迅速になることだろうと思うんだよ。何だかこの頃、少し、英語の勉強をすることの面白さが分かってきたみたい。……

■４月８日

明日はね、夜、ハムレット見に行くんだよ。それからね、明日のお昼、僕のことを援助してくれているミネアポリス・セントポール合同婦人会の会合に行くことになっているの。一寸おめかししなくちゃならないでしょう。……だけど頑張るよ。与えられる期間だけはね。苦き杯も飲まなくちゃならない時もあるんだものね。十字架がなかったら、復活もないものね。そう、今度の日曜は復活祭。僕、静かに復活祭を守りたいんだけど、できるかな。……

■４月10日

……今いるうちの、ロフリンさんもとても良い人でね。正に勤労階級なんだけど、勤労階級の良さがつくづく分かるんだよ。心から良い人なの。そうしてね、今行っているフリーモントチャーチというのが、また、勤労階級の教会でね、とても良い教会。この人達の中に流れる素朴な人間性の中には、とても良いものがあるんだよ。……ぼくはこのみすぼらしい教会の方が遥かに好きになっちゃった。それにね、この人達はとても気がおけなくて、しかも真実性があってとてもいいの。……

4月11日

……日本民族は次第に世界のマイノリティになりつつあることをとても感じちゃうんだよ。……大事なのは姿勢（心構え）だと思うんだよ。個々の事柄よりもね。そうしてね、一体どういう風にしたら、世界中が仲良くやってゆけるのかって言うと、根本的には人間の心が改造されなければだめでしょう？人道主義的に見える〜憲章、〜宣言、或いは国連的試みからは真の平和は出て来やしないね。政治家ってだから嫌いさ。心の悪い政治家からは、黒い政治しか出てこないし、心の悪い学者からは、黒い学問しか出てこやしないでしょう。心の改造の問題。……結局は一人ひとりがいかに神様を本当に心の中に迎え入れるかという問題なんだね。その仕事は、神様がなさることなんだよ。僕らにはたった一人の人の心にだって手を触れることは出来ないんだよ。ただ、種をまいていくことは出来るけれどね。……大事なことはね、何をするか、ということじゃなくて、どれだけ神様を忠実に心の中に迎えていけるかということ。全てはそこから出発して、なすべきことはそこから自然に生まれてくるでしょう。……

4月12日

●日本軍のしたことに対する反省

……学生会館で手紙を書いてます。どこからか「山なみに雪は残れど」っていう歌がピアノの美しい伴奏と一緒に流れてきます。東も西も通じて同じ心の流れている歌、皆、人間、なんだね。……単に皮膚の色が違い、風俗習慣が違うというだけで不合理な扱いをしたり。しかしね、考えると、白人のみを決して責められないんだね。日本人も戦争中に数々の悪いこと、支那で、満州で、そうして比島でしたことを思うと。僕たち日本人自身には、きっと、それらの行為に対して、大きな愛をもって許してくれなどという権利はないのでしょう。そうして、比島人にせよ、何にせよ、「目には目を、歯には歯を」という態度で、扱っているに過ぎないんでしょう。それから、日本人の在りし日の、支那人、朝鮮人に対する感情を考えるとね、それは、決してあるべきではなかった態度でしょう。それこそ、人種的偏見の最たるものでしょう。……君がね、比島戦犯学生のために涙を流したというのは正しいことなの。彼を戦犯に縛っておくいかなる論理をも越えて、それは正しいことなんだよ。僕たちはだれも憎むまいね。人間として付き合い、人間として歩んでゆくようにつとめようね。それでね、僕たちの仕事はね、皆、この大きな波の上に乗って進むものだと思うんだよ。

4月20日

●強くなる自分

……朝ね、フリーモントチャーチにトンプソン夫妻が来てて、それで、みんなで、ミネトンカ湖にドライブしたの。面白かったよ。ダッチ湖で写真とったから、出来たら送るね。何だかね、僕この頃だんだんにとても強くなってきたの。こういう人達と意見を交わしながらね、とても意気投合しちゃうの。それでね、正しいことは正しいと言うし、正しくないことは正しくないというの。そうするとね、こういう人達は、大がい僕と意見が同じなの。例えば、カウボーイ精神は正しくない、テレビジョンは現に子どもの間に悪影響を及ぼしつつある、原爆や焼夷弾を使ったようなアメリカ軍部は正しくない、日本におけるコミュニズム政策は正しくない、日本における単なるナショナリズムは正しくない。良心的な批判を圧迫する権威は、何ものにもまして正しくない。……全ての人間が本当の人間に立ち戻って、真理を真理とし、人間の愛情を愛情として認めるようになったら、世界は違った姿になるだろうという希望を持つの。……どうぞ、日本とアメリカの間に、本当の友情の橋をかけることが出来ますように。そうして早く、無事に、2人再会出来ますように、って。僕の心からの願いです。……

4月21日

……僕ね、こないだから、ずい分思いつめたようなこと君に書いっちゃったけど、もうそれも底をつきつつあるようなの。それにね、決していつもそんなことばかり考えているのじゃないんだよ。トランプして時間をつぶすことの何と多いことよ。全くこの頃、ちっとも勉強しないの。これから僕、少しのんびりとした気持で生活しようと思ってんの。又、いろんなことで刺激されるとそうはいかなくなっちゃうんだけど。……

4月23日

……今夜ね、ファーストコングリゲイショナルチャーチでマカレスターカレッジのユーゴー・トンプソン先生が話をしてね、聞きにいったの。小さな会合でね。トンプソン先生は丁度、僕の考えているようなキリスト教批判を極めて良心的に、そして大胆にやってくれたの。全く同感しちゃった。それからね、サイディさんに久し振りで会って、嬉しくなっちゃった。……僕さっき、大きな問題に盲になろうかっていったけど、取り消すね。やっぱり僕らの問題は、平和と幸福とを追求していくことでしょう。その努力は決して放棄できないものね。……

4月24日

……僕ね、今日は又、一つ真理を発見したの。それはね、正しいことは正しいとし、誤ったことは誤ったことにしなければいけないけど、決して人を裁いちゃならないってこと。アメリカを僕はいろいろな点からけなして、それはもっともなんだけれど、同じ過ちを、否、もっとそれ以上の過ちを日本は又犯してるんだものね。……今日、テンプリン先生と話したの。いろんな話をしている中に、すっかり調子が出て、今度の木曜の晩、テンプリン先生の家に夕食に呼ばれたの。ミス・ヘドリーと云う幼稚園の主事と一緒。この人は『幼稚園』という本書いてるの。今、僕、その本読んでるところ。……

4月27日

……昨日は夕方まで州立大学学生会議がピルグリムファウンデーションであって、夜、トンプソン夫人の所でカナスタ（トランプ）の会があって、今日は朝、日曜学校で話をして、教会でも話して、お昼をホワイト氏の所でごちそうになって、夕方からピルグリムファウンデーションの例会で、今、帰ってきたところ。……

4月28日

●迷いの末、自分の足で歩むことへ

すっかり夏になりました。芝生が青々として、木々が新芽を吹いて、きらきら光っています。もうみんな半袖です。僕はめんどくさいからまだ長袖。とても気持ちの良い気候です。……考えたんだけど、ここにいる日本人の学生って、みんな消極的で、アメリカ人の愛顧を買おうとのみしているの。勿論、言葉のうんと不自由な間はしょうがないけど、余り情けないね。僕だってその一人だったかも知れないけど、僕はもうこれから頭を真っ直ぐに上げて、自分の足で歩んでいこうと思うの。それでね、僕に出来ることは何だろうって考えているの。まず、学校の方のことは、ただ講義を漫然と聞いているだけじゃなく、何か貢献的な仕事に一歩乗り出そうと思うの。……それはともかく研究的な仕事でしょう。その他にね、実際に何か僕に出来る仕事、役に立つことをやりたいの。一人でこつこつ研究してえらい学者先生になるのなんて古くさい。何か、平和を求める社会活動がやりたいの。……

■ 4月30日

明日、試験、でこれから勉強するとこだけど、一筆ね。明日はね、ブロジェット先生の「典型的でない子どもたちの心理学」の試験。ものすごく一杯、人の名前とテストの名前を憶えなくちゃならないの。夕方になると、とても涼しくなって爽快だよ。今日はね、君のご忠告に従って、母に手紙書いたの。身辺のことをこまごまと。……

コルレットさん

私は米国留学中、米国の家庭に1月ずつ泊めていただいた。毎月引っ越すのは忙しくもあったが、新しい家族と知り合う好奇心のほうが大きかった。

●コルレット家

5番目の家庭、コルレット家は、ミネアポリス市北部の勤労階級の住宅地域だった。1952年5月10日、私はコルレット家に移った。コルレット氏は軍の空港で大工をしていた。家族は5年生のトミー、2年生のマギー、幼稚園のチャックと、コルレット夫人で、夫人にはもうじき赤ん坊が生れるので大きなお腹を抱えておられた。コルレット氏はユニテリアン教会(自由神学の一派)で夫人はカトリックだったが、結婚するときにふたり一緒にプロテスタント教会に移る決心をした。アメリカ人にとっては大きな決断である。このことを夫妻は私に会うなり話された。結婚に当たって2人で同じ信仰をもって新しい生活を出発させようという共通の意志を私は感じさせられた。2人とも教会の日曜学校に熱心で、日曜日ごとに家族で朝早くから教会に飛び出して行った。

コルレット家には寝室が4つあった。私の滞在中は下の2人の子どもが一緒の寝室だったことになる。私はそんなことに気がつかずに泊まっていたが、一時的とはいえ、西欧人にとってはこれも大変なことである。私のために家族ぐるみで協力していた。コルレット夫人は近

コルレット夫妻

隣の人たちと垣根ごしに始終おしゃべりをしていて、そのたびに私は紹介された。コルレット氏は毎日家に帰ると地下室で大工仕事をして自分の新しい家のガレージを作っていた。

子どもたちはカブスカウトに入っていて、絶えず友達が出入りして、玄関前のポーチと裏庭は近所の子どもが溢れていた。

両親は教会の委員会の会合で頻繁に夜外出したので、近所の高校生のナンシーがベビーシッターに来た。そのときは大騒ぎで、いつもはベッドに人つて10分もすれば静かになるのに、漫画を見るといってきかない子、足を洗わない、パジャマに着替えないと言い張る子、それにナンシーが加わって枕を投げたり騒ぎが大きくなる。この子たちはじつによく喧嘩した。私も始終その中にひきこまれた。ナンシーには弟がふたりいた。父親の口笛が一つ鳴ると末の子が、二つ目の口笛で次の子が、三つ目の口笛でナンシーが家に帰った。ナンシーは活発で明るい少女で、稀に子どもたちが早く寝ると私共は学校の話をした。

コルレット家に行って間もないある晩、私はバスルームに水を飲みにいったら、マギーが2階の廊下で漫画を読んでいた。ベッドで電灯をつけてはいけないことになっていたので、小学校2年生のマギーは両親の目を盗んでベッドを抜け出してバスルームの電灯で漫画を読んでいたのだった。私が出会ったら急いで部屋に帰って行ったので私は悪いことをしたような気になった。しばらくしてコルレット氏の足音が聞こえた。私が自分の部屋に戻ったら、マギーはまた出てきてバスルームで読んでいた。コルレット家にはこの後2人赤ん坊が生れた。

●朝　食

コルレット家の朝食は毎朝きまってパンケーキだった。コルレット氏が鯛焼きのようなパンケーキ型に粉をといて焼き、上手にひっくり返して皆に配る。皆はフォークを手にして順番を待っている。食べ盛りの子どもたちだからとても忙しい。

家族が食べている間に、コルレット夫人は皆に弁当のサンドイッチを作る。へたつきのパンを大ざっぱに切り、バターとジャムと、人参やブロッコリーをはさみ、紙袋にいれ、皆それをもって学校に行く。前夜がローストビーフのときには豪勢だった。バターとジャムだけのときもある。私もその袋をもって大学に行った。コルレット家の子どもたちは、午後になって学校や幼稚園から帰ると鞄をほうり出して遊びにいった。コルレット夫人はその後始末をし、洗濯をし、それは忙しい。いつも背筋を伸ばして子どもの名前をひとりずつ呼んで、何か言っていた。

ある日、私が遅い時間に大学に行ったとき、コルレット夫人が階段の途中に腰掛けて泣いていた。知らずに私が通りかかった。一瞬立ち止まった私に、こんなところを見せて恥ずかしい、昨日姑が来たのだという。階段に座ったまま、長い時間話を聞いた。いつも気丈な人にこういうときがあることを知り、どこの国にもかかわらぬ人間関係を知らされた。

冬は雪に覆われたミネソタは夏が急にやってくる。エルムの並木が緑になると爽やかで、人々は戸外に出てくる。並木の間から、子どもの声がして、私の名前が呼ばれる。立ち止まって言葉をかわす。子どもから呼ばれるのは本当にうれしい。ライラックの紫の花が風に揺れる。毛せんを敷き詰めたように無数に咲いていた黄色いたんぽぽの花が盛りを過ぎると、盛大に綿毛が空に舞う。

●当時の米国の大学

米国に来てから半年が過ぎて、私の大学生活も落ち着いてきた。児童研究所で長く所長だったドクター・アンダーソン、言語発達の研究をしていた女性教授ドクター・テンプリン、私の指導教官であるドクター・ハリスなどから、夕食に招かれるのも留学生にとっては、励みになった。1952年5月末、ハリス先生から週末を北ミネソタの湖のコッテージに行くが一緒に来ないかと誘われた。ハリス先生夫人も一緒に半日かけてドライブした。ミネソタ州は1万の湖があると言われる。殆ど人も通らない道に、その年は毛虫が異常発生して、それを轢いたタイヤが空滑りして自動車が動けなくなった。そうすると私たちは車からおりて後ろから押してようやく目的地に着いた。ルーン（鳥の名前）が泳ぎながらクーン、クーンと鳴いている。栗鼠が木々の間を跳び移る。鏡のような湖にスカールを浮かべて、3日間を過ごした。湖畔一帯、松と白樺の林で人影を見ることもない。とんぼが一杯飛んでいる。湖のすぐ脇のベンチに腰掛けて夕陽に光る美しい湖水を眺めて日本を思った。この付近だけで小さな湖が数百あるという。一つの湖を30家族位で持っていて、人々はここに来ると電気もガスもなく原始的な生活をして過ごす。

夜になると、炉に薪をくべ、ランプに灯をつけて、暖炉の火にあたりながら話した。このコッテージは、1937年版スタンフォードビネー知能検査で有名なターマンの共同研究者であるメリルが、引き篭って仕事をしたところで、その後ハリス先生が譲り受けたのだという。その頃、科学心理学は数量化にエネルギーを注いでおり、知能検査はその強力な道具だった。知能検査というと、日本の学校の偏差値問題を思い起こすが、それはずっと後のことで、それよりもむしろ知能の恒常性、検査の信頼度、発達に及ぼす遺伝と素質の影響等の理論的関心が主であった。大学の講座でもディファレンシャルサイコロジー（差異心理学）は人気のある分野だった。日本ではあまり関心を持たれなかった分野だが、少壮の心理学者ドクター・ジェンキンスの教室はいつも学生が一杯だった。知能検査を利用した数量研究は当時の児童心理学の主流だった。行動心理学はまだ緒についたばかりだった。米国でのピアジェ流行のきっかけをつくったのはミネソタ大学のフラヴェルだが、それも10年後のことである。

ミネソタ大学児童研究所は、1920年代にロックフェラーによって創設されたアメリカの7つの児童研究所のひとつで、メアリー・シャーリーらの地味な縦断研究はここの人たちの誇りだった。子どもの日常の行動を対象とした研究に、ここでふれたことは私にとっても幸いだった。これは生れて間もない乳児から、定期的に子どもを観察し、親にインターヴューして、子どもの発達の筋道を具体的に明らかにしようとした研究である。ハリス先生は、当時児童研究所が課題プロジェクトとしていたグッドイナフの描画による知能検査改訂の一部を、私のマスター論文にしないかとすすめられた。それはアメリカの心理学の研究法を実地に学ぶいいチャンスだと思ったが、私はむしろ、日本にいたときに疑問をもっていたひとつのこと、米国においてフレーベルがどのように批判され、進歩主義教育にかわったのかを、実際的、歴史的に追求したかった。これは日本では資料の得られない分野だった。こんな問題はアメリカの学生の関心外のことだった。私はハリス先生にこのことを話すと、自分だったらあなたが言うように、せっかくアメリカまで来たのだから、腰を据えて自分の関心を追求するだろう言われた。異色のことだけれども、私はこの後、図書館と付属のナースリースクールにもぐりこんで幼稚園の歴史にエネルギーを注ぐことになった。ずっと後に、1968〜1969年に、ハリス先生がフルブライト交換教授でお茶の水女子大学で半年間講義をされたとき、附属幼稚園を見て、アメリカに失われた懐かしい幼稚園の空気だと言われた。そしてこの幼稚園を絶やさぬようにと何度も言われた。ハリス先生はペンシルヴァニアでいまもご健在である。2000年の秋に、現在の附属幼稚園副園長の桝田さんから頂いたお茶の水女子大学附属幼稚園の四季の絵葉書を送ったところ、それを非常に喜ばれた。(その後、2010年にご逝去のお知らせいただいた。)

●アメリカインディアン

ハリス先生のコッテージに3日間滞在の後、帰途アメリカインディアンの部落に立ち寄った。アメリカインディアンは髪の色も眼の色も黒くて、日本人の顔に似てる。私を見ると子どもたちがすぐに寄ってきた。当時、ところどころにインディアン保護地区があり、服装や住居もむかしのままに、いわば原始生活の展示場のようになっていた。土産物屋が並んでいた。私は日本人の先祖の生活を見たような気がして、心が痛んだ。このときの印象のせいだろうか。私は米国滞在中に北川台輔先生が主催されていたアメリカインディアンの集会に何度もいった。都会に憧れて出て来たインディアンの青少年の生活が退廃するのを見て、北川先生は日曜日の午後、日本人教会で食事やレクリエーションの会合を開き、生活の相談にのっておられた。何人もの私の知っているアメリカの婦人たちがこれに協力していた。これから50年の間に米国の社会はこの点で驚くほどの変化を遂げた。マイノリティの差別の問題と取り組み、１９９０年代末には国連は国際先住民年を定めるほどになった。私は米国を訪れるたびにそれを見て驚いた。特別に大きな運動をするというのではなく、さりげなく日常的に、沢山の人たちが疑うことなくこのことに力を注いでいた。米国には多くの問題があるが、この点ではこの半世紀に米国の社会は進歩したと言ってよいと思う。日本がバブルの時代のことである。

「かわいそうなインディアン。いったい現代文化ってなんだろう。まるで動物みたいに白人に駆り立てられて、逃げ回って、そして見世物になって、かわいそうなインディアン。」と私はその日の日記に記したが、50年の間にすっかり変化した。

私がコルレット家にもどった翌日は教会で「子どもの日」だった。いつもより少し良い服を着た子どもだちと一緒に私は朝早くから教会に出かけた。私が小さいときから耳に懐かしい讃美歌、「再び主イエスのくだります日、召さるる幼子み国にて、み空の星と輝きつつ、主のみ冠の玉とならん。」が歌われた。そんなときコルレット夫妻は大張り切りだった。

コルレット氏一家は、第二次世界大戦が終わったとき、占領軍として仙台に駐屯していた。そのときの焼け野原の日本を見て、心打たれたという。私がコルレット家にお世話になっていたのは日本がまだそこから立ち上がれていない時期だった。

その翌日6月9日に、ソニーの井深さんがミネアポリスに来られた。倉橋惣三先生のご長男倉橋正雄さんはソニーの創設者のひとりで、私は愛育研究所の古い円盤録音機を使えるようにしたいと思い、それをかかえて井深さんと倉橋さんを目白に訪ねたことがあった。そんなご縁で早くから井深さんが来られるのを待っていた。ミネアポリスからバスで1時間ほどかかるセントポールホテルに井深さんを朝早くに訪問した。もちろんソニーの看板もネオンサインもアメリカの町に見られなかった時代である。

コルレット家にて ― 房江への手紙から

5月4日

昨日からね『ノンちゃん雲にのる』を読み始めて夢中になってるの。今日はねボッシングさんという（教育視察団）の中等教育で日本に行ってる人の奥さんに招待されて、ミネトンカ湖近くのすばらしい家に行ったの。だけどね、今、ノンちゃん読みたいから、手紙みじかくするね。ノンちゃんって君みたいなの。君もこういうの書かない？少しずつでもいいから書いて僕に送ってくれない？「フーちゃん雲にのる」っていうようなの。この本、なんて良い本なんでしょう。君につくづく感謝しちゃう。……5月14日は僕の演習（アンダーソン先生の）が当たる番なの。それから17、18日（土・日）はピルグリムファウンデーションの修養会で、ミネトンカ湖辺で一泊旅行に行きます。それから今度の日曜、コルレット家に引っ越しします。この人は、仙台に2年、家族と一緒にいた人。一杯議論しようと思って今から手ぐすね引いてるの。……

5月6日

……今晩はね、方々の学校の参観日で、ドリーンの学校にホワイト夫妻に連れてってもらって面白かったよ。……

5月8日

……今ね、アンダーソン先生の秘書の所に、今度の水曜のアブストラクトをもってったの。そうしたらね、アンダーソン先生が出て来て、僕を呼んで戸を閉めてね、今度の日曜に、夕飯に遊びに来ないかって。僕、今度の日曜はピルグリムファウンデーションで、合唱でバスを歌うことになってるんだよ。それでね、行かれないの。とっても残念!でも、教授によばれるのってうれしいね。今度の木曜はテンプリン先生の所にミス・ヘドリー（幼稚園の主事）と行くことになってんの。……

5月14日

……昨日、資格試験の結果をもらったの。アンダーソン先生がね、しきりに、この結果は正しくないって弁解してたよ。それでね、無事に通過したっていうわけ。割に良い成績だったの。それからね、今日はね、ミネソタ州会議の紳士会でサイディさんに紹介され、婦人会でトンプソン夫人に紹介されたの。……今度トンプソン夫人が、僕を世界キリスト教学生会議に出そうって計画してるの。

●理想とする教育は?

それからね、今日は午後からアンダーソン先生のゼミは僕の番で、50頁の論文紹介をしたの。もうこんなの平ちゃら。今はね、一体、僕の理想とする教育ってどういうんだろうっていうこと考えてんの。ね、どうしたら子どもに一番良い環境が与えられるのかしら?僕、わかんなくなっちゃった。教育のこと。文化のこと。またこんど考えようね。……

5月15日

……今、フラー先生の授業で身体技能と子どもの行動の文献を集めて、そこから、何か出発させようと思って張り切ってるの。これから、もりもり研究するね。最終試験までに後1月ないんだもの。……

5月16日

……今、ぼく、又いろんなこと考えてるの。一体ね、アメリカ文化に対するいろんな根本的批判を持ったときに、何でもずばって言っちゃった方が良いのかしら？それとも僕たちはアメリカ人のことには口を出さないで、僕たちの国を良くすることのみを考えていた方が良いのかしら。そうしてお互いに感情を害さないように、つとめていた方がいいのかしら。……

5月17日

……今、ユニオンでお昼を食べて、まだちょっと集合時間までに間があるんで、芝生にねころがって空を眺めていたの。ミシシッピーのほとりで空を眺めるなんていうと、ちょっと風流に聞こえるけど、そんなに風流でもないんだよ。自然はとても美しいんだけどね。今やライラックが盛りをすぎて、小手毬が咲き始めてます。新緑がとても美しい。たんぽぽがみんなとうが立ってね、風が吹くとまるで桜の花が散るみたい。たんぽぽの数のおびただしいこと、すさまじいよ。盛りの時はまるで一面黄色い毛せんのよう。僕やっぱり考えたんだけど、いつも皆と仲良くして心静かに生活できるようにしようね。それが一番基礎だものね。そうしてね、あと1年の月日を何か平和な良い世界を作るために努力して過ごそう。君もね。日本が懐かしい。とっても。日本語がなつかしいの。……

5月19日

……ミシシッピーのほとりにて。

ミシシッピーの流れをみながら、手紙を書いている。

去年の今頃、僕が1年後にはミシシッピーの流れのほとりで、君に手紙を書くなぞと、誰が想像したろうか。

緑の木と虫の鳴き声、自動車の走る音だけが聞こえている。

夜。明日までにブロジェット先生のリポート出すんだけどまだ何もやってないの。今夜、ロフリン夫妻と映画見に行っちゃった。……名前を忘れたけど、51年度のアカデミー賞なんだよ。……帰りの自動車の中で2つの面白い話を聞いたの。一つはね、ロフリン氏に僕がね、フランクリン・ルーズベルトを好きかって聞いたんだよ。ぼく、この頃、フランクリン・ルーズベルトに断然反感を持ってるから。何故かっていうと、彼こそ第2次大戦の最も狡猾な張本人の様な気がするの。僕には良くわかんないけどね。僕の判断する限りだよ。それからね、今日、ハリス先生と話していて、ルーズベルトの話が出たの。そうしたらね、ハリス先生曰く、ルーズベルトは百万長者でありながらとても狡猾で、老かい政治家だから中産階級の人々は彼を好まないって言ったの。それでね、ロフリン氏に聞いたんだよ。そうしたらとたんにね「不幸なことに人格が良くない！」実にはっきりしてるんだよ。そのわけはね、彼はフーバーに育てられて巨万の富を積み、大統領になったけれど、フーバーの精神をつがなかったって。

5月23日

……今朝、ハリス先生の時間に僕が日本の青年について話したんだよ。始め、20分くれるはずだったの。それを40分しゃべっちゃった。それで10分質問。僕はね、日本の人口の傾向、それから結婚と異性関係、共学の問題、虚無感、権威の崩壊、青年のニヒリズムと新思想の影響っていうようなことを出来るだけデータを持ち出して客観的にしゃべったの。僕はこれは感情的な要素が含まれているものでもないし、価値観が含まれているものでもないって前置きしたし、皆、よく分かってくれたらしいよ。……

5月24日

●アメリカとソ連（核戦争前夜という感覚）

……今や、偉大なる天下の真理を発見してしまったの。それはね、アメリカはいかにもソ連を侵略者よばわりし、アメリカのみが天下の正義だというようなことをいうけれど、それは欺瞞だっていうこと。アメリカの世論はソ連に対してヒステリカルであり、軍部と政府は今や世論を統制し、良心ある善き人々の言論に圧迫を加えつつあるという事実。そしてソ連をまかすためには原爆の2つや3つ落としたって仕方がないってみんなが心の中で考えていること。恐ろしさに戦慄するだろ?だけど、これが今のアメリカの政策の流れ。そしてキリスト教会は完全にそれに従属し、むしろそれを宗教的に正当化しつつあるの。僕はこのアメリカによって、世界平和は指導され得ないという確信を持ったの。世界平和を尚も考えるならば、日本から軍隊を撤退させ、日本は完全な無軍備にしなければならないんだよ。日本の国民と政府とはまったく無軍備の上に立って、日本の土地と人間の幸福と平和とを、人間の心の底に潜む正義と愛に訴えて解決する以外に道はないんだよ。こういうことを僕がはっきりと知った時、どうなると思う?僕はね、今のアメリカは戦争前夜だと思うの。僕はほんとに早く帰ってしまうべきじゃない？……

6月5日

●やっぱり勉強するのはたのしい

今日で丁度ミネアポリスに来てから半年目。今ね、フラー先生の試験を書いて出してきたの。11日にハリス先生とブロジェット先生と二つ試験があって、春学期はおしまい。それから18日から夏期学校。まだ奨学金の延長通知が来ないんだよ。明日、聞きにいってみよう。これからうんと勉強するね。今ね、ものすごく張り切って勉強してるの。やっぱり勉強するのが一番たのしいや。……

6月7日

今夜はコルレットさんのところでスキヤキ会をやって、日本人の学生が6人集まるの。それで朝から準備してる。……

6月8日

今日はこどもの日で、教会の礼拝は、子どもたちの歌やなんかだったの。日曜学校のかわいい子どもたちを思い出して、今、歌を歌ってたの。257番と466番。それから517番。とってもいい歌。ぼくたちいつまでも子どもたちと一緒に生活していこうね。唇に歌をもち心に太陽をもってね。……いつまでも僕の心の太陽でいてね。2人で歌を歌いながら進もうね。

6月11日

……あさってジギアさんという人の所に引っ越します。

ジギアさん

●カントリー風ポーチのジギア家

私がミネアポリスで泊めて頂いた6番目の家、ジギア氏は屋根葺きの職人だった。カナダ系のフランス人とアメリカインディアンの混血で、蚊とんぼのように痩せていて、正直な好人物だった。一緒に車でドライブすると、あの家は私が葺いたのだ、あの屋根はこういう特徴が、と屋根の話が聞けるのも楽しかった。毎朝、ブリキの手提げ弁当箱をぶらさげ、仕事着を来てガタガタのダットサンに乗って出かける。ジギア家は市の北部の勤労者階級の地域にあり、カウボーイの映画に出てくるようなカントリー風のポーチのついた家に住んでいた。ポーチからじかに居間に入るようになっている。私が学校から帰ると、夫人はいつも街路に面した揺椅子を揺らしながら戸外を見ていた。子どもたちは結婚して、夫婦二人の家なので、大勢子どもがいたコルレット家から引っ越してきた私には、静かで寂しいくらいだった。米国の生活にも慣れた私は、風通しの良いポーチの揺り椅子に腰掛けて夏の午後をひとり静かに味わいながら、日本のこと、これからの自分の学問のことなど考える時間をもてたのは有り難かった。涼しい風がエルムの並木の間を通る。青い空と大地が快い。ときどきジギア夫人に話しかけられて考えが中断される。

ジギア夫妻には息子がふたりいて、ふたりとも結婚していた。末の息子は大学1年のときに、ハイスクールの女の子と正式に結婚したが、そのことを母親が知ったのは何か月もたっ

ジギア氏

隣の家の子どもと遊ぶ夫人

た後だった。ジギア夫人が少しためらいながら私にそのことを話してくれたとき、私がひどくびっくりしたからだろうか、その後の話をしてくれた。ジギア夫人は息子をすぐに退学させて働かせた。そうしたら早くも1年くらいで離婚した。

息子の妻の母親がとても世話焼きで、毎日あれを買ったか、これを買ったか、今日のおかずは何かと言って指図した。

若い夫婦がニューヨークにいたときも、1日に何度もミネアポリスの母親から電話がかかり、夕飯のメニューまで指図されたので息子が独立心を害して、母親と夫とどちらの言うことを聞くのかと言って別れたのだという。でも互いにとても愛しあっているからいまに仲直りするだろうとジギア夫人は付け加えた。8歳の子どもがいる。

●ジギア夫妻

ジギア氏は夕方になると、どこかでウイスキーを飲んで帰って来た。食卓につくと、ジギア夫人にもっと食べろ、もっと食べろと言われて、これ以上食べられるものかと言いながら食欲以上に口に押し込まれる。夫人は色白で、造花をつけたつばの広い帽子をいつもかぶっていた。ジギア氏はゴルフ狂で、土曜、日曜にはかならず朝7時から夜8時までゴルフに出かける。飾り棚には大小のゴルフ賞杯をいくつも飾ってある。台所にぶらさげてあるカレンダーには細かな字でゴルフの日取りと場所が1、2か月先まで書き込んである。

ジギア夫人は30年来自分はゴルフやもめだと私に淡々と話した。土曜の晩は、2人別々にトランプの会に行く。自動車も、ジギア氏のはペンキがはげたり凹んでいたりするが、夫人のは大型のシボレーで、自動開閉の最新式の窓だった。いつもガレージの中に収まっていて、旦那には使わせなかった。こう言っても夫婦仲が悪いのではない。ある日、例によって旦那が夕飯に帰ってこなかった。私は夫人と先に食べ、夫人が隣家におしゃべりに行っている間にジギア氏が帰ってきた。「ママはどこに行った？」と尋ね、その声を聞いて夫人が戻ってきた。「今夜は残業で、防火扉が閉まって出られなくて遅くなったんだ」とジギア氏は言ったが、3、4間先から酒のにおいがぷんぷんするので、弁解だということがすぐ分かる。ジギア氏は何かにつけて夫人に叱られる、愛すべき存在である。ジギア氏はカトリックで、夫人はプロテスタントであるが、夫人に言わせると、ジギア氏は何十年もゴルフには行くが、教会に行かない。夫人は休日も一人ぼっちである。

ジギア夫人は子ども好きだった。隣家の四歳のサンドラと五歳の男の子が始終台所に来て、ジギア夫人に本を読んでもらったり、小さな物のやりとりをして遊んでいた。私もよくそれに加わって、ままごとをして遊んだ。お茶大の附属幼稚園でままごとをするときと同じだった。この家を引っ越すときにはサンドラに会えなくなるのが寂しかった。

●大統領選挙

1952年はアメリカの大統領選挙の年だった。レパブリカン（共和党）からアイゼンハウアーが、デモクラート（民主党）からスティーブンソンが候補者に立っていた。新聞もテレビも毎日のように大統領選挙の報道に沸いた。当時のアメリカは冷戦の最中で、コミュニズムに対してヒステリー状況にあった。エドガー・フーバーはマッカーシーと連携して激しくコミュニズム非難をし、レパブリックを応援した。私はフーバーの激しい演説に戦慄を覚えた。

当時の日本は焼け跡が普通の風景で、焼け出された人々の家はトタン屋根のバラック住宅だった。貧しかったけれども、異国で考えると優しく、美しく、皆が平和を望んでいるように見えた。原爆は必要悪であるという大統領選の議論は、普通の人が悲惨な死に方をしたのを知っている日本人には到底受け入れることはできなかった。ミネソタ州は伝統的にデモクラートの地盤だったから、フーバーのデモクラート攻撃には快く思わない人が多く、私を泊めて下さった家庭では、例外なしに冷静に考える温かい人達だったことは私にとって生涯の幸いだった。

7月10日の夕方はものすごい雷雨と稲妻たった。ミネソタの夏は急に天候がかわり、晴れていた青空に一点の黒雲が見えたと思うと忽ちに雷鳴と稲妻と大雨に襲われる。私はジギア家のポーチで嵐を見ながらアメリカと日本のことを考えた。日本で考えると朝鮮戦争は遠い地の出来事に思えたが、アメリカで考えるとひどく切迫感を感じた。原爆がいまにも使われるのではないかと異国にあって日本の家族を案じた。いま思うと考え過ぎと思うのだが、当時の日本人には当然の感情だった。その頃は指で数えるほどしかいなかった私のまわりの日本人留学生たちは、多かれ少なかれ同様の感想をもっていたことも確かである。私はつましく貧乏で可哀想な日本人と、金持ちで慎みのないアメリカ人とを対照して考えた。

●家　庭

私がミネアポリスを去って丁度1年目に、ホワイト夫人からの手紙で、ジギア氏が急死されたことを知った。屋根にかけた梯子から落ちて頭を打ち、そのまま病院に運ばれて意識を回復することなく死んだとのことだった。木曜日に亡くなり、金曜日には埋葬された。ジギア夫人はあのがらんとした家の中でどうやって過ごしておられるだろうかと私は心配した。

それから数年後に知ったことだが、その後ジギア夫人は記憶を喪失し、病院に入ったまま間もなく亡くなったとのことである。

ジギア家は私に深い印象を残した。いわゆるアメリカの典型的な家庭ではない。家族の団欒も少なく、家族の間に何となく食い違いを残し、人々から称賛される家庭ではない。ジギア夫人はいつも物足りない思いで揺り椅子に腰掛けて遠く外を眺めていた。お酒を飲んで夕食に間に合わずに帰ってくるジギア氏はいつも夫人に引け目を感じて、小さくなって家に入って来た。そのご主人を亡くしたとき、ジギア夫人は存在の支えを失ってしまった。人目に立たない所で、最も深い愛情で結ばれていたのではないかと私は今になってしばしば考える。

この原稿を書いていたとき、米国の国立ディスアビリティセンターの養護学校グローバルインスティチュートのディレクターであるクリスティン・バウエルスキー女史が愛育養護学校に訪ねて来られた。1日子どもたちと親しく交わり、母親の懇談会にも参加して夕方暗くなるまで話して行かれた。2000年11月の大統領選挙でレパブリカンとデモクラートが殆ど同数でフロリダ州の票の手作業数え直しの最中で、これをどう思うかと尋ねられた。私は1952年の大統領選挙のときのアメリカを思い出し、話題はその頃からの米国の教育の変遷に移った。女史は1970年代のコロンビア大学の卒業で、その頃はまだ進歩主義教育の名残があって、教授は実習生の隣に一緒に座って実践について討論した。その後、アメリカの教育は急激に変化して学力中心になり、教師は自由を失い、教授も壇上から学生に講義するだけになったことを残念に思っておられた。私がOMEPで何度か一緒になった、OMEPの大先輩でコロンビア大学のゴルドン・クロプフ教授の名を出すと、その人が隣に座っていた自分の指導教官だと言われ、私どもは共通の知人を発見して、アメリカの進歩主義教育とその後について懐かしく語り合った。この2、3年に、アメリカの教育は再び変化しつつあるという。親が中心になってチャータースクールという多様な学校を作る運動があるという。私は日本語に「保育」という語があることを語り、教育から保育が失われたことが現代の学校のさまざまな問題を生んでいるという私の考えを話した。

あの頃世界を席巻したマッカーシズムは、何年も経たないで凋落した。エドガー・フーバーはFBI長官を長くつとめたが盗聴事件などで世間から批判されて孤独な死を遂げたのを私が知ったのはごく最近のことである。あのときあんなに激しく人々を巻き込んだ人々は歴史の舞台から去ったが、世界には常に新たな問題が起っている。歴史は繰り返すが、しかし、前のいかなる時代とも違う新たな展開をするのが歴史であろう。私ども幼児保育にたずさわる者が、子どもの側に立って日々を過ごすことはいつの時代にも世界平和の土台を作っているのだと思う。

ジギア家にて ― 房江への手紙から

6月13日

……今日、又君の手紙とそれからね小包もらったの。きれいなお扇子とカードありがとう。ものすごく喜ばれるよ。早速、コルレットさんに上げたの。そうしてね、今、引っ越したところ。ジギアさんっていう家。……今度のうちはとても静か。少しさみしい位。……でも、本当に世界中の人、皆、良い人だね。それなのにどうして思想と思想が対立すると、人間関係まで憎み合うようになるのでしょう。破防法のことね、僕も反対だけど、学校当局は一体どう考えているのかしら。……何故人間同志がもっと素直になって、お互いに話し合えないのでしょう。何故良識を以て、お互いに考え合うことが出来ないのでしょう。皆、何かの不安に脅え、何かに駆り立てられて動き回っているんだね。

●主の用

僕たちいつでもそういう時には、神さまの許に帰っていこうね。……「主は啼く小鳥に餌を与え給ふ」。僕たち、一緒になってからも勇敢であろうね。僕たちに課せられた「主の用」が成し終えるまでは僕たちは決して餓死したり、死んだりしないことは、確かだものね。……

6月16日

●倉橋先生に、「アメリカの人々」と題して

……倉橋先生に送る手紙を書き始めたの。始め、「ミネソタ大学附属幼稚園」という題で、

ここの幼稚園とその傾向をまとめてみて、それから、これは手紙じゃなくて、自分の頭の中で、僕の研究方向に対する反省と整理をしてみたいと思っているの。それから手紙の方の続きは「アメリカの悩み」とでも題して、今まで日本人に余り知られていないアメリカの反面を断片的に書きつづってみようと思うの。それから「アメリカの人々」とでも題して、僕をとめてくれて、一緒に寝泊まりをした人たちを中心にして、アメリカを紹介してみたいと思ってるの。夏休みを利用してここまで進むと面白いんだけどな。……

今ね、風通しがいいポーチのゆり椅子に腰かけて、夏の午後を一人静かに味わいながら、大変に根本的な問題を考え始めました。……

6月20日

●気品のある貧乏

……今夜はね、「気品のある貧乏」っていうこと考えてるの。日本人が「卑しい貧乏」になったらおしまい。ぼくたち「気品のある貧乏」でいようね。

6月28日

●アジアの友だち

……今、大統領選挙でがたがたしてるから、戦争にはならないでしょう。大統領が決まるのがこの冬で、たとえアイクが大統領になったとしても本格的政策実施になるのは来年の春過ぎになると思うから。……今ね、夏休み中。毎日曜、ピルグリムファウンデーションでバプテストと長老派が一緒の合同討論会と礼拝があってね、とても面白いんだよ。皆、特別まじめでいい人たち。その中にね、ビルマから来たキンキンという学生がいるんだよ。女子学生。今日はね、僕が食事当番で、このキンキンと一緒だったの。2年前に来たんだって。戦争中、日本軍の攻撃を受けたって。家がラングーンにあってね、お父さんは病死して、お母さんと、兄妹が7人あるんだって。……僕たちね、今、世界に勢力のある国ばかり対象にするのではなくて、むしろ、こういうアジアの人々と親しくすべきでしょう？ね、今度、住所をきいてくるから、そうしたら、なにかお家に送ってあげて、君、お友達になってくれない？……

7月1日

●心理学の再出発

……僕たちに出来ることは何でしょう？　僕はね、やはり、「孤児と寡婦を訪ねる」ということだと思うんだよ。弱き者、社会からすてられた者の友達になっていくこと。……いつも僕たちのまわりの人に何かためになっているようなことを黙って静かにしようよ。それが僕たちに出来ることのすべてじゃない？それでね、僕自身の専門っていうことを考えてみたんだよ。僕がね、アメリカの文献の虫になって、それで血眼になったらおしまい。そうなったら僕の学問の堕落。けれどもね、僕らの学問、心理学は、また、それに役立つように思うんだよ。たとえば、アメリカの立場からだけ考えていたら、日本の立場が全く理解できないでしょう？僕らは他の人の立場を理解しなくちゃね。……そういう目で心理学を見直していったら、とっても役に立つし、面白いでしょう。……僕、そこからもう一度心理学を再出発させてみよう。それでね、いつもただしい道を、おおらかな道を、而も平和への狭い道を進むのには、やっぱりしょっ中聖書読んでお祈りして、神さまに教えてもらいながら進まなくちゃね。そうでないと、いつの間にか脱線してこちこちになってしまうものね。人間てしょうがないね。こういう人間の姿っていうようなものも、それ自体、心理学の対象になりうるでしょう?だから、朝起きて、ゆっくり聖書読んでお祈りしてから出かけて、夜も寝る前にゆっくり聖書読んで、考えて、お祈りする習慣つけようかしら。それで始めて、一日中良いことのために働けるんじゃないかしら?

7月2日

●スタンレー・ホールのこと

……今夜は、スタンレー・ホールの自伝を読み始めたんだよ。面白くて大変なの。……1844年にマサチューセッツに生まれて1924年に死んだから、殆ど心理学の始めから、今の児童心理学が栄えるのをみて死んだ人。その自伝が1923年に出ているの。その序文に、児童心理学があまりに分化して、その本来の姿を失ったって嘆いているんだよ。それが、今から30年前の話。その後、又どれだけこの分野が分化したことでしょう。それでね、今、僕はスタンレー・ホールがどうして児童心理学に興味を持ち、どうやってこれを発展させたかということにものすごい興味を持っているの。1868年、24歳の時にドイツに留学して、1871年、27歳の時に帰ってくるんだよ。その時はもっぱら哲学をやってくるの。それで、職がなくて、1年半、ユダヤ人の金持ちの子どもの家庭教師をするの。1年半もだよ。それから小さな大学で歴史を教えて、その間にヴントの仕事に興味を持つの。その間に、後に夫人になる人と知り合うんだよ。そして、再度、ドイツに行って、今度は心理学、哲学、生理学をやるの。その間に、アメリカから夫人になる人がやってきて結婚するの。それが1875年か1876年だから、スタンレー・ホールの29歳か30歳の時。それで、1879年か1880年に帰るんだけど、職のあてがなくて、哲学と心理学を勉強する限り、生活を立てることが出来ないって随分いらいらするの。それで、教育に心理学を応用したらと考えつくんだよ。それから、この間に、ドイツのことをアメリカに書き送って、それが1881年に『ドイツの文化』として出版になってるんだよ。スタンレー・ホールは後に、このドイツ留学がなかったら、自分は全く違った人間になっていたろうって、その影響をいくつか挙げているけど、とても面白い観察だよ。それで、アメリカに帰って、アパートの一室に住んで、そこで、2人の子どもが生まれるの。1881年にやっとジョンズ・ホプキンズ大学の教育学と心理学の講師になるんだよ。37歳の時。……

●ドイツの現状

僕、ドイツの現状を考えてるんだよ。東西に別れて、両方が違う国、而も二つの世界の勢力下に置かれて、再軍備されて。これがヴントを生み、ヘルムホルツを生み、フェヒナーを生み、ウエルナーを生み、フレーベルを生み、そして又世界の偉大な人々、ゲーテ、シラー、カント、フィヒテ、ベートーヴェンを生んだ国の、20世紀後半の現状。そして、こういう人たちが死んでから、まだやっと50年から100年しかならないんだよ。ゲーテが死んだのが確か1850年頃でしょう？フレーベルが死んだのが1856～7年頃でしょう？ヴントが死んだのが1924年頃、まだ30年前。この偉大な国は一体どうなるんでしょう。ドイツを分割したのはフランクリン・ルーズベルトの責任だよ。……全く、西暦2000年には、アメリカなんていう国はあとかたもなくなっているかもしれないね。でも、良き意志と、偉大な魂だけは、いつの世までも絶えることなく、亡びることなく、残ると言うことを信じられるね……

■ 7月5日

……じゃ勉強にとりかかるね。あさって試験だから。……

もう、ジギア氏のところに来て1か月になって、ミネアポリスに来てから、7か月丁度になって、もうすぐ尾道を出てから8か月でしょう

■ 7月8日

●日本を観るアメリカの眼

……8月に学校の庭の芝生刈りでもやれば、1時間1ドルになるの。30~40時間、即ち、2週間労働すれば十分だから大したことないの。ワシントン旅行はやめてね。そうすれば、たっぷりと来年の6月までやれるの。……それからね、僕、この頃つくづくと身にしみて感じていることがあるの。それはね、やはり、人種の相違ということ。日本語を話す人間っていうのは、世界20億の中、たった8000万人だけなんだよ。それでね、ここの人はみんな親切だけど、日本の土地と文化と人間に対する理解なんて全くないし、しようともしないでしょう?それで、日本の学問的業績なんて考えようともしない。現代文化、学問は白人種のものだという感じがはびこっているの。……心理学の分野、僕らの児童の分野の中でみると、まるで学者は、アメリカと欧州の学問を紹介していれば、それで学者先生になってしまうんだよ。確かにね、その紹介するところは見劣りしないかもしれないね。そこから出発するのは悪くはないでしょう。だけど、それから先何をするかってことが問題なんだし、それから生み出されるものが、どれだけ、日本人自身の為になっているかということが問題なんでしょう?アメリカの先端問題を追ったって何の役に立つと思う?アメリカの先端問題は、アメリカの必要性と、議論から生ま

れてきた問題。こう考えるとね、僕は又、僕の悪い癖が出て、いてもたってもいられなくなっちゃうの。何故、僕らの先輩が、こういうことに早く目を付けて、それを強調してくれなかったかと思って、うらめしくさえ思うの。こないだから送ってもらっている児童心理をみると、殆どが論説で、そうして、アメリカの文献の上に立つものばかり。……だから日本の学者が、みんな今みたいに、アメリカ文献学者、ドイツ文献学者、みたいになってしまったら、おしまい。それで、日本語の文献を探そうとしたら、僕らの分野には何もありゃしないんだもの。でも、こういうことがはっきり分かっただけでも僕の収穫かもしれないね。

●人間のための学問

今度、日本に帰ったら、一体、僕たちの社会で必要な問題は何だろうということを、身を以て考えて、その解決に励もうよ。一緒にね。……2人で一緒になって「人間」の味方になって働こうね。学問のためでもないし、真理のためですらない、人間のためにね。ちょっと逆説のようだけど、それが、これからの世界、これからの日本にとって、一番大切なことじゃないかしら？そして、それが真理じゃないかしら。

7月8日

今週の金曜、トンプソン夫人のところに引っ越すから。そうして、トンプソン夫人に宣言するの。そうして、3月に終わって帰るね。……今日はね、夜寝る前に、内村先生の独語集を読んでいたの。……内村先生の一語一語は、アメリカにある日本人の悩み、日本人クリスチャンの悩み、そして、誰でものクリスチャンが1度アメリカに来たら感ずるであろう、その悩みからほとばしり出ているの。

7月10日

●アメリカの政治

……3月に帰るからね。今日はね、ウエイドさんに宣言したの。……一昨日の晩の共和党大会でフーバーの演説を読んで、ものすごいショックを受けてね、この2日間、講義も上の空で、昨夜は眠れないくらいの、何ていうか知らないけど、憤りと欺瞞を感じて、悩まされたの。それだから昨夜の手紙へんてこだったろ?でもね、よく考えたら、僕が今如何にもがいてもどうにもならないんだね。それでね、詩篇をパラパラめくって読んだら、到るところに「私の祈りを聞いて下さい。私はあなたを呼び求めます」っていうようなことから始まって、金持ちの不義、為政者の罪悪、そうして、みなし子とやもめを顧みない人々を責めていることばで満ちているの。……今ね、ものすごい雷雨、稲妻をテラスで見物しながら書いてるの。雷ようんと鳴れ鳴れ、稲妻よ、この世の百万長者と政治家と軍人の罪悪を焼き尽くせ、豪雨よ、すべての人の世の罪を流し去れ、って心の中で叫んでるの。

今ね、君に手紙書き終わって、お風呂に入って、詩篇とルカ伝10章を読んだの。そうしてお祈りしたの。そうして、分かったこと。神さまが今ここに僕の所にいらして下さってるってことが。そうして、同時に、今、神さまが君の所にいらして下さっているっていうことが。そうしてね、自然に微笑んじゃったの。ああ、僕、何か月ぶりで、心の底から笑いを浮かべたでしょう。おそらく、8か月前に尾道を発って以来、始めて、心の底から笑ったんじゃないかしら。……

7月11日

……今ね、トンプソンさんの所に移ったばかり。それでね、早速3月に帰ることを話したの。そうしたらね、トンプソンさんはほっとしたような顔をしたよ。9月で僕の行く新しいうちがないの。それでね、トンプソンさん少し困っていたんだよ。そういうわけだから、やっぱり僕、3月に帰るようになっているんだね。……今日、倉橋先生から手紙もらったの。それにね「ホームシックなんていくじないよ。フットバシテ仕舞え、僕なんか3年余り、一度もそんなシックにかからなかったよ。不人情というなかれ。えらいんだよ」だって。

トンプソンさん

●アルバータ・トンプソン夫人と北川大輔先生

1952年7月12日に私はトンプソン家に引っ越した。
最初に述べたように、アルバータ・トンプソン夫人と北川大輔先生は、私の米国留学の契機となった方である。北川先生は戦争中日系人強制収容所の牧師をしておられたが、私の留学当時はミネアポリス市のヒューマンリレーション委員会のチェアマンをつとめておられた。トンプソン夫人も同じ委員会の委員だった。

ここで北川先生について、一言述べておきたい。北川先生は1941年の日米開戦まではシアトルの近くの平和な村の教会で牧師をしておられた。真珠湾攻撃の翌朝、シアトルに住む日本人会の主だった人達が連邦警察により検挙された。それは日本とアメリカが戦争状態に入ったという以外に何の根拠もないことだった。日系人をそのままの場所に住まわせておくことは国家の安全を脅かすことになるという無責任な噂話や宣伝が世論となって、1942年5月に、強制立ち退き令により、日系人達は行く先も分からずに汽車で収容所に送られた。ナチのホロコーストとは事情が違うけれども、何十年も住んでいた家屋も家財道具も没収されて、どこに行くのかも分からずに汽車に乗せられて金網の中の強制収容所に送られた人々の集団心理には共通のものがあっただろう。その瞬間から「私（北川大輔）の人生は私自身のものであることを停止してしまった」と後に先生は書いておられる（注　北川

トンプソン夫妻

大輔著『一世と二世 ― 強制収容所の日々』伊達安子訳、聖公会出版、1986)。先生と親しくおつきあいした私は、日頃のことからそれが良く分かった。本来学者肌の人が、日系人がアメリカの社会に受け入れられるための実務に専念する人となった。当時のアメリカでは、日本人は真珠湾攻撃のやり方が示すように卑劣で危険な存在であるという考え方が次々にエスカレートして、日本人と親しくしていた白人も当局から疑われるほどになり、日本人は物心とも戦時アメリカの社会で苦境にあった。こういうアメリカ人の病的興奮状態のなかにあっても、「日本人との長い間の個人的交流があった人達は、日本人のため喜んで証人となり、労力を惜しまなかった。そのような友人達の心強い言葉や行為は、日増しに悪化して行く世論の一般状況に打ちひしがれそうになる日本人を守ってくれた。」「強制収容所の鉄条網に囲まれた長期にわたる生活の最中 ―― バスの中で読み始めたポール・ティリッヒの論文『嵐の時代』に私(北川大輔)は深い感動をおぼえた。それを読むことが神意のように思われ、文字通り行から行へと私は貪り読んだ。 ―― ティリッヒの論文は、戦時中のアメリカ人のヒステリー状態によって、またそれに対処するアメリカ政府の集団馬鹿騒ぎによって、また高度に組織化された利益集団の故意の策謀によって引きおこされた災害の犠牲者の一人である私(北川)を、一つの世界大社会に向かって前進する現代史を担う一員に変えてしまった。」アメリカ社会には、ヒューマニズムに真っすぐに向き合って前進する善の面と、偏見にヒステリックに反応する悪の面と両方があることは、現代も昔も変わらない。私が知り合った頃の先生はいつも日系人たちの果てしない書類を書きながら、訥々とだいじなことを話された。

1950年のアメリカは現代とは違い、黒人や少数人種に対する差別が行われていた。ミネソタ州は歴史的に進歩的ヒューマニズムの伝統があり、南北戦争の時には南部から逃げてきた黒人をいち早く受け入れ、以来、多くの黒人がここに定住した。ヒューマンリレーション委員会は、第二次世界大戦直後、人種的偏見のために住宅や職業を得るのに困難していたマイノリティの人達の世話をするのを主目的とした市長の諮問委員会だった。北川先生はトンプソン夫人と労を共にし、互いに信頼し合っていることは、トンプソン家でコーヒーを飲みながら話す先生を見れば、すぐに分かった。黒人を「白人の重荷」と見ている白人は、まさにその事実によって、白人自身が「黒人の重荷」になっていることを二人とも知っていた。だれでも、直接に会い、話を聞き交わる機会をもつならば、偏見から解放され、互いに人間として理解し合えるようになるというのが2人の共通の信条だった。北川先生は、私が初めて汽車でミネアポリスの駅に着いたときから、私を米国の人々の間を連れ回って紹介してくださった。「アメリカ人は、人と人との信頼を大事にする。一度信頼を得れば生涯つづく。食事の時間に遅れるときにはかならず電話をするように」と最初に言われたことはいつも私の心に留まっていた。北川大輔はアメリカの友人の間ではファーザー・ダイと呼んで親しまれていた。ファーザー・ダイの紹介ということで、私はどんなに得をしたか分からない。

●トンプソン家

こういう進歩的な運動をしているからと言って、トンプソン夫人は特別な女史ではなく、ごく普通の家庭人であった。ご主人のケンネスは鉄道会社に勤める会社員で、モンタナ、ダコタなどミッドウエストで働いてこられた。話し好きで、台所にはいつも薄いコーヒーが沸かしてあって、朝はおしゃべりから始まった。毎週月曜日は洗濯日で、私も下着を籠に入れておくと夕方には乾いていた。日本にはまだ洗濯機も電気冷蔵庫もなかった時代であった。ご主人のケンネスは、この美人で活動的な奥さんを尊敬しきっていた。外国人留学生達が来たときなど、夫人が座談の中心で、ご主人は相槌をうっていつも夫人の傍らに付き添っていた。

トンプソン家は、ミシシッピー川のほとりにあった。美しいミシシッピーの流れは、冬になると表面はすっかり雪に蔽われ、春になって氷が溶けると若葉が萌え、たちまち濃い緑の夏になる。秋には一斉に木々が紅葉して2週間ほどの間に冬が訪れて、一面に灰色の樹木になってしまう。私がトンプソン家に泊まっていたのは、7月から8月で、毎日夕食が終わると、私はミシシッピーのほとりに出て、美しい空と水を眺めた。夏の水辺は蚊が多い。おびただしく群がる蚊を追い払いながら歩くと私は日本の夏を思い出した。

●ミセス・ロング

ミセス・ロングは、トンプソン夫人の母親で、80歳を超えていた。30年前にご主人を亡くし、長年モンタナに住んだ。ときどきミネアポリスに出て来て息子娘達の家に泊まった。歩くのが大儀だったが、まだまだ元気で、私がトンプソン家に滞在していたときにはここに一緒に住んでいた。モンタナ・ダコタというと、東部のアメリカ人にとっては遥か西部で、開拓移民が幌馬車に乗って行った大草原の真ん中である。ミセス・ロングは典型的なパイオニア気質の老婦人で、敬虔な宗教的感覚の持ち主だった。反面ユーモアに富み、私は大学から帰るといつも揺り椅子に腰掛けていたミセス・ロングと世間話をするのが楽しみだった。

トンプソン家に行って間もないころ、私は私の父の家がアメリカ軍に接収されていることを話したことがあった。そのときのミセス・ロングのきつい口調を忘れることはできない。「それはあなたのお父さんが建てた自分の家だろう。他人の家を取る権利が一体どこの国の誰にあるのだ。もしもそういうことが行われるならば、それは正義に反する。何人であろうと、個人の財産に手を触れる権利はない。」自分たちの手で原野を切り開いて家を建て家庭と生活を作る。そうして自分たちの勤労と努力で築いたものは自分たちのものであることを確固たる調子で断言する自信と信念とをこの80歳の老夫人はもっている。戦争に敗れた私共にとっては、占領軍が家を占領するのは当たり前のように思っていたが、こういう人達に支えられたアメリカの軍隊だから私の家が接収されても個人的には人間的なつきあいができたのだと思う。

ある日、こんなことがあった。トンプソン夫妻とミセス・ロングは知人を訪ねて外出し、私は試験の前日で一人家にいた。本を読んでいたら突然どこかでがさごそ音がした。アメリカの家には、当時の日本の家のようにネズミはいないし、リスが戸口でいたずらしているのかと思っていた。トンプソン夫人は毎朝台所のドアをあけてリスに餌をやっていた。はじめは気にしなかったが、留守中に泥棒が入ったかと心配になり、家中の電灯をつけて調べたがその気配はない。気のせいかと居間の椅子に戻って本を読み始めたらとたんに私の目の上を鳥のようなものが羽音をたてて飛んだのである。見ると黒いものがすーと部屋の中を飛んだ。戸を開けて街灯をつけて20分くらい見ていたが、何も外に出て来なかった。皆が帰って来てその話をしたが、私がホームシックで夢でも見ていたのだろうということになって、皆で大笑いして、それぞれ自分の寝室に戻った。それからしばらくして、ミセス・ロングがガウンのまま部屋から出て来て、自分のベッドルームに誘い、にやにやして良いものをみせてあげようと言って、壁の隅を指さした。何とそれは「こうもり」だった。それから大騒ぎしてケンネスと私とで箒でこうもりをドアの外に追い出した。以来、ミセス・ロングは、人を見る度に、この家では寝る前に壁をひとわたり見回してから寝ないと、こうもりに顔をなめられるぞと言ってからかった。このこうもりはどうも煙突から暖炉に降りて来て家に入り込んだらしい。

●トンプソン夫人のおしゃべり

トンプソン夫人はよくしゃべる。

昨日は教会の帰りに、夫人の友達のラシーヌさんの家に寄った。ケンネスと私も車からおりることになった。1、2分で帰ると言っていたのに、その1、2分の長いこと。ケンネスが時計を見て、もう4時だ、4時半だというのに知らん顔で話が続く、結局そこの家を出たのが6時半だった。よく飛び入りの客があるが、1、2分と言いながら2、3時間もいることが珍しくない。トンプソン家に泊まっているとそういうおしゃべりにもつきあわなくてはならなくて、私は閉口したが、その中にも大事な話があった。一昨日は、ラバンコラジというユーゴスラヴィアの人が来ていて、1940年にヨーロッパでローマカトリックとギリシヤカトリックとが互いに虐殺しあった話を聞いた。どちらもキリスト教徒である。こういう話を聞くと日本人が異教徒であることを有り難く思った。異教徒でありつづけながら聖書を読むことの重要さを説いた内村鑑三は日本の風土の生んだ基督教徒であることを思った。

●ダンの入営

トンプソン家の一人息子ダンのところに8月5日に徴兵令状が来た。8月18日の入隊だった。ダンはミネソタ大学2年生に在学中で音楽を専攻し、ダンの部屋からはパーカッションとシンバルの音がいつも響いていた。軍楽隊に入りたくて海軍を志願したのだが、入隊直前のダンはいらいらしていた。8月10日はダンの誕生日で、今度徴兵される友達が2人と親戚が夕食に来た。これから4年間軍隊で過ごさねばならないことを考えて、だれもが沈んでいた。私は自分が軍隊に入隊したときの体験を話し、皆が特別に熱心に耳を傾けた。

ダンの入隊の当日、トンプソン夫妻と私はミネアポリスの汽車の駅まで送って行った。匆論、出征兵士を送る駅頭風景などない。皆勝手にシカゴまで行く。他にはだれもそれらしい姿は見えなかった。トンプソン夫妻は普通の旅行者がするように、ダンと抱き合って涙を流した。ダンが入隊してしばらく、ミセス・ロングは、毎日「可哀想なダン、あんなに軍隊を嫌がっていたのに」と言っていた。

私の父は、ダンの入隊を聞いて、息子を軍隊に送る親の気持ちを伝えて、トンプソン夫人に長い手紙を書いた。そのことは久しい間、皆の話題になっていた。

トンプソン家にて ― 房江への手紙から

7月15日

ダンが軍隊に入って、日本に来るかも知れないね。僕つくづく、日本に来た兵隊さんに親切しようと思った。それで考えたの。昭和20年の今頃は、僕も兵隊さんで房総半島南端の千倉にいた。あの頃は辛かった。僕、もう二度と東京が見られるなんていうことも信じないくらいだった。毎日、戦車の下に爆弾を持って入る訓練ばかりしてた。それでね、第一線出動命令が出て配置を終わった時には、もう一度生きて帰れたら、死んだ気になって、平和のために働こうって決心したんだよ。それだから、いつも決心を迫られる瀬戸際になると、あの時のことを思い出して強くなるの。……8月に修士論文にとりかかって、文献調査をしながら、題目を見当つけて、それからイリノイとワシントンに行って、9月半ばか末に帰ってくる頃までに案を練って、10、11、12月と単位を取りながら文献調査を完成して、1、2、3月に卒業できれば。こう、とんとんと上手くいけばいいね。そうして3月31日で卒業したら、船を待って帰れる。……

7月24日

……8月一杯、パートタイムで何か働こうと思っていたんだけど、1つ仕事が見つかったの。大学のキャフェテリアでコーヒーの番をするの。1時間95セントで、朝8時半から11時。週5日間。ね、いい仕事だろ?これで、ゆっくりと8月一杯勉強して、旅行もゆったりと出来るよ。50ドルくらいたまるだろ?明日、試験だから今日はこれでおしまいね。……

7月26日

●新たに生まれなければ……

……昨日で試験が終わって、今日は朝寝をして、又ミシシッピーのほとりに来て、いろんなこと考えながら、草の上に座っているんだよ。それでね、今考えていたの。「人、新たに生まれずば、いかにして神の国に入るを得んや」っていうこと。全ての利己主義なことをすてて、神さまをいつも心の中に住まわせて生きなくちゃね。そういう時、いつもパウロが悩んだように「ああ、我悩めるかな。我が内に二つの我住む。我が欲せざる所、いつも我行い、罪と神とに我悩む」っていうこと。でもね、罪はイエス様が負うて、帳消しにして下さったんだろ？だからね、ぼくらは、いつも、イエス様に従って、イエス様に仕えて、世界中で一番小さな一人となって生きればいいの。そうしてね、世界は、悪と不合理に満ちていても、神さまは本当の愛と平和の絶えぬ国を約束していて下さるの。僕らはそれを信じて、愛と平和と正義の国を望みつつ、生きようね。

7月28日

●食堂で働く

今日からね、働き始めたんだよ。ユニオンのキャフェテリアでね。コーヒーを作るんだよ。いつもコーヒーを作っておいて、皆がつげるようにしておくんだよ。とてもむずかしいの。圧力計や何やら見ながら、いつも気を付けていなくちゃならないの。その代わり、コーヒーはいつでも、いくらでも飲めるけど。午後から、1階のキャフェテリアで1人、人が足りないから、働いてくれって云われて、11時にコーヒー番を終わってから、急いで君の手紙を取ってきて、それから休む暇なく、11時半から1時半までまた働いたの。食堂でね、お皿の整理をしながら、腕に布をぶら下げて、テーブルの散らかったのをふいたりなんかするの。純白の上衣を着て、ヘリにガーネット色の縁が止めてあるんだよ。くるくる働いちゃった。面白いね。食堂で働くのって。いろんな人が出たり入ったりするだろ?ちっともあきないよ。映画を観ているみたい。それにね、自分がいなかったら困るっていう類の仕事ってやり甲斐があると思わない?……22日の火曜の晩ね、バプテストBaptistと長老派Presbyteriansと合同で、遊覧船に乗ってミシシッピー下りをしたんだよ。とってもきれいな景色。真っ暗になってからは、皆でダンスをしたり、歌を歌ったりして、とても良かったよ。帰ってきたらもう1時頃だった。……

7月29日

●根本的心理学の問題

……今朝も8時半から11時まで、2時間半、目の回るようにくるくる働いて、今休んだところ。昨日は、あれから図書館に行って、この夏休みに読む本を、図書館の倉庫の中に入って、探したんだよ。……日本に帰ったら、余り、洋書ばかり読んでいられないから、今の内に読んで、日本に帰ったら思い切り日本の社会と日本人の生活の中に入って仕事をしよう。実際の仕事をやるために本も読み、研究もする。順逆転倒しないようにしなければ。……この頃はもう政治や国際関係で生活が脅かされることもなくなったし、とても平和な心なんだよ。僕たち、もう弾丸のふる中でも平安でいられると思わない?……僕、今度帰ったら、きっと随分根本的な心理学の問題に取りかかるような気がするの。日本の社会と人間とを結びつけ、それと同時に童話的な心の潤いがするの。2人で補い合って。……

7月31日

●神はことごとく涙を拭い給わん

……アメリカっていう国は、みんなが大きな顔をしていられる国だけど、情緒的なところがなくてつまらない。はやく帰りたいな。……そうしたらまた、シリ・フランクに会ったよ。彼はとっても良い人。彼と話するといつもアメリカの悪口。でも、僕は、もうそんなに酷い悪口は言わないよ。……早くほんとの日本人の生活がしたいな。……じゃまた。……たとえこの世でどんなことがあっても、神さまは、天国を備えていて下さるっていうこと。「神はことごとくその涙を拭い給わん。」悲しみも嘆きもなく、愛の光に満ちて、愛するもの同志が神さまの下で、正しい生活の送れるよう、天国を備えていて下さるっていうこと。それがどんな時にも、どんな所でも、僕たちの希望じゃない？……この20世紀の技術社会は滅び去ることがあっても、人間のやわらかい心、イエス様の愛、神さまの真理は決して滅び去ることがないでしょう？……僕たちの周りでも、内村先生も、僕のおじいさんも、それから全ての人たちが、天国で証明していることでしょう？ね、僕たち信じていこうね。……悲しくなったり、迷ったり、悩んだりした時には、人間の赤裸々な姿にかえって、聖書に立ち返って、お祈りしていくのね。そうして、僕たちの時が来るまで、あせらずに、静かに、やわらかい心をもって、為すべき事を為しつつ、生きてゆこう。

8月2日

……今、1時半なんだけど、今夜は今までトンプソン夫人としゃべっていたんだよ。……僕ね、トンプソン夫人て、かなり尊敬するよ。今夜はね、カトリックのことと、混血児のこと。現実の社会は全く恐ろしい社会だってことをつくづく感じてるの。トンプソン夫人と僕とは根本的には一致するし、いろんなことで意見が一致するんだよ。

8月6日

今日も5時間半、働いたんだよ。今日はね、うちから「中央公論」と「児童心理」と「精神衛生」をもらったの。「中央公論」はもうむさぼりよんじゃった。……

8月7日

……今日は6時間半、働いたの。朝8時半から11時までコーヒー作り、1時間休んで、12時から2時は食べものとお皿の整理。2時から4時は皿洗い。皿洗いっていっても手でじゃぶじゃぶやるんじゃないんだよ。……機械から機械への中間役をするの。でも、すごいだろ?1日で6ドル儲けたってわけ。でも、働いていると気が紛れていいね。……

8月14日

●トンプソン夫人

……僕ね、トンプソン夫人と話していると、トンプソン夫人て何だかあんまり独善性が強いんで、いやになることがしばしばあるんだよ。だけど僕は謙虚に。……これから急いでうちに帰って、引っ越ししなくちゃならないんだよ。

■ 8月15日

……それからね、昨夜、トンプソン夫人とものすごくいっぱい、いろんな話してお互いに理解し合ったの。トンプソン夫人の悪口を随分書いたけど、要するに典型的アメリカ人なんだよ。

……

夕方、今ね、リチャード・バチェルダ氏の所に引っ越してきたんだよ。何だかね、素晴らしいうちなんだよ。そんなに大きくないけれど、端然としたっていう感じなの。そうしてね、僕の部屋はこれは又素晴らしいんだよ。僕、ここにいたら少しジェントルマンになるかもしれないね。ベッドがね、ダブルベッドなの。

バチェルダさん

●バチェルダ家

リチャード・バチェルダ氏は弁護士だった。弁護士にありがちな鋭いところがなく、静かな人で、ミネソタ大学で非常勤講師をしていた。私がアメリカに来るための書類はバチェルダ氏が作成されたことをここに来てはじめて知った。ヴェスタ夫人は穏やかな美人である。家はそんなに大きくないが、端然としたきれいな家だった。娘のアンは16歳で、背が高くて、身なりを構わず、大声で賑やかに話す普通の女の子だった。息子は12歳で、私が行くのを待ちかねていて、アンティーク自動車の行列を見に行こうと一緒に自転車に乗って見に行った。行列は予定より1時間も遅れて2、3分で通りすぎてしまった。

バチェルダ夫人は料理が好きで、毎晩自分で食卓の飾り付けをして、私は夕食が楽しみだった。日曜日の朝は、特別にマッフィンを焼いた。1950年代初めのアメリカの家庭は、主婦が家庭料理を作るのが普通だった。バチェルダ家ではよくアップルパイを焼いて、夜になってから皆で居間でしゃべりながら作りたての熱いパイを食べた。私が行って一週間ほどたったとき、興味があったら古い家族写真を見ないかとバチェルダ氏夫妻が私の部屋まで呼びに来た。結婚式の写真はハリウッドのスターのようだったし、子どもたちが小さいときの写真は自然に人柄と愛情がにじみ出ていて感じがよかった。どこの国でも家族は皆同じだとあらためて思った。それを見ながら私は愛育研究所の先輩の児童心理学者の竹田俊雄先生のこと

バチェルダさん一家

を思った。先生には多勢の子どもさんがおられたが戦災で家を焼かれて、その当時、3階の研究室の隅をカーテンで仕切ってひとりで生活しておられた。先生は1着のモーニング（礼服）を昼も夜も着ておられた。あるとき私が見せていただいた写真は、和服姿のご夫妻と子どもさん方が床の間の前で火鉢を囲んでおられる家族写真だった。戦前の東京ではごく普通の風景だった。私は敗戦直後の日本の家庭と社会の現実とをつい対比して考えた。バチェルダ氏夫妻が結婚したのは19年前とのことで竹田俊雄先生も同年配である。

バチェルダ氏夫妻とはときどき夜遅くまでしゃべった。私は自分の意見を率直に語り、自分が話すことが知的に受け入れられるのを感じた。話しているうちに分かったのだが、バチェルダ氏は共同募金協会の専門の弁護士で、離婚、家族問題、児童保護の相談が専門だった。こういう人が弁護士をしていればその市は良くなるに違いないと思った。バチェルダ氏から子どもと家族に関する法律の本を2冊サインいりで頂いた。バチェルダ夫人は清潔好きで、整頓された居間にはいつも厚いカーテンがかけられて薄暗かった。自分は光が眩しくて苦手なのだと言っておられた。（バチェルダ夫人は1970年頃に失明されてケアつき病院に入られ、間もなくご主人のバチェルダ氏は亡くなられた。夫人は目は見えないがいまも健在である。私が1996年にそのホームを訪ねたときには、ミネソタ大学の訪問教授システムを活用し、毎週、文学や社会学の講義を受け、大学の単位をいくつも意欲的に取っておられた。）

日本から私に届く友人や先輩からの手紙には、ミネソタのような田舎ばかりにいないで、大都市にも行きなさいと書いてあったが、私はこの美しい町に留まって家族ぐるみでここの人々と付き合う生活が好ましかった。バチェルダ氏はニューヨークに行ったことがないし、トンプソン夫人もワシントンに行ったことがなかった。まして敗戦国の一留学生が東部にまで旅行するなど想像もできなかった。しかし東部に旅行する機会は思いがけず早くに来た。バチェルダ家に滞在していたとき、私はイリノイ州ジャクソンヴィルで開催された世界キリスト教学生青年会議に出席することになった。私はそのついでに、かねてから興味があった進歩主義教育の歴史を国会図書館で調べるために、米国の首都ワシントンD.C.にまで足をのばすことにした。

●米国の進歩主義教育の歴史

前に記したように、私は岡部弥太郎先生からフレーベルを学び、フレーベルの幼稚園が米国で批判を受けたのは知っていたが、フレーベルの何が批判され、何が進歩主義教育に継承されたのか、疑問のままだった。その後、私は愛育研究所で、山下俊郎先生から、ヴァンデウォーカー・N・C著『アメリカの教育における幼稚園』を見せられた。1908年に出版されたその小さな書物には、19世紀半ばのピーボディの幼稚園創始から進歩主義教育に至る米国の幼稚園の歴史が記されていたが、それを担っていた人たちがどのような人だったのか、それがどのようにして現代の幼稚園につながるのかは分からなかった。

ミネソタ大学児童研究所は、進歩主義教育の最盛期である1925年の創立で、付属のナースリースクールは遊びを主としていた。ミネソタ大学で幼児教育を担当していたDr.エリザベス・メチャム・フラーの講義では、私は数少ない学生の一人だった。児童研究所の隣の建物がナースリースクールだったので、私はしばしば幼児と遊びに出かけたし、お茶の水女子大学附属幼稚園と共通点があったので、主任のミス・ヘッドリとはよくおしゃべりをした。彼女はACEI（万国幼児教育協会）のリーダーで、幼稚園の実際の著書があった。私の指導教官であるハリス先生からは児童研究所のテーマのひとつであるグッドイナフの描画テストの実験的研究のテーマを与えられていたが、思いきってこのことを話した。せっかく米国まで来たのだから、自分だったらあなたが言うように自分の関心を追求するだろうと言われた。夏になる前から、私はミネソタ大学図書館の中にキャレル（大学院専用の個人机）をもらっており、必要な文献の見当をつけていた。私が目を通したいと思っていた雑誌に欠本があり、ワシントンの国会図書館まで行けば見つかるだろうと期待していた。

●人種国籍を越えて ― 世界キリスト教学生青年会議

1952年8月27日に、私は世界キリスト教学生青年会議に出席するために、ピルグリムファウンデーションの学生4人と一緒の自動車で朝4時半に出発した。ミネソタからは私の親しい学生が更に数人加わって心強くなった。世界会議といっても米国人の学生が大部分で、それに米国に留学していた外国人学生が加わった。自然に恵まれた美しいキャンパスで、朝は緑の木陰でのめいめいの聖書研究から始まり、基調講義、討論と四日間つづいた。私はいつも日本の国を対比して考えていた。当時の日本の社会には貧民窟が満ちており、年に

100万の人口増加率で、そのなかで人間が育ち、その人間のために何ら準備もない。その日本と比べると豊富な経済力と広大な土地と白人種とが結び付いてでき上った大国アメリカとの対比は大きかった。集まった人たちは皆良い人たちなのだがそういう中にいると孤独を感じさせられた。神学者ビル・イーストンの基調講義は、人間は究極において孤独(aloneness)であるということから始まった。人間は自分を十分に理解してくれる人を見つけて結婚して家族をつくる。けれども自分の存在意識は自分だけしかもっていないもので、その意味で、人間は孤独であり、ただひとりである。その孤独が友情の土台でもある。しかしながら、人種、国籍を異にする人々の間に本当の理解があり得るのだろうか。人種国籍を越えて友情はありうるのかとビル・イーストンは問いかけた。

当時の米国では、州によっては黒人はバスの座席も異なり、白人のレストランに行くと断わられた。私のいたミネソタではそういうことはなかったが、それを体験した外国人学生たちは、民主主義の国アメリカでこんな差別が行われていることに憤慨した。米国人の学生たちはそれに良心的に応答し、討論は夜まで続いた。黒人差別の行われていた南部出身の学生たちも、率直に自分たちの非を認め、どうすればよいかを本気に考えた。

ビル・イーストンはロマ書11章12章を引用して神学者の立場で明快にそれを語った。人種国籍を越えた愛を、身をもって示したのがイエスである。そのイエスによってユダヤ教は一民族の内部のものではなく、民族を越えたキリスト教になった。イエスに結ばれて人種の差別は消滅する。それを生活の中で実践することがいま求められていることであり、それがなければいつまでも世界平和は来ないだろう。イエスはいまもなお、我らの間に来たり、汝ら互いに愛すべしと語りかけている。人は常に心を新たにして自分が変えられねばならない。ひとつ仮定を立てて見よう。神の前には国籍もなく、人種もなく、職業の貴賤もなく、地位の上下もなく、皮膚の色もない。もしそうならば、人は互いに互いを裁きあったり、排斥したりできないだろう。それなのになぜ人は互いに差別しあうのだろう。自分というものがこびりついているからである。自分はこういう地位をもっている。自分はこういう能力をもっているというような。いったいどこまで自分がつきまとい、自己を誇る気持ちがついてまわるのか。神の前に平等になって等しく結ばれた人たちが経験を分かち合い、物質を分かち合い、魂を分かち合って、新しい社会をつくること、それが平和への道ではないか。

この時から30年後に米国で黒人の差別撤廃が実現した。もちろんこれは多くの人々の努力の結果であるが、当時の米国の青年たちの力もそれに加わっていたであろう。

4日後、最後の聖餐式を終えて、再び友人の車に同乗し、夜通し東へ東へと走り続け翌日の夕方、ワシントンD.C. 行きのバスに乗った。

●ワシントン

ワシントンでは北川先生やトンプソン夫人から紹介された家庭に泊めていただくことになっていた。最初の3日間泊まった日系アメリカ人2世の竹下さんは、国会図書館で医学雑誌の日本語翻訳係りをしておられたのは幸いだった。早速私はワシントンに来た目的を話し、翌日は竹下さんに案内されて国会図書館に行った。日本語の蔵書の量に圧倒された。三木安正編の『精神薄弱児の教育』の中に私の書いたものまであった。竹下さんは、日本の古典に親しむことは日本人以上で、真摯なクリスチャンで、アメリカの政策の批判家でもあった。こういう日系人がここで重要な地位を占めていることを私は誇らしく思った。1世の竹下さんは40年前に米国に来て孫が4人いた。刺身とお茶漬けをご馳走になり、久しぶりに日本の味にふれた。進歩主義教育に関する文献については私が期待していたほどものはなく、丸1日を割くだけで済んだ。途中、偶然に米国公文書館で日本の降伏文書のオリジナルを見た。裕仁と署名してあった。ならんで梅津大将、島田大将の署名があった。梅津大将の字は立派だった。

●コロネル・ド・ギャンの家で

ワシントン滞在の最後の日、この本に記したが、戦後占領軍に接収されていた私の家に泊まっていたコロネル・ド・ギャンの家を訪ねた。ワシントンの郊外にある今の家は、典型的なアメリカ人の家で、夫婦で働いていた。私の父がだいじにしていた屏風を見たときには一瞬心が騒いだが、一留学生の私は、占領軍時代の上下関係とは一切関係なく親しく迎えられた。コロネル・ド・ギャンは軍の歯科技巧師だったが、もともと偉ぶったところがなかったが、今回は軍服ではなかったので一層親しみを感じた。あのころ幼児だったサンドラは10歳になり、その下に3歳のキニーともうひとりの赤ん坊がいた。ド・ギャン夫人は以前からのヒステリーが一層ひどくなっていて、児童心理学を学んでいた私にはそれが気になった。どこの国にもいろいろの人がいるのは当たり前だが。母親は、キニーが外で遊んでいるとピアノの練習をしなさいと呼びいれ、30秒もたたないうちにピアノの音を静かに、赤ん坊が起きると怒鳴る、また1分もたたぬうちにご飯ですよと言って呼び、それから15分もたってからようやく夕食になるという具合である。キニーは頭がいいから母親に適当に合わせていた。昨夜は母親がサンドラの爪を切っていて深爪をし、サンドラが痛いというのに、そんなことで泣くのはみっともないといって叱る。とうとう深爪でひどく血を出した。

サンドラは、私がスーツケースをつめているところに来て、帰ってはいやだと泣いた。彼女は学校を2か月前に転校したばかりで、学校がいやでしょうがないと私に訴えた。夕方薄暗くなるまで私の傍らを離れないで、家の前の階段に腰掛けて一緒に空を眺めていた。私は心を後に残しつつ、ド・ギャン夫妻が帰宅する前に辞去した。

久し振りにミネアポリスに戻った私には日本からの懐かしい手紙の束が待っていた。バチェルダ夫人の家庭料理を食べて薄暗い居間でワシントン旅行の報告をしながら、私は長い旅の後に自分の家に帰ったような落ち着きを取り戻した。秋の学期からはミネソタ大学児童研究所の全教授が参加して「児童発達：運動、知能、言語、社会」が始まることになっており、また、Dr.ジョン・E・アンダーソンの上級セミナー「発達理論」の受講を私は許可されていた。パーソナリティ理論のH・A・マレーやO・H・マウラーを取り上げられることになっていて、26歳の私は自分の本来の学問に取り組めることに心が踊った。

8月18日

……今日はね、僕、ここに来て以来、始めて位、落ち着いているんだよ。自分のうちが落ち着いたいいうちだと、とても気が落ち着いちゃう。バチェルダ一家のこと、随分ほめるけれど、いくらほめてもほめたりない位、心から良い人たち。心の底からほのぼのと落ち着きと愛情のしみ出てくる人って、こういう夫婦じゃないかしら。19年前の7月15日に結婚したんだって。別に仲の良いところを見せつけられる訳じゃなく、それでいて、すぐに愛情の感ぜられる夫婦なんだよ。僕、この夫婦に会って親しくなっただけでも、アメリカに来た甲斐があると思っちゃう位。ちょっと会わなければ分からないけど、類例のない良い人たちなんだよ。僕たちも、ほのぼのとした愛情の溢れる家庭を作ろうね。……バチェルダ夫妻のこと書くけど、ご主人が45～6歳で、奥さんが40歳位。何だか僕たちの理想みたいな家庭。ここで、このすばらしいアメリカ人に対する理想が破れたら又惨めな気持ちになってしまうけれど、こんどはそんなことないでしょう。僕の語ることも、とっても知的に受け入れられるんだよ。……

●戦争を見つめる

トンプソン夫人は、ワシントンにも行ったことないんだよ。……日本人て、皆、戦争は嫌だと言いながら、その問題をじっと見つめないで、うやむやにして、やれ研究だ、何だと、宙に浮いたことばかし云って、正しいことのため、人間のための感激と情熱を心の底から噴き上げてくるような仕事をしないから、いけないんだと思うんだよ。僕ね、君が僕の心の琴線にぴりっと触れてくれたんで、うれしいんだよ。

8月21日

●アメリカを支える小さな人々

今夜はねクラウンズさんの所に呼ばれて一晩ゆっくりしてきたんだよ。クラウンズさん達っていい人だなーってつくづく思っちゃった。また珍しい切手でもあったら、1枚でも2枚でも送って上げて。……クラウンズさんがね、共和党大会のラジオを聞いたかっていってね、聞いたっていったら「あなたはアメリカ人があんな頭がおかしい連中だと思っちゃいけないよ」だってさ。それからね、僕の勉強のことなんかの悩みも話したんだけれど、とても理解してくれるんだよ。英語が上達したって誉められちゃった。それでね、上着を2枚もらっちゃった。クラウンズさんのお古だって。……ストロウブリッジ夫人は最近、アジアの歴史を勉強し始めたんだよ。何と82歳なんだよ。今日は行くなり、僕を自分の部屋の窓際につれてって、アッシュ山の美しい木を眺めさせて、しきりにきれいだろうって云ってね、いろんな話を始めるんだよ。僕、ストロウブリッジ夫人の指輪に気が付いて何とも云えない気がしちゃった。婚約すると、婚約指輪（これは大抵ダイヤモンドの小さいのがはまってるの）と結婚指輪（これはただの金の輪）は結婚式の時はめるんだよ。ストロウブリッジ夫人は結婚してだんなさん亡くしたの1890年なんだよ。アメリカの国を本当の意味で支えているのは、僕のまわりのこういう人達、クラウンズさんとか、バチェルダさんとか、いままで支援してくれた人達じゃないかしら?……

8月22日

……今夜はね、困っちゃった。歯が痛くなっちゃったの。大きな穴が2つあるんだよ。そうそう言わないでおこうと思ったのに、正直に書いちゃった。……昨日はね、クラウンズ夫人にパールバックの『隠された花』て本を借りてきてね、今感激して読んでるの。

8月25日

こないだ歯が痛いって話したけど、幸いに治りかけてきたから心配しないでね。……

8月26日

僕の旅行はあさってから始まるんだよ。予定を書くね。8月27日の晩、セントポールで泊まって、8月28日の早朝、4時半に自動車で市を出るの。その晩、ジャクソンビル・イリノイに着きます。600マイルあるんだよ。……多分、9月4日か5日にワシントンD.C.に着いて、9月6日までアメリカ心理学会60周年大会に出席します。そして、多分、9月12日頃まで滞在します。ミネアポリスには9月15日には帰る予定。……

8月27日

……今まで、心理学的なことばかりやってきたから、今、この機会を逸すると、なかなか社会福祉のような勉強に手を出すことが難しくなるのではないだろうか、と思うの。だから、小さな研究をして、キューキューするより、もっと大きな社会の問題に直接関係のあるような分野をもっと勉強すべきだと思うの、どう思う?……

9月7日

●日系アメリカ人の家で

……僕、いま、竹下さんという日系アメリカ人のうちにいます。……始め1日、日本語が思うように出来なくて頭が痛くなってしまいました。知らない間に日本語の調子が分からなくなってしまったのです。……竹下夫妻はすばらしい人達です。僕はこんなすばらしい日系アメリカ人を見出して誇りに思います。竹下氏は40年前に日本から来て、今、国会図書館の日本の医学雑誌の翻訳係です。竹下夫人はサンフランシスコ生まれの2世ですが、日本語がまるで日本人と同じで而も、心持ちは日本人以上の日本人で、勿論英語はアメリカ人と同じです。やはり国会図書館に勤めて、日本語の書物の係と、日本人及び日本に関する質疑応答係です。孫が4人もあるのに、この夫婦はすばらしく若く見えます。……日本の古典まで親しむこと、日本人以上です。そして又、真摯で偽らざるクリスチャンです。アメリカ政策の批判家でもあります。このような日本人がここで重要な地位を占めていることは私たちの誇りでもあります。……今日は、すばらしいおさしみ、お茶漬けをごちそうになりました。そのおいしかったこと。久しく日本の香を忘れていた僕に、日本の風を送り込んでくれました。……

9月11日

国立美術館の立派なことは驚くばかり。始めて、レンブラント、レイノルドなどの本物の大作を観て、とてもひきつけられてしまった。レイノルドの子どもを題材にした絵は何とすばらしいのでしょう。倉橋先生が絵が好きなのが分かったよ。……

9月15日

この間から、美術館をまわってくたびれてしまった。もう見物はすっかり飽きてしまった。今、ドウギャン氏のうちにいます。キニーとサンドラがかわいいので、もう少しいたいような気もするけれど、今度の木曜頃ミネアポリスに帰るつもり。ここで、まだまだ見るものもあるけれど、もうリンカーンの聖書だの何だのというのは見飽きてしまった。早くミネアポリスに帰って、勉強に着手したいという気持ちでむずむずしています。分かるでしょう?僕の気持ち。でも、もうこれでワシントンを去ったら、再びここに来られないだろうと思うと、出来るだけ長くいたいような気もします。それから今日は日本大使館に行きました。とても立派な建物でびっくりしてしまった。英国大使館の次に立派なんだって。僕ね、今度の旅行ではずいぶん修業したよ。すっかり勉強から離れて、こんなにふらふらするのなんて、ほんとに稀だものね。……

9月22日

●最も小さい人間である自分

……僕、一昨日の晩、バスで帰ってきたの。……ワシントンを出た時からバスの中で揺られて、一晩中ゆられて、ピッツバーグとシカゴで乗り換えて、昨日はくたくたになってのびてしまったの。……2人とも神様に愛されて生きようね。愛とは何ぞや。我、神を愛せしにあらず。神、我を愛し給う。故に、我、神を愛せざるを得ず。神、すべての人をただの一人の漏れもなく愛し給う。故に我、すべての人を愛せざるを得ず。神、我に最も良き人を備え給う。而して我らを結び給えり。僕たち2人、神様に結ばれて、神様の愛し給うすべての人と共に働こうね。いろいろの、殊に政治的罪悪が僕らの心を悩ますけれど、それらにとらわれていることは、僕らのなすべき事ではない。もっと積極的に、神様の国を作るために働くことが、僕たちのなすべきことである、ていうのが、僕の今度の旅行を通して得た体験なの。……僕はね、今、ほんとうに、最も小さなとるにたらぬ人間の一人であるということを知っているの。

トームスさん

●トームス家

1952年9月25日に私はトームス家へ引っ越した。

セントルイスバーグという富裕な人たちが住む地域である。トームス夫妻の子どもたちは皆成長して、孫が10人いる。隣に住む娘夫婦には子どもが3人いる。小学校5年生の女の子ジル、2年生の男児クリス、3歳の男児ボイドである。ワシントン旅行から帰った私は、早く進歩主義教育の歴史にとりかかりたくて気がせいていた。しかし子どもとも遊びたいし、授業のあいた時間にはアルバイトもせねばならないし、考えると忙しかった。そして何よりも、アメリカの学問がいかにこの社会と人間に深く根差しているかを知ったいま、今度日本に帰ったら、輸入学問ではなく、日本の社会の底から日本の子どもの問題を見つめて行きたいと、そのことがいつも頭を占めていた。

●クリストフ

私が学校から夕方7時頃帰ってくると、トームス家の食卓では温かい夕飯が待っていた。食事をしていると決まって扉をあけて首をのぞかせるのはクリスである。トームス家の長女夫妻は隣に近代的な家を建てて住んでいた。クリスは私がトームス家に引っ越すのを首を長くして待っていた。ひ弱な感じのする線の細い男の子である。人なつこくてうるさいほどに

トームス夫妻

付きまとってくる。トームス夫人が、マコトは勉強で忙しいのだからそんなにうるさくしてはいけないとたしなめると、もう1分だけ、もう1分したら帰るからここにいていいでしょうと言って、私の部屋で積み木をしたり、本を読んだりチェスをしたりした。

日曜日にはトームス家では孫たち息子たちが一緒に食事をすることになっている。クリスとジルが食卓でいつも私の隣の席をとるのに競争で、ときに喧嘩が始まる。そうすると夫人はそんなにうるさくするとマコトは日本に帰ってしまいますよと言ってたしなめる。クリスはひまがあれば私をつかまえようと思って一生懸命になっていた。それが分かるのでかわいかった。自分の家に客が来たときには、子どもたちが泊まりに来て大騒ぎだった。

トームス家には客が多かった。ある晩、トームス夫妻につられて、アフリカで働いていたミッショナリの話を聞きに教会に行った。ヨハネスバーグの悲しい話だった。ヨハネスバーグについてはトンプソン夫人から借りた『叫べ、愛する祖国よ（Cry,the Beloved Country)』という本を私は読んでいた。何代にもわたって黒人の人種差別が行われていた国で、白人の若い夫婦が黒人から強くせめられて悩む話だった。私が付き合っていたアメリカ人たちの間では、ヨハネスバーグの人種差別を公然と認めて推進してきたオランダ改革派教会への批判は強かった。アフリカから帰ったばかりのこの宣教師は、30万人のアフリカ人がこの瞬間にも地下の鉱山で働いており、しかも金とダイアモンドの利益の80パーセントが３００年間支配した白人に占有され、人口の80パーセントを占めるアフリカの人には使われない政治の現状を熱涙をもって語った。ミネソタではこの時期、人種差別について居間で皆が語り合っていた。

●夜のグレープジュース

毎晩10時少し前になると、トームス夫人が階段を半分くらい上ってきて、静かな控えめな声で「グレープジュースを飲みに下りてきませんか」と私を呼ぶ。私は中学生の頃から母に同じように声をかけられたことを思い出した。丁度本を読むのも飽きた時間なので私はいそいそと下に下りて行った。そしてあるときは食堂の椅子で、ある時はソファに腰掛けてグレープジュースとクッキーをつまむのである。そのときが一日で一番楽しいときだった。

トームス夫妻は70歳に近い。トームス氏はケネディマヨネーズカンパニーという小さな会社を経営していた。いつも煙草をくわえて口のなかでもごもご話をする。夫人は小さな静かな人で、心から他人のことを考える天使のような人だった。夫人はカナダ生れで、無口だけれども黙っていろいろの人に親切をしている。病人があると聞くと、だれにも言わずに山のようにお見舞を抱えて勝手口から出て行くのを私は何度も見ていた。私にはトームス夫人は決して忘れることのできない天使である。社会関係や国際関係がどうであろうと、こういう温かい心は、国籍人種の壁を越えて私共の胸の奥にまで染みわたる。

●『セーラムのピーボディ姉妹』――進歩主義教育前史

ある晩、トームス夫人は私に興味があるのではないかと言って、2年前の1950年に出版されたばかりの『セーラムのピーボディ姉妹（The Peabody's sisters of Salem）』（Tharp,

L.H. Little Brown and Co. 1950）を見せて下さった。ページをめくっているうちに、それが１８６０年にアメリカで最初の幼稚園を創ったエリザベス・ピーボディと姉妹たちの伝記であることを知って私は驚いた。エリザベス・ピーボディの名前は以前に山下俊郎先生に見せて頂いたヴァンデウオーカー著『アメリカの教育における幼稚園』（１９０８）で知っていたが、それがどういう人なのか詳しくは知らなかった。トームス夫人がどうしてこの本に興味をもったのか、私にはいまでも分からない。とにかく倉橋惣三の誘導保育の原点と私が考えていた米国の進歩主義教育の歴史を調べていた私には、この時期にこの本に出会ったのは幸いだった。自分の部屋に借りていって早速読み始めた。

エリザベスの妹のメアリーは教育改革者として知られているホラス・マン夫人であり、もう一人の妹ソフィーは『緋文字』（スカーレットレター）で有名な文学者ナタニエル・ホーソン夫人である。エリザベス・ピーボディは若いとき学校の先生をしていたが、後にボストンのウエストストリートで本屋を開いた。ピーボディの本屋はさながら当時の文化人たちのサロンで、才気ある女主人エリザベス・ピーボデイはその中心にいた。ホラス・マン、ナタニエル・ホーソンほか、思想家のラルフ・ウオルドー・エマソン、詩人ヘンリー・ソロー、作家で外交官のジョージ・リプレー、思想家で教育者のブロンズン・オルコットなど、顔触れは多彩だった。このオルコットの学校でエリザベスは教師をしていたのである。娘のルイズ・オルコットは若草物語の作者であり、南北戦争では従軍看護婦だった。いずれもコンコード学派の思想家で、１８６１年の南北戦争の時には奴隷解放を強く支持していた人たちである。エリザベスはわざわざリンカーンに会いにワシントンにまで行っている。エリザベスが幼稚園を始めたのが１８６０年であるが、ここに集まった文化人たちが初期の幼稚園の普及のためにエリザベスを物心両面で支えたのだった。幼稚園はこの時代の文化運動であった。「このごろ、エリザベスは何か思いに悩んでいる。若いときから本当にやりたいと思っていたことがけっきょく、この年齢になっても果たせなかったことを考えているようだ。いままでにやらなかったことで、自分自身にとっても友達にとっても、満足のゆくような何ごとかをやりたいと彼女は思っているらしい」と妹のメアリーは日記に記している。エリザベスはフレーベルの幼稚園に出会って人間教育に目を開かれ、その後40年間にわたって幼稚園の普及に力を尽くした。

トームス家で夜遅くまで幾晩もかけて読んだ『セーラムのピーボディ姉妹』は文芸作品であるが、私がミネソタ大学図書館で調べていた20世紀初頭の進歩主義教育論争の前史と言ってもよいものだった。ずっと後になって『セーラムのピーボディ姉妹』をもう一度見せていただきたいとトームス夫人に願ったところ、どこかにいってしまって見つからないとの返事だった。あのときから更に50年を経て、幼児教育をたんに教育効果の狭い観点からではなく人間と文化の現象として見るとき、米国の進歩主義教育の歴史は教育の根本を示唆するものであり、現代の日本の教育問題にもつながるのであると思う。

トームス家にて ― 房江への手紙から

9月23日

●帰国の心構えに立って ― アメリカの良いところ

……この頃僕、アメリカの良い所というのを分かってきたような気がしているの。……ピルグリムファウンデーションでは仲間を排斥しないの。つまり、人間には誰にでも生きる権利、というだけでなく、社会生活を楽しむ権利がある、というのかしら。……神様の前には、国籍もなく、人種もなく、職業の貴賤もなく、地位の上下もなく、皮膚の色もない、と。もしそうであるなら、人々はお互いにお互いを裁き合ったり排斥したり出来ない筈だね―。……自分はこういう地位を持っている、自分はこういう能力を持っている、自分はこういう研究をした、自分はこういう経験をした、云々。一体何処まで自分がつきまとい、自己を誇る気持ちがついてまわるんでしょう。僕は正にそれと同じあやまちを犯してきたの。……一体どこまで自分の国の誇りがつきまとうのでしょう。よく考えてみれば、何一つとして自分の力でなしとげたものはない。親に育てられ、社会に育てられて、そして然るべき位置に置かれて、何か人並みになったような気のしている自分。一体自分は、そんな自分の努力によって作られたのじゃないね。何も自分や自分の国がえらいのではない。むしろ一番小さく、みすぼらしく、能力もないのが自分じゃない?だからね、自分のすべてを投げ出して、作り主たる神様の前に謙虚になること、これが一番でしょう?そうしてね、神様の前には本当に、すべての人が平等になって、そして、神様の前に共にひれ伏すこと、これが礼拝でしょう?そうしてね、神様の前に平等になって、等しく結ばれた人達が経験を分かち合い、物資を分かち合い、魂を分かち合って、新しい社会を作っていくこと、それが唯一の平和への道じゃない？こういってもね、僕、息のつまるような緊張ってきらいなんだよ。人間らしい自然さに溢れた、そういう社会。ね、僕たち、そういう社会を作るために努力しようよ。……

9月24日

● M.A. を取るのに、もう少し時間がかかる

……じつはね、この間から、ミネアポリスに帰ってきてから困ったことがあるの。……ワシントンに行く前にハリス先生と話した時、プランBでも冬学期の終わりまでに、M.A. が取れるような見込みだったんだよ。そうしてね、帰ってきて、2人で詳細にプランを検討したの。そうしたらね、どうしても冬学期の終わりまでにプランBでやることは無理だって分かったの。……それでね、M.A. を取らないで帰ろうって一度決心したの。そうしてね、バチュルダさんとこのことを話したんだよ。そうしたら、せっかく遠い所を遙々来たのに、M.A. をもうちょっとで取れるのに、取らないで帰る人があるか、って大反対されたの。……春学期の奨学金を持っていて、生活もどうにでもなって、春学期の終わりまでいれば、M.A. が取れるっていうのに、冬学期の終わりで帰ってしまうっていうのも、とても妙なことになってしまったの。こっちの人達、M.A. を取らないで僕を帰すことになると、とっても残念に思うんだよ。僕もね、何だかそんな気になってしまったの。……ね、どうしよう。あと3か月だけのばしてしまおうか？その間に戦争になんてなりゃしないね。春学期は6月15日で終わるから、そうするとうちに帰るのが7月の始めから半ばになるっていうわけ。僕、日本のこと考えると、矢も盾もなく帰りたくなることがあるんだよ。だけどね、情勢がこうなってしまったのに、それを無理して帰っ

てしまうのはいけないんじゃないかしら?……M.A.を取らないで、ほっぽらかして帰ってしまうってことに、一種の反発感をも感じるんだよ。もうね、この秋からは、僕、お金をこっちの人のお世話にならないでするように決心したの。それでね、昨日から働いているんだよ。また、キャフェテリアで。学校が始まっても、毎日、2、3時間ずつ働くの。そうすれば、お金の心配しないですむだろ?それだから、うちのお世話にだけなって、これからいくつもり。……

9月28日

……今夜はね、ピルグリムファウンデーションで第1回の定期集会があったの。それでね、僕、この学期は、礼拝委員会で委員になったんだよ。……

10月3日

●アンダーソン先生の理論研究

……今学期は、アンダーソン先生のセミナーで発達理論をとるんだよ。これは、アンダーソン先生のうちで、夜集まるの。学生は6人で2人ずつペアになって、理論を研究するんだよ。アンダーソン先生のもう1つのセミナー「最近の文献研究」では責任者なんだよ。グループになって最近の文献紹介するの。それでね、何だか知らない間にテーマが少年非行になっちゃったんだよ。僕の一番知識のない分野でしょう、困っちゃう。11月3日が僕たちのグループの番なんだよ。……それから講義を2つ。……それからM.A.の研究論文を1つまとめなくちゃならないんだよ。……それに、10時半から1時まで働くし。……これがね、今年のクリスマスまでにしなければならないことなんだよ。この間、3軒引っ越するの。何れも学校から遠いんだよ。……考えると、出来るかしらと思うけれど、しっかりやるね。この頃はね、僕、勉強する時はものすごく集中して、半分眠ったような勉強はしなくなったんだよ。1時間、本読もうと決心すると、その1時間がとっても有益に使えるんだよ。こんなに忙しいくせに、しょっちゅうトランプしたり、しゃべったりして時を費やすんだけどね。その代わり勉強する時はものすごく一生懸命やるんだよ。……今、ミネソタはとても美しいんだよ。赤、黄、緑、茶、色とりどりで、しかも雄大な景色なんだよ。……

10月18日

●一日の忙しさ

……僕ね、ものすごく、今、勉強にはりきっているんだよ。この頃、なんだか始めて、勉強の味が分かったみたい。勉強の能率は、日本にいる時の10倍くらいだよ。今夜はね、何だか、日本に帰って、うちをもって、もりもり勉強することの出来る日を考えて楽しくなっているんだよ。うんと勉強しようね。今、しょいきれない程のリポートをしょっているけれど、とってもはりきっています。「幼稚園の歴史」のアウトラインをフラー先生に見せたら、素晴らしいアウトラインだって誉められたよ。……それからね、一昨日、「とっし」という日本からこの夏来た、19歳のピアニストのコンサートがあったんだよ。とっても好評だったよ。彼ね、15の時に作った自作の曲を弾いたの。天才だね。明日はピルグリムファウンデーションの夕食に招いてピアノを弾いてもらうの。これから、僕の知っている方々のうちに「とっし」をつれてまわろうと思っているんだよ。時間さえあればほんとうに、僕、ものすごくいろんなことが出来るんだけど、悲しいかな、人間は24時間しか1日に持っていないんだものね。……

■10月21日

今週は金、土、とミネソタ州キリスト者学生集会に出席するために、ミネトンカに行くんだよ。……

■10月27日

外を風が音を立てて吹いています。今日はしばらく暖かい日が続いたあと急に寒くなって、冬が訪れたよう。今、『セーラムのピーボディー姉妹』を、しばらく放っておいた数日の後に、又取り出して読みかけた所。……

■10月31日

今日はハロウィーンで子どもたちが門毎にまわって、お菓子をもらって歩くんだよ。……第3段階まで11月中に終えて、12月の第一週にこれをまとめて、書き改めて、それから試験になるから、試験が終わった途端にタイプにするつもり。……それから、発達理論はゲゼルにしたから。……11月。来月は僕のここの生活の山じゃないかしら。そうして、12月が無事にすめば、僕、自分自身にとっても自信がつくと思うよ。

■11月6日

●ピルグリムファウンデーション（学生会館）に引っ越して勉強

……M.A. を取るには平均Bをとらねばならないの。それには、あと2つAをとらなければならないの。それから、あと1つでもCをとってはいけないの。それでね、覚悟を決めて、自分の目的を1つに統一することに決めたんだよ。それでね、家庭まわりを一応打ち切って、ピルグリムファウンデーションに住まわせてもらって、専心、勉強する決心をしたの。今までの生活を続けると、家庭を学ぶということと、勉強ということと、生活が2つに分かれるんだよ。それから、今費やしている以上の時間を勉強に注ぎ込むことは、家庭まわりをする限り不可能なの。……僕、やってみせるよ。来週の末にそれで、ピルグリムファウンデーションに引っ越します。……出来れば、来年の3月までそちらで過ごしたいんだけれど、そちらの都合で、それは疑問。……

11月10日

●どんな人間でも人間であり、立派に生活する権利がある。それを侵害しない

……時々考えるんだけど、人間て何か、自分を立てて、自分を最大の権力者にしようという欲望があるんだね。又その反面、それを嫌う反面もあるんだね。それで、いかにして人から悪く言われないで、自分を最高のものにしてゆけるか、ということを中心にして動いたりすることがよく見られるんじゃないかしら。そうして、そのために、人のことを必要以上に悪く言ってみたり。

どんな人間でも人間であり、立派に生活する権利がある。それを侵害しないこと。つまり、人のことを陰口をきくなんていう、ちっぽけなことはしないこと。それよりか、僕たちがこの世界に住む一人として、何をやれるか、よく考えて、それを一生懸命にやること。ね、僕たち努力しようね。そうして、全ての人の中に住む人間の味方になろうね。……今日はまだ12時だけどアンダーソン先生のセミナーから帰ってきた所で、疲れちゃったから、もう寝るね。…

●1952年秋 ― 進歩主義教育

私はミネソタ大学でDr.エリザベス・メチャム・フラーの幼児教育の演習を引き続きとりつづけていたが、学生たちには幼児教育よりも、新しく台頭してきた心理学の方が人気があって、彼女の幼児教育演習をとる学生は少なかった。当時の米国では進歩主義教育の実際は多くの幼稚園に浸透していて、どこの幼稚園でも遊びが主流であった。ミネソタ大学児童研究所長を25年間もつとめておられたDr.ジョン・E・アンダーソンは科学的方法論については厳密さを要求したが、幼児の生活には理解があり、子どもの遊びを支えることが児童心理学の当然の任務と考えていた。Dr.アンダーソンはホワイトハウスカンファランスの委員もしていて、第二次世界大戦直後の米国教育研究報告書1946年版の幼児教育の部の執筆者であった。

私は前から何度も書いたように、進歩主義教育がどのようにして発展してきたのかに関心があり、キンダーガルテン・メッセンジャー、キンダーガルテン・レヴューなど、日本では到底見ることはできない幼児教育の文献がミネソタ大学図書館にあるのを知って、時間を作っては図書館で興味のある部分を筆写していて、その論文を完成したいと考えていた。1952年10月半ば、私は進歩主義教育の歴史のアウトラインを作ってDr.フラーに見せたところ、「あなたはどこでこのような研究法を勉強したのか、日本の大学は良い教育をしている」と彼女は直ちに言った。当時の日本の大学では自分の興味を追求することが学問の前提と考えられていたから、学生は大学で授業に出るよりも、図書館や実験室で過ごす方が重要と考える気風があった。米国の大学は知識は広くなるけれどもその点で物足りなかった。私はお茶の水女子大学附属幼稚園の歴史を語り、遊びを幼児教育の根本と考えれば、米国の進歩主義教育運動は実に興味深い、日本の幼稚園教育の指導者倉橋惣三はパティ・ヒルやスタンレー・ホールの影響を受けていることをDr.フラーに述べた。（この頃倉橋先生は「子供讃歌」を『幼児の教育』誌に連載しておられ、父が毎月送ってくれるその雑誌を私は読んでいた。）

11月の末のある日、午後3時からDr.フラーの演習のあと、彼女と一緒に教室を出て歩きながら、彼女は、ジョン・デューイが最近死んだ、モンテッソリも死んで寂しくなったと言った。デューイの教授生活の振り出しはミネソタ大学で、ここからシカゴ大学、コロンビア大学に移ったのである。キャンバスのメープルの並木が夕陽に赤く映えていた。戦争も終わってひとつの時代が通りすぎようとしていることを私共は思った。

１９５２年12月半ばに私は指導教官のDr.ハリスと、研究所長のDr.アンダーソンとDr.フラーとの連名で児童研究所の所長室に呼ばれた。私はこわごわ行ったところ、この論文を学位審査に正式に受理することに決定したと告げられ、期日までに所定の用紙にタイプで打って提出するようにと言われた。幼児教育における進歩主義教育の歴史を扱った書物は１９０７年以来なかったので、そのことも有利だったのだと思う。

（その後、１９５５年に進歩主義教育協会が解散された。更に後に、１９６８年にハリス教授が日本に来られたとき、私が進歩主義教育に関心があったからとローレンス・A・クレミン著『学校の変貌、アメリカの教育における進歩主義　１８７６―１９５７』（一九六一年出版）を土産にもってきて下さった。そして『児童教育に挺身した不屈な婦人たち　１８５６―１９３１』がＡＣＥＩから出版されたのは１９７２年である。その後の米国の幼児教育の展開は複雑である。それにもかかわらず、進歩主義教育運動は幼児教育における遊びの復権という意味をもち、現代にも重要性を失っていないと思う。）

Dr.フラーはそれから間もなく自動車事故で突然に亡くなった。

●ピルグリムファウンデーション（キリスト者学生会館）をめぐる人々

私は一度勉強に専念しなければ論文を完成することはできないと考え、そのために家庭遍歴を中断して、ピルグリムファウンデーションに泊まることにした。１９５２年11月13日、トームス夫妻の自動車に荷物を積んで、ピルグリムファウンデーションに引っ越した。ピルグリムファウンデーションは学生のクラブだから、他人に煩わされることなく勉強できた。しかしそれなりにいろいろの方にお世話になったし、そこに集まる人たちは興味深かった。

●若夫妻―シュタウファー夫妻

３階の私の部屋の隣には、私と同年配の新婚早々のシュタウファー夫妻が住んでいて、毎日電気掃除機をかけ、芝生を刈り、建物の管理をしていた。リー・シュタウファーは保健学科の学生で、奥さんのダナは看護学科でオキュペーショナルセラピーを勉強していた。まるでハリウッド映画から出てきたような若夫婦だった。私共は食事は1階のキッチンでめいめい作るので、彼等がチリビーンズやチャップスイを作ると私の鍋に分けてくれた。リーはネブラスカの出身で、クリスマスの休暇のときには故郷に帰るので、そのときには大きな建物の中に私は一人になり勉強するのには有難かった。何よりも有難かったのは、タイプライターを使わせてくれたことだった。論文を仕上げる間約3か月彼等

シュタウファー夫妻

の新しいタイプライターをほとんど専用に使ったのに彼等は一言も文句を言わなかった。それから長い年月の後にリーはミネソタ大学の保健学部の学部長になり、ダナは自分の家にアトリエをもって絵を描いていた。４人の子どもはいまは成長し、夫婦は気候の良いフロリダに移住した。

●ウエード牧師

ピルグリムファウンデーションには学生のための専任の牧師がいて、２階にオフィスがあった。端整なアメリカ人牧師で、北川先生やサイディ牧師のような大胆なところがなくて、常識家だった。学生たちと読書会をしていて、テキストにトルーブラッドの本を使った。それはあまりにもアメリカ的オプティミズムで、戦時中に苦労された矢内原先生の聖書研究に出席していた私には物足りなくて、ウエード牧師とはよく議論をした。彼は私の話すことに辛抱強く耳を傾けてくれた。私共は最後まで友人であった。

●学生たち

ピルグリムファウンデーションにはかなりの人数の若い学生たちが集まった。女の子と遊ぶために集まってくる学生も多かったが、その人たちも、聖書研究会ではよくしやべり、まじめな会合のあとには、スクエアダンスをした。夜遅くに帰るとき、だれとだれとが一緒の車で帰るかを見ているのと交友関係が分かって面白かった。政治学専攻の大学院生のボウルは、敗戦時の日本では東久邇宮首相が「一億総懺悔ということを言ったが本当か」と私に尋ねた。私にはまだ記憶に新しかったことで、戦時中の言論について日本人のだれもが多かれ少なかれ反省していたのは事実だと言った。青年も軍部に対して心の中では批判しても、恐れて口に出さなかったことを反省したことを述べた。彼はそれでは責任ある人々が何も反省していないにひとしい、いまにこれは反米になると言った。後になって私は彼が皮肉をこめて言ったことは当たっていたのではないかと何度も考えた。ピルグリムファウンデーションに集まる学生のなかには、アメリカの機械文明を批判してキリスト教はどう答えるのかと議論する学生もいた。まだコンピューターは登場していず、環境問題も意識されていない時代であった。そういう人たちも皆、ミネトンカ湖畔の一泊修養会には参加して、夜になるとキャンプファイアでカントリーやニグロスピリチュアルを歌った。これが1950年代のアメリカの青年の一側面で、だれにも親切で、善良な人々であることがよく分かり、気持ちがよかった。だが、敗戦を体験してきた日本の学生とは背景があまりにもかけはなれているのを感じた。建築専攻のピート・ノーラムは、現代的な若者だが、宗教心があつく、ピルグリムファウンデーションでは中心的な役割を果たしていた。夜の会合で遅くなると私を家まで送ってくれた。そのピートの車にいつの頃からか女の子が一緒に乗って帰るようになった。セントポールキャンパスの食物学科の学生のベティ・ブレッケンリッジで、料理が得意だった。この人が来るとおいしいパイが食べさせてもらえて、この人がいると皆が落ち着いた気分になった。間もなく私は彼女の父親がミネソタ大学の自然博物館の館長なのを知った。1

年前に私がはじめてミネソタ大学にきたとき、サイディ牧師に紹介され、世界的に有名な鳥類学者なのに少しも偉ぶるところがなかった。ベティは、ピルグリムファウンデーションでピートと並んで礼拝の司会をした。私がミネソタを去って間もなく2人は結婚した。ずっと後、1985年に私共がミネソタに行ったとき、2人の家に招かれた。子どもが2人いて明るく賑やかな気分があった。ピートは建築家で、ミネアポリスの古い建築物の保存に一生懸命になっていた。ミネソタのコングリゲイショナルチャーチの信徒代表をしていた。ベティはアメリカ家政学会の役員をしていたが、『大草原の小さな家』で有名なローラ・インガルス・ワイルダーの研究家で、彼らの家のひと部屋がインガルスの記念室になっており、あの時代の食器や家具などが陳列されていた。それから間もなくベティが死んだという知らせを受けた。私がアメリカに行く度に彼等はピルグリムファウンデーションの同窓会をしてくれたり会いに来てくれていた。ベティの葬儀には彼女の好きだった芝居の一幕が上演されたという。ピートは目を赤くして言った。

●若い音楽家

ピルグリムファウンデーションでは大学から帰る時間も自分の自由だったから、私は図書館に夜遅くまでいることがしばしばだった。ある寒い晩に、外套の襟を立ててキャンパスを歩いて帰ってくると、東洋人の青年に出会った。私が声をかけると日本からこの夏来たばかりの19歳のピアニストで、楽譜筆写のアルバイトをしていた。久し振りにあった日本人にとても懐かしく感じた。翌日に早速ピルグリムファウンデーションに昼食に誘った。ショパンやシューベルトのピアノ曲だけでなくベートーベンのピアノコンチェルトまでも頼めばすぐに弾いてくれてだれもが驚嘆した。この青年を「とっし」と私共は呼んでいた。一晩私は「とっし」をトームス家に連れていった。トームスさんの母親がピアニストで、トームスさんは音楽が好きだった。夕飯をご馳走になってピアノを一杯弾いてもらった。その日の最後に彼の15歳のときの作曲の一部を弾いた。音楽は国境を越えて力があることを私は身近に感じた。トームス夫人は私たちが泊まってゆくようにベッドの用意をしておいてくれたのに、私は論文の資料をピルグリムファウンデーションに置いてきたのでそれを断って帰った。私は自分の母とのやりとりを思い出した。

●アーミスティス・デー

1952年は朝鮮戦争の最中で、トルーマン大統領は朝鮮に原爆を使用するという噂も流れていた。日本は隣国だからただではすまないだろうと私は心配した。11月11日は休戦日（アーミスティス・デー）とすることが米朝間に合意されて私は胸を撫で下ろした。その日は学校は休みになった。

●ヴィザの書換え — シカゴ

米国に来てから1年経過し、ヴィザの切り替えのために、ミネアポリスの隣の市セントポウル日本領事館に行ったところ、平和条約が発効になって、それ以前のヴィザはすべて無効になり、移転になったシカゴの日本領事館にできるだけ早く行くようにと言われた。シカゴには汽車で10時間、バスで12時間かかる。勿論飛行機で行くことなど当時の留学生には考えられもしなかった。11月27日の夜11時の汽車でミネアポリスを出発し翌朝シカゴに着いた。午前中にヴィザの手続きをすっかり済ませたときには安心した。異国では思いがけないことで心を乱される。予め私の婚約者の父親の知り合いの日本人1世の塚原さんに手紙をだしてあり、クラークストリートという下町のアパートの2階の家を訪ねた。薄暗い応接間で初対面の塚原さんに挨拶をしたとき、そこに東洋英和短大の保育科の黒田成子さんがおられるのに気がつき、互いにあっと驚いた。黒田さんとは、2年ほど前に東洋英和の学生が愛育研究所に見学に来られてそれ以来知っていた。当時黒田成子さんはシカゴ郊外のエヴァンストンにあるナショナルカレッジという幼児教育で有名な学校で勉強しておられた。知らない土地で友人に会うほどうれしいことはない。それにしてもたった1日しかいない土地で、どうして黒田さんに会ったのだろう。長い間不思議に思っていたので、この原稿を書いているとき黒田先生に電話した。黒田先生は父上がアメリカで牧師をしておられた関係で塚原さんを知っておられ、たまたまたった1日訪ねて偶然に私と会ったのだという。その後黒田先生との50年間にわたる交友を思うと不思議な出会いだった。その晩は塚原さんにもほんものの寿司をご馳走になり、日本人の1世と2世にあらためて尊敬の念を深くした。

私はDr.フラーからシカゴのノースウエスタン大学図書館に紹介状をもらっていた。ミネソタ大学図書館にはなかった資料を見つけて丸一日そこで過ごして翌日の夜行でミネアポリスに帰った。

●洗濯物

私がピルグリムファウンデーションに移って以来、トームス夫人は私の洗濯物を心配して、私が毎週一抱え洗濯物をトームス家に持って行くと、すっかり洗って、アイロンをかけ、届けて下さった。その度に果物とクッキーが籠の中に入っていた。いつもトームス夫人はだまって玄関を入ったところに籠をおいて帰ってしまうのでまるでサンタクロースのようだった。いま考えても感謝の念に満たされる。

1952年のクリスマスは、シュタウファー夫妻はネブラスカに帰り、ピルグリムファウンデーションには私一人だった。私はクリスマスディナーへの招待をすべて断って、「とっし」と、もう一人の日本人留学生で化学専攻の人をピルグリムファウンデーションに招いた。「とっし」が古典から現代までのいろいろな曲を解説つきで弾いてくれた。たった3人の豪華なクリスマスだった。

11月14日

●歯が痛くなって

……こないだ夏休みに歯が痛いって書いたろ?あれから暫く良くって、この1月くらい又時々痛くなるんだよ。時々、夜眠れないの。……学校の保健センターの歯医者に行ったら、4本、歯を抜かなくちゃいかんて云われたんだよ。それでね、歯を抜く専門医が、もうすっかり約束一杯で、12月末の約束をしたの。そうしたらね、又この2~3週間、特別に夜、歯が痛くて寝られないんだよ。……それでね、今日は午後から思い切って、又、歯医者に行って、早く何とかしてくれって頼んだんだよ。そうしたら、さすが能率国だけあって、その場で忽ち痛い歯を抜いてくれたんだよ。せいせいしちゃった。でも、今夜は、何だか熱っぽくて、抜いた後が痛いから、もう寝るね。……

11月23日

●学問水準を保つための理論は捨てるべきじゃないか?

……日本の問題を考えると、何か、寒々とする位。何か妙な気に襲われるんだよ。ここに比べて。崩壊した社会、混血児が一杯いて、それに対する冷たい目。……日本人の強い人種的偏見、近隣の国への偏見などなど、一体、日本は何処に行くのでしょう。僕は、日本にいる時、余りにも見る眼が小さかったと思う。そうして、それが続いて、未だに専門の小さな学問にこだわろうとする気が抜けないんだね。でもね、僕は時々、日本の学問水準を世界的に保つために、「学」

を学ばなければという気に引きずられて、無理して純粋学問、理論をやろうとする傾向があるけれど、今こそ、僕はそれを捨てるべきじゃないかと思うの。中途半端な理論的学問ほど、なまじっかなものはないでしょう?それよりか、日本の社会の直面している、こういう問題に実直にとりくんで、そのための学問を発達させることに全力を尽くすべきだと思うの。……

■ 11月27日

今ね、グレートノーザン駅にいます。これからシカゴに11時の汽車で行く所。今日ね、昼間一寸寂しくなったんで、ホワイト夫人の所に行っちゃった。とっても嬉しかった。やっぱり僕って、何処かでいつも人間の愛情に接していないとだめなんだね。……

■ 12月10日

……これから幼稚園の歴史の材料を整理して、まとめる所。今晩は徹夜してやってしまうね。

■ 12月15日

……幼稚園の歴史をまとめ始めたら、思いの外時間がかかってしまって、昼夜ぶっつづけでやったんだよ。毎日、4時か5時から9時頃まで寝て、そうして、土曜の晩は、とうとう一つも寝ないで、日曜の昼にやっと書き終えたの。ノートの片側だけに書いて100枚になってしまったんだよ。そうしてね、あさって他の試験があるんで、休む暇なく、次に取りかかっているんだよ。……水曜日に試験を終えて、金曜、19日の朝、メッセンハイマー先生と一緒にカンザスに行くんだよ。……

12月17日

●論文をフラー先生から誉められる

今日ね、フラー先生に呼ばれたんだよ。僕の論文のことにきまってるから、実はこわごわ行ったんだよ。そうしたらね、この論文はとても良く出来ているから、6単位くれるっていうんだよ。本当は3単位の予定だったの。それでね、もしきちんとタイプに打って要約をつけて、来学期の第2週までに提出したら、6単位Aをくれることに決めたんだって。ばかにほめられたんで、嬉しくなっちゃった。……それでね、「私はむしろ3単位のAの方が良い」って言ったんだよ。そうしたらね、フラー先生が「私はアンダーソン先生やハリス先生にあなたの論文を見せて話し合ったのです。もし次の学期の2週までに最終的な形の論文が提出されればそれを見て、6単位を上げることにしました」だって。僕、本当にうそじゃないかと思った位なんだよ。それだからね、明日から、又図書館で不足の文献を集めて、タイプに打つね。……

12月21日

……学校も休みになったろ？やることは一杯あるんだけど何だか寂しくなっちゃってね。昨日の晩はトームスさんの所にいって泊まって、今日は教会の帰りに、スコットさんの所に行って一日遊んでたの。今帰ってきたんだけど、何だかつくづく寂しくなっちゃった。だからね、これからバチェルダさんと電話で話をしようと思っているの。今ね、電話をかけて、自らを慰めたんだよ。……

12月23日

昨日の晩からタイプを打ち始めてね、今夜までにやっと20枚打ったきりなんだよ。あと60〜70枚位打たなくてはならないんだよ。……今年のクリスマスイーヴは、ピルグリムファウンデーションで過ごすことにしたんだよ。仕事もあるしね。余り方々に呼ばれるから困っちゃった。クリスマスの日はセント・ポールのコングリゲイショナルチャーチの牧師さんの所に呼ばれているの。方々から呼ばれてね、断るのに閉口しちゃった。どこのうちにも行きたいんだけど、生憎と体は1つだからね。

12月25日

……昨日の夕方、ライトさんの所から久しぶりで電話がかかって来て（クリスマスカードを出しておいたので）、何でもかでも来いっていうんだよ。強引なんだよ。それでね、今日夕方、一寸行くことにしたの。仕事が逆にさっぱりはかどらなくて、一寸ゆううつ。でも、いろいろの人間と友誼を交換するというのは、最大の仕事でもあるね。ライトさんに会うのはとても楽しみ。

1月14日

こちこちと時計が時を刻んでいる。
汽車の煙を吐く音がきこえている。
窓の外を自動車が通る。
ふと思えば、ああそうだ、ここはミネアポリスなのだ。

アメリカなのだ。

——何か月か先には、ああそうだ、ここは東京なのだ、日本なのだ、と思う日が来るのだろうと思うと、少し妙な気がする。

この部屋を一歩出れば、唇から出るのは、皆、英語ばかりなのだ。

こうやって、日本語で書いていると、不思議な気がする。

世界の交錯、そして文化の交錯、

汽車の煙を吐く音が聞こえる。

外は闇だろう。

1月15日

……今日はね、集会でマーガレット・ミードの話があって、夜は又、フェルス財団の理事長の話があって面白かったんで、初めて、三木先生に原稿書いたんだよ。……今日も吹雪、この次、木の芽が出て、青葉が茂る頃には会えるんだね。……今から半年前っていうと、いつだろう。去年の7月半ばっていうと、僕はトンプソン夫人の所にいた頃だね。それ位、すぐたってしまうよ。この月曜はね、社会学のコースを2つとっているんだけれど、それが、とてつもなく面白いんだよ。児童福祉の講義よりか、落ち着いてずっと好き。社会学って面白いなと思っているんだよ……

ネルソンさん

●世界に開かれた国に

1953年正月元旦は、私はカンザスシティ、パークヴィルで聞かれた全米キリスト教学生会議で過ごした。前年の夏私はワシントンに行く前に、イリノイ州ジャクソンヴィルの世界キリスト教学生会議に参加して、人種国籍を超えた交わりがこれからの世界の基礎となることを若い学生たちと語り合ったことは記憶に新しかった。ところが今回は様子が違った。私共が到着してすぐに、一緒に行った黒人学生がパークヴィルのダウンタウンのレストランで中に入ることを拒否された。ミネソタでは身近に人種差別を体験したことはなかった私にはショックだった。黄色人種である私はどうなのかと案じたが、私は無事に入れてくれた。この町では黒人はバスの座席も別で、差別は公然と認められた制度だった。ドイツ、インド、アフリカ、日本などから参加した外国人学生は異論を唱えて「葛藤する世界」という討論の分科会を作った。アメリカ人学生たちもそれに加わったが、会議全体としてはアメリカの人種差別に対する批判をまじめに論議しようとする空気は希薄だった。男の子は女の子を追廻し、女の子は男の子を追廻し、それが目的で会議に参加して、クリスチャンの信仰をどこかに置き忘れているように思われた。神学校の教授の基調講演も、アメリカの政策はキリスト教の正義の上に立っているというたぐいの、政治とキリスト教とを混同した考え方で、それには反感をすら覚えた。私は満たされない思いを抱いてピルグリムファウンデーションに帰

ネルソンさん一家

ネルソンさんの家

った。

ピルグリムファウンデーションはミネアポリスの汽車の駅に近く、夜ベットに入ると汽車がシューツと蒸気を吐く音と汽笛が聞こえた。子どもの頃から私が聞いた懐かしい音だった。（現在では日本でもアメリカでもその音を聞くことはない。）暗闇の中で私はパークヴィル、カンザスシティで体験した、またジャクソンヴィル、イリノイで前年の夏に体験したアメリカのキリスト教の矛盾を考えた。アメリカのキリスト教はこの2つに代表される考えの間で戦っていた。イリノイの夏のキリスト教学生会議の合言葉は、「だれにでも、豊かな愛の関心をもって隔てなく交わる」ということだった。今回のカンザスでは無関心が支配していた。私は、人は人種の別を問わずだれもが同等に人間として尊敬される価値を持つこと、人を見るときに何かカテゴリーにはめて見ると誤りを犯すことを身にしみて考えた。こちこちと時計が時を刻んでいた。窓の下を自動車が通り始めた。ふと思えば、ああそうだ、ここはアメリカなのだと気がついた。尾道をでてから1年を超えた。

●学　問

ミネソタ大学では、ときどき、内外の著名人の講演会が行われた。

1953年1月15日午前11時半より、マーガレット・ミードの全学合同講演会があった。ミードは著名な文化人類学者である。この日の講演題は「南太平洋と現代アメリカ」で、彼女は1901年生れの51歳であるという自己紹介から始まった。彼女の文化人類学の最初の研究は１９２８年の博士論文「ニューギニアの幼児の研究」で、それから25年を経てこの年の６月に再び同じ場所に行こうとしていた。その間の変化を見ることに彼女は胸を膨らませていた。25年前にミードが用いた道具はたった一個のカメラであり、その資料は３００枚の写真だった。これからとる資料はカラースライドと録音映写機だと彼女は語った。25年前にはニューギニアに行くのに30日かかったがいまは飛行機で2日である。（現代は数時間である。）荷物は数か月前に送らねばならず、1冊3ドルの本を飛行機で送るのに送料が5ドルかかった。同様の変化がニューギニア自体に起こっている。原始的だった社会が白人文明化し、教育は普及し、キリスト教が原始宗教に取り代っている。この講演は研究の結果の報告ではなくて、これから研究しようとしていることへの期待で、その興奮が伝わってきた。「数百万人の人々が自分たちが欲しなかった変化に押し出されようとしている。人種と国籍と文化とが世界中に交錯している。これまで何千年にもわたって生きてきたのとは違う世界に生きようとしている子どもたちにあなたは何をすることができるか。」と彼女は講演を結んだ。それから更に50年を経た。マーガレット・ミードは１９７８年に死んだが、世界はより以上のスピードで変化しつつあり、私共は世界的変化のなかに投げ込まれている。

その晩午後7時より、大学学生会館のレイディーズラウンジでフェルス児童研究所長Dr.ヘザースの講演「人間発達の研究」があった。ミネソタ大学児童研究所のスタッフと学生も参加していた。フェルス児童研究所は当時アメリカで有名な石鹸会社の社長サムエル・フェルスによって１９２９年にオハイオ州デイトンに設立された。彼は全人としての人間の発達にかねてより興味を抱き、長期間にわたる幼児児童青年の縦断研究を行うことをこの研究所の設立の条件とした。人類学、生物学、生理学、心理学等の専門研究者が参加し、ナースリースクールも保育所も付設されていた。毎年生れる子どもと両親を5名ずつボランティアで協力を求め、出生前より各分野の研究者が定期的に家庭訪問、面接、検査、観察を行うという興味深い研究プロジェクトだった。しかし、この日の講演はその縦断研究資料を生かしたものではなかった。専門分野間の連携がなく、機械的なデータの集積にとどまり、このユニークな研究の方法論も示されなかった。Dr.アンダーソンは、これでは資源の浪費ではないかと皮肉な質問をして座が白けたまま終わってしまった。ミネソタ大学児童研究所ではメアリー・シャーリーのきめこまかい縦断研究があった。それは生後3年間までの研究が出版されたが、シャーリーが早くに死んで縦断研究は中断した。その第3巻のパーソナリティ・ディヴェロプメントの質的記録は当時としては斬新だった。縦断研究は他にもカリフォルニアのナンシー・ベイリーなどの有名な研究があってミネソタ大学では高く評価されていた。

私は生涯心にとどまった二つの講演会に頭が熱せられたままピルグリムファウンデーションに帰った。この夜も外は吹雪が音をたてて走っていた。

●ネルソン家への引越し

ピルグリムファウンデーションで約3か月を過ごして後、大学の論文も一応完成させたので、再び私はミネアポリスの家族を遍歴する生活に戻った。1953年2月1日、私はフロイト・ネルソン氏の家に引っ越した。

欅の並木と、緑の芝生の美しい住宅地にあった。ネルソン氏はミネアポリスの大きな弁護士会の弁護士で、心の底から実直で真面目な人だった。ミネソタ大学の法律学科を出てから、エール大学の法律学の学位を持っていた。曲がったことが嫌いで、几帳面で、宗教心の厚い人である。教会に熱心で日曜学校の先生もしており、ミネソタ州コングリゲーショナルチャーチの平信徒代表をしていた。当時45歳で、スカンジナヴィア系の大柄な人である。一緒に住んでいた父親が冬の間暖かいフロリダに行って留守なので、その部屋に私を泊めて下さった。ダブルベットが2つも入る大きな部屋で、書斎机や揺り椅子、テーブルやタイプライター、ラジオなど何でも揃っていた。

夫人のドリス・ネルソンはよくしゃべり、快活でさっぱりした人だった。夫妻には子どもがいなかった。6年前にリチャードという男の子を里子にもらい、2年前にメアリアンという女の子をもらった。いずれも赤ん坊のときにもらったが、私が行ったときにはリチャードは6歳、メアリアンは3歳だった。ネルソン氏夫妻はふたりを目の中に入れても痛くないという程かわいがっていた。ネルソン家にはテレビがなかった。リチャードは友達の家にあるテレビが欲しかったたが、ネルソン氏は頑としてテレビは買わず、アンテナだけを買ってきた。リチャードはそれで遊んでいたので、私は積み木を一緒にまぜて遊んだ。メアリアンはいつもお気に入りの毛布をかかえていた。朝起きてくるときも、夜寝るときもこの毛布を手放さなかった。私は彼女を毛布と一緒に膝に乗せて、日本の子どもたちによくしたように、「わたしが学校に行く道を歩いていると、猫さんに会いました。そうすると犬さんが来て、一緒に行こうと言いました。……」と身辺話をすると声をたてて笑った。彼女は片言でよくしゃべった。ネルソン夫妻は教会の会合でしばしば夜留守をした。そのときは私が子どもたちと夜を過ごした。

ネルソン家の朝食はいつも皆が揃って「主の祈り」から始まった。そしてネルソン氏と夫人と交互に聖書の一節を読んだ。(その日課は50年間に何度かネルソン家を訪問したとき、いつ

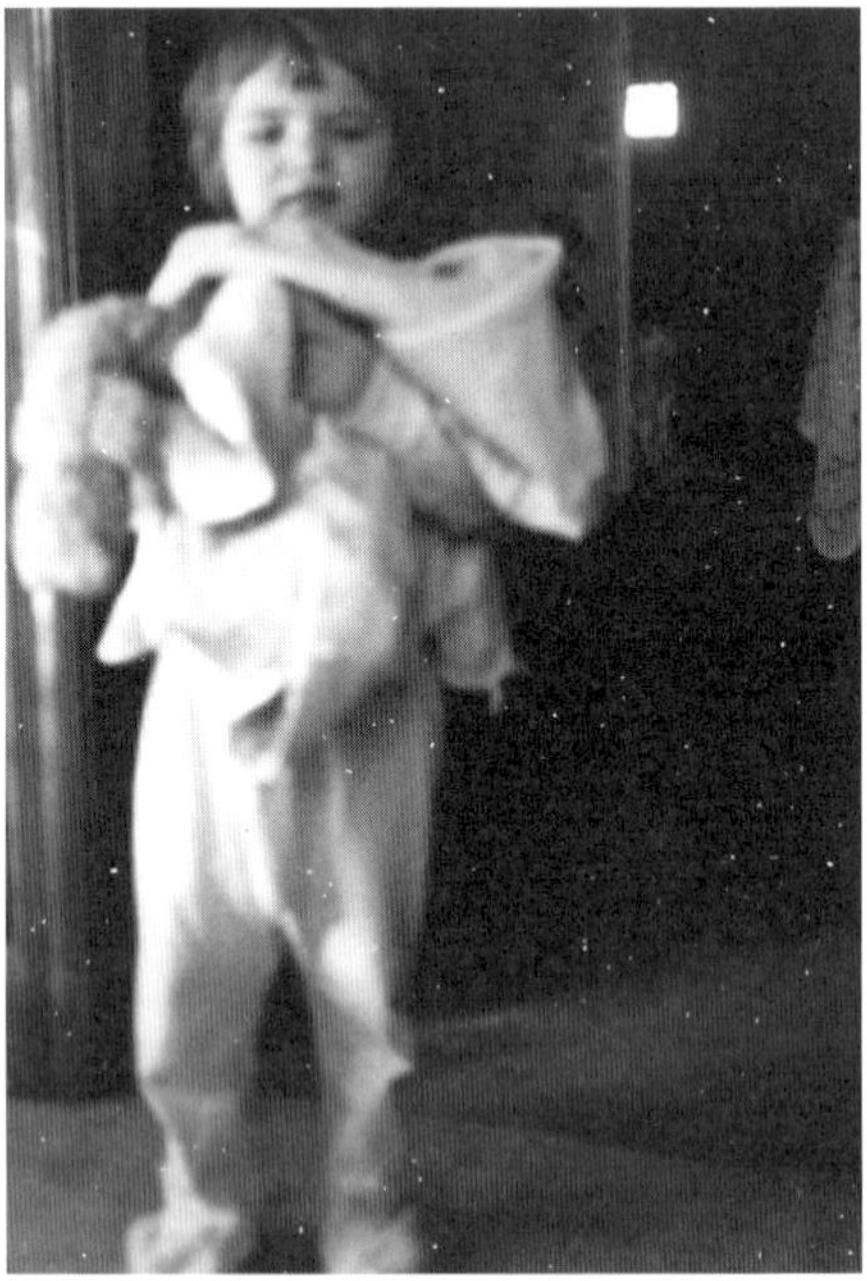

メアリアンの毛布

も同じだった。私も台所のテーブルでの朝食でこの日課に加わると50年間ずっとここに泊まっているような錯覚を起こした。）

日によってネルソン氏は電車で事務所に行った。そのときはネルソン氏はダウンタウンまで私と一緒に行き、私は乗り換えて大学まで行った。

ネルソン氏は毎晩6時になるとかならず家に帰った。ネルソン氏の車がクラクションを鳴らすと、子どもたちはドアの前に飛び出していった。ネルソン氏はまずリチャードの馬になり腹ばいになって部屋の中を歩き回るのが毎日だった。

私がネルソン家から次の家に移って2、3日たったとき、ネルソン夫人から電話をもらった。そのときの電話口の会話が面白かったので、私はメモをしておいた。

メアリアン「マコトはどこに行ったの？日本に帰ったの？」

夫人「まだ帰らないけれど、じきに日本に帰りますよ。」

メアリアン「ママ、あたしが大きくなったらどこに行くか知ってる？　あたしは日本に行くの。」

夫人「そうしてどうするの？」

メアリアン「そうして結婚するの」

私共は電話口で大笑いした。同じ屋根の下で共に寝て食事をして一緒に遊べばすぐになかよしになってしまうのが幼児である。何十年もたってから後まで、ネルソン家を訪ねる度に私共はこの話をして笑いあった。

（それから50年を経た。私はアメリカに立ち寄るたびにネルソン家の２階の同じ部屋に泊めていただく。ある時期、メアリアンの部屋になっていたその部屋には彼女の大きな写真が飾ってあった。メアリアンには４人の子どもがいる。そのうち２人は韓国の戦争孤児を引き取って養子にした。メアリアンの家はネルソン家のすぐ近くで、彼女ら夫婦は毎週両親を訪ねる。彼女はパートタイムで病院の看護師をしている。今年95歳になるネルソン氏は、私が米国留学中に泊めていただいた唯一の現存家族である。その後のネルソン氏を参照されたい。）

●マイノリティの集会

ネルソン家に行って間もなく、１９５３年2月7日には北川先生の日系アメリカ人コミュニティセンターで、日本人の戦争花嫁の集まりがあった。当時相当数の日本人女性が占領軍の兵隊と結婚してアメリカに渡っていた。幸せに暮らしている人たちも、日本語で遠慮なく話せる場を求めていて、北川先生はときどきその人たちと話すグループを作っていた。「津守くん、興味があったら来て見ないか」と誘われて私が参加したその日は7組の戦争花嫁夫妻が出席していた。食習慣の違い、言語のこと、子どものこと、姑舅などの話など、日常のことが話題になった。一世の人たちも出席していて、文化の根っこが切り離されたような中で、自分たちが生きる根本をどうやって見つけるか、真剣な話が続いた。ここには日本の中にだけいたのでは想像も及ばない苦心があった。

同じ日午後4時から、ミネアポリスのダウンタウンの中心部にある高い尖塔をもつセントマルクス教会で、マイノリティの家族たちの礼拝が行われた。夫が黒人で妻が白人、妻が黒人で夫が白人のカップルが多かったが、日系米国人も次いで多かった。その他、ギリシヤ、ユダヤ、アルメニア、イタリア、中米、などの人たちと結婚した米国人など、アメリカの社会からは疎外される階層の人たちが多勢集まり、大きな会堂が一杯だった。アメリカ人だけの集会とは違った落ち着きがあった。内に秘められた葛藤と愛情が、集まった家族の姿に感じられて、何となしに涙が出てきた。この人たちこそ神の前に出るにふさわしい人たちではないかと私は思った。

●台湾と中国

１９５３年2月11日、台湾の蒋介石が中国本土を空襲した。その新聞記事を見て、私は冷たい戦争から熱い戦争へと変わりつつあるのではないかと恐れた。しかし日本からの手紙や雑誌にはそのようなことは何も述べられていなかった。外から見ていると、台湾や中国、韓国で起こっていることは、日本で起こっていることのように見える。「我が心、内に騒ぐ。神よ、汝何処にいまし給うや。」

数日後の夜、ネルソン家で、ファーストコングリゲイショナルチャーチの日曜学校の先生たちの集まりがあった。日曜学校のことはそっちのけで原子爆弾に話は集中した。

ネルソン家にて ― 房江への手紙から

2月8日

●マイノリティの集まり

今日はね、とっても収穫大きな日だったんだよ。第1にね、在米日本人地域センターでミネアポリスに来ている戦争花嫁の夫妻を招待して7組くらい来たの。……一世が50人位集って、僕と、北川先生と、伊達さん。それから、午後4時から聖マルコ大聖堂で民族間礼拝があって、僕は先導者を務めたんだよ。……言葉から分かる通り、いろんな少数民族・マイノリティーの集まりで、黒人、日系米人が非常に多く、それからギリシャ、ユダヤ人、アルメニア、イタリア、中米、等々の人たちで大きな会堂が一杯、とてもよい礼拝だったよ。黒人の奥さんを持ったアメリカ人、黒人の旦那さんを持った白人、そういう人の悩みって君に想像がつくかしら？この社会においてつまはじきされる階級、そういう人達を見ていて、何となしに涙が出てしまう。そういう人達こそ、何て素晴らしい、そして神さまの前に出るのにふさわしい人達でしょう。君、分かるでしょう？それから今夜はピルグリムファウンデーションで、フォークソング・フェスティバルなんだけど、何だかそういう軽薄なインターナショナリズムがいやになってしまって、北川先生の所に行って、伊達さんと話して、北川先生の所でご馳走になって、それから12時過ぎまで北川先生といたの。そうしてね、北川先生と全く意見が同じなので嬉しくなってしまった。結局いつも云っているように、日本の悲劇、東洋の悲劇という結論なんだけれど、そういう悲劇の子として、同じ悩みと闘った同胞、理解し合える同胞として、何と心強く感じるでしょう。

2月11日

●平和 ― 天国では神さまは全ての人の目の涙をぬぐい去る

今日考えたら紀元節だね。っていうのに、今朝は不愉快でしょうがないの。新聞でね、蒋介石が支那本土空襲の記事が出ていたの。……僕たちは支那本土空襲ってことが何を意味するか、すぐにぴんと来るでしょう。先ず第1に、無辜の民の殺戮、幾万の家庭の破壊、第2には世界情勢の進展。僕たちは大変な時代に生まれ合わせたものだね。一体現実の世界のどこに神さまがいらっしゃるのでしょう。「文明の進歩とは即ち大量の殺戮と破壊を意味する」っていうのは現実でしょう?……現実の世界には神様なんていらっしゃりそうもないけれども、けれども僕たちは神様を信じていようね。復活のイエス様を信じていようね。天国にゆけば、神様は全ての人の目から涙をぬぐい去り給うってことをね。……

2月12日

●外から見る日本への不安

……僕がここにいる間に、日本の空襲なんかが始まったらどうしようとか、そんなこと考えていたらどうしようもなくなってしまうだろ?それでね、今日一日そんなこと考えて悩まされたんだよ。それでね、ついに決心したの。僕がアメリカに来るってことは自分で選んだことだ、僕が2年くらい滞在するということは自分で決めたことだ。一度決めたからにはそれをやり通そうって。

2月14日

●日本への郷愁

明日はね、2つの教会で、ハイスクールの生徒達に日本の話をすることになっているんだよ。それでね、農村の話をしようと思ってね、いろいろ案をねっている中に、とてもとても日本の田舎の美しいなつかしい生活が思い浮かんできて、たまらない郷愁に捉はれているんだよ。先ず、田んぼの中でさわがしく鳴く蛙の声、じんじんと沁み込む蝉の声、夏の夕方の日本の田舎の風情というのは、とてもアメリカの何処を探しても見つからない宝物でしょう。……それでね、いろんな詩をなつかしく思い出しているの。「静けさや、岩に沁みいる蝉の声」「朝顔に、つるべとられてもらい水」全くね、ここのセントラルヒーティングの発達した所では、誰も歌も出てこないんだよ。朝も昼も晩も、冬も夏も春も秋もないんだよ。「田子の浦にうち出でてみれば白妙の、富士の高嶺に雪は降りつつ」。それから子どもの歌で「ざっくざっく踏んだ踏んだ霜柱……」っていう歌もあったね。それから北原白秋の歌で「……いろり火は、とうろ、とうろ、外は吹雪」とんぼの歌もいいね。「夕焼けこやけの赤とんぼ、とまっているよ、竿の先」っていうの。ああ、とてもなつかしい。早く日本へ帰りたい。この夏はひぐらしの鳴く頃に、うちに帰りたいな。……

2月21日

今日はね、ミネアポリスから150マイルばかり西のミネソタ州モリスという人口4000人ほどの小さな町の教会に話をしてきました。ハンセン氏というとても面白い、良い人で、一寸牧師さんらしくなくて、今夜は話をしている中に政治問題に入って、すっかり意見が一致してしまって、面白い一晩を過ごしたんだよ。明日、午前と午後と3つの会合で話をすることになっているの。

■ 2月25日

……この頃の僕の生活ってすごいんだよ。夜を社交的な生活で潰すこと夥しいの。今夜もファーストコングリゲイショナルチャーチの夕食会兼討論会で。これはね、主立った教会のメンバーが集まるのでとても有益で面白いんだよ。僕ね、何時もアメリカの悪口を云うけれど、個人的には全く良い人たちだな~って思うんだよ。……今日は久しぶりにトームスさん達に会って嬉しかった。この頃はね、何時も6時半起床なので11時になるともう眠くて。でもね、早寝、早起きって健康的だね。……

■ 3月12日

……君がお勧めすること自体には全く異論がないんだよ。でもね、又同時にね、お勤めみたいに、人から与えられることだけが仕事だと思ったら、それは間違いだと思うんだよ。世の中には給料にならないで、而も、誰かやらなくてはならないことが一杯あるわけでしょう?……

……今日はね、君の手紙のおかげで、久しぶりでいろいろなこと考えたの。そうしてね、気付いたの。僕はこの頃すっかり神様のこと忘れていたんだよ。……僕をアメリカまで追いやったのは、神様じゃなかったのかしら。それなのに僕は、神様にいろんなこと尋ねようともしなかった。一体、神様を知って、お祈りするということがその人を変えてしまう位でなかったら、お祈りなどと言えないものね。それでね、今日、そういうことを教えてくれた君の手紙に心から感謝しているんだよ。……

■ 3月19日

今日は新しいキンダーブックをもらってにこにこ眺めているんだよ。「はるがきた」号とってもいいね。……全くアメリカに来る日本のえらい人達ってどういう気なんだろう？こないだも北川先生とそのこと話して、北川先生も本気になって云うんだけど、……国民の税金を搾取って、日本にしたらものすごい大金を持ってきて、それをやれお土産だと云ってばらまいて、お金を湯水のように使って……、時流に乗るより他の政治的洞察も持たず、それでアメリカ人からお世辞を云われれば、もうぼーっとして、いかにも自分が偉いかのような錯覚を起こして、ことばが下手でもいいから意見だけはしっかりしていてもらいたいものだと思うのに。……日本がこうである中は、日本は世界歴史で、ただ悲しい運命だけを背負わなくてはならないのでしょう。僕の親父さんはこういうの分かるんじゃないかしら。

■ 3月24日

……ラジオのスイッチを入れたら、「マタイ受難曲」という合唱をやっていて、いい気持ちになって聴きながら、この手紙を書いているんだよ。……イエス様を始め、初代教会時代のクリスチャン、旧約の予言者たち、内村先生、全てのクリスチャンは既に戦いに勝って、良き平和と愛と正義の国を備えていて下さるんだからね。……

今夜はね、「叫べ、最愛の国よ」っていう素晴らしい映画みたの。……

本格的に学び、語る日々

●大学

1953年春、児童心理学者として著名なDr.ジョン・E・アンダーソンの発達心理学上級セミナーに私はいままでにない満足感を感じていた。セミナーは先生の自宅で行われた。先生の家の3階が小さなセミナー室になっていて、書棚に囲まれて大きなテーブルのまわりに毎週7、8人の大学院生が集まった。夫人がいつもコーヒーを用意して下さった。先生には7人の子どもさんがあり、日々の保育については子どもの自発性を重んじる優しさをもっておられることがすぐに分かった。長男は新進の数学者として当時すでに知られていた。先生は心理学の側からの当時の進歩主義教育の支え手であった。米国教育協会の1946年次報は幼児教育の特集で、巻頭に先生の論文が載っていた。先生は心理学の理論家として学会で定評があり、大学院生たちからも尊敬されていた。ミネソタ大学にはサバティカルという制度があり、7年に1度休暇が取れるが、その期間は給料も減るので、多勢の子持ちの先生は1度もそれを利用されたことがないというのは学生の間でも有名な話だった。

セミナーでは、毎回当番の学生が心理学の理論を1つ選んで発表し、先生のコメントがある。私は、アーノルド・ゲゼルを担当した。私は日本にいた当時、日比谷のCIE図書館と愛育研究所でゲゼルの書物は殆ど読んでいたので発表に苦労はしなかったが、大学院生の中にイエール大学のゲゼル研究所で勉強していた少壮気鋭の学者がいて、心理学の観点からゲゼルに対しては厳しい批判をした。ゲゼルの研究は統計学的に欠陥がある、ゲゼルには心理学の理論がないなど、彼の批判はあたっていると私も思った。しかし小児科医でもあるゲゼルは、乳幼児の臨床経験についてはミネソタ大学のどのスタッフよりも豊富だった。当時日本でも、乳幼児の具体的な発達を語るときにはゲゼルの資料が引用されるのが普通だった。だが、アメリカにいてそのことを考えると、風土も文化も違う日本で、アメリカの研究者の作った資料を引用するよりほかないのは情けないことではないかと私は思った。ゲゼルのような臨床経験を得るには長い年月を要するが、心理学の検査法を応用して日本の乳幼児の発達の実態を整理するのは簡単なことだから、日本に帰ったらこれだけはすぐにやっておこうと私は考えた。卒業の時期も近づき、私はしばしば日本に帰ってからの研究を考えた。私は紙と鉛筆だけの研究ではなくて、実際の子どもにふれて研究したいと思っていた。社会の冷たい現実に直面して、その現実に温かい心を吹きかけて行くのでなければ、児童心理学の研究とは言えないだろう。セミナーからの帰路、春の快い空気を吸って、闇の中のエルムの並木の間をゆっくりと歩きながら、日本に帰ったら日本の土から芽生える学問に取りつこうと私は自分の胸に言い聞かせた。

●米国における進歩主義教育の論文

１９５３年春は、私は特別に忙しい日々を過ごしていた。

私は進歩主義教育の歴史を跡づけることによって、遊びが幼児教育の基本であることを歴史的に確認できると考えていた。心理学はそれを更に前進させることができるだろう。私の「進歩主義教育の歴史」の原稿はほぼ出来上がり、所定用紙のオニオンペーパーにタイプで清書するばかりだった。私は自分のタイプライターを持っていなかったので、私が泊まっていたピルグリムファウンデーションのシュタウファー若夫妻は、買いたての新しいタイプライターを私に使わせてくれた。数週間かけてタイプを全部打ち終わったときには活字が磨滅して全部取り替えなければならなかった。私が新しいタイプライターなのにと恐縮するとシュタウファー夫妻は、だれが使ってもときどき取り替えるのだからと言って笑って済ませてくれた。表紙をつけてきちんとしたらとても立派になった。

●ミス・アボット姉妹

4月9日の日曜日の夕、2人の老婦人ミス・アボット（Miss Abott）姉妹にサンデーディナーに招かれた。アボット姉妹は、長年、ミネアポリス幼稚園協会によって設立されたミス・ウッズ・スクールのセクレタリをしておられた。これは幼稚園と小学校の教師養成のために1892年に創立された学校である。スーザン・ブロウとパティ・ヒルの進歩主義教育論争のなされていた時代で、新しい幼児教育の推進に一役買っていた。私が米国の進歩主義教育の歴史を論文に書いていることを、大学ナースリースクール主任ミス・ニース・ヘッドリーから聞いて招いてくださったのだった。たいそう年寄りに見えたが、2人とも65歳くらいで、すでに退職して2人きりで暮らしておられた。私に身を寄せるようにして多弁に話された。私は戦後の日本でどうして進歩主義教育に関心を抱いたかを話した。帰りがけに書棚からどれでも好きな書物をあげようと言われ、私はフレーベルの『母の遊戯と愛撫の歌』の1895年出版の英訳本を頂いた。ウィリアム・T・ハリスの序文がついていて、スーザン・ブローの訳で、フレーベルの哲学についてのブロウの解説がついていた。進歩主義教育はフレーベルを否定したのではない。むしろフレーベルの精神にもどって新しい学問によってその先を作ろうとしたのではないか。そんな考えがあって私はこの本を選び、頂いた。私はその本をいまも大切にしている。ミス・アボット姉妹は、幼稚園運動及び進歩主義教育の時代を身をもって生きてこられた歴史の証人だったのに、私はそのときは自分の論文を書くのに忙しい最中で、多くを尋ねる余裕もなかったことを残念に思う。私がミネソタ大学で勉強していた時は、スキナーの行動心理学はまだ緒についたばかりだったし、ピアジェがミネソタ大学のフラヴェル教授に紹介されて米国に登場したのはそれから10年も後のことである。進歩主義教育のその後についてはこれらの新しく台頭した科学的心理学との関連のもとに続きを語らねばならない。

この学期、私は大学で日本文化の講義を聴くことになった。英語で「MURASAKI SHIKIBU」と言われてもそれが「紫式部」と同一人であると考え至るのには時間がかかった。アメリカ人に日本を伝えるのはなんとむずかしいことか。この講義に触発されて、私は日本について書かれた英語の書物を何冊か読むことができたのは収穫だった。岡倉天心(覚三)の「A waking of Japan」の『日本の目覚め』の英文は素晴しい。明治人の英語力はたいしたものである。チャールス・エリオット卿（Sir Charles Eliot）という日本のイギリス大使の著書に『日本の仏教』（Buddhism in Japan）という書物がある。この人は１９３４年に、日本からヨーロッパに帰る途中の船のなかで病死して、シンガポール沖で水葬にされた。この人の大使館付文官として日本にいたのがG・S・サンソム（G.S. Sansom）である。この人の著書に『西欧世界と日本』（Western World and Japan）がある。私共が学校で学んだ日本の歴史とは違った視点から書かれていて面白かった。しかも日本の歴史と人間に対する愛情が溢れている。このように異なった文化の中でも通用する日本文化論が欲しいと私は思った。

３月19日に、お茶の水女子大学附属幼稚園の及川先生から手紙を頂いた。「庭の桜の並木は今満開で、実に美しいです。藤棚近くの山の上に山椒が美しく咲いております。緑と桜の美しいなかに可憐なかいどうが赤く可愛く咲き誇っております。先生はいかがお感じ。春はこれからです。ことに人生の春は殊更。」倉橋先生からはときどき短い便りを頂いていたが、及川先生からの手紙ははじめてで懐かしかった。３月22日には3月というのにまた吹雪で、せっかく伸びかけてきた木の芽がまたすっ込んでしまわないかと案じた。父からの手紙に「大器晩成」と書いてあった。吹雪の日に『キンダーブック』が届いて嬉しかった。子どもの絵本は日本からの最善の使節である。

●高校生への講演

この頃私は何度も高校生に話をする機会があった。

ミネアポリスから150マイルほど西のモリスという人口4000人の小さな町の教会学校で話した。前の晩からハンセンさんという若い牧師の家に泊めていただいた。シャロンという小学校6年生の女の子と、ブッチュという2年生の男の子、それに3か月の赤ん坊がいた。シャロンは赤ん坊の世話をよくした。ブッチュは、自分のベッドと寝室を私に提供したことが大得意だった。シャロンとブッチュはかわるがわる自分たちの宝物を見せてくれた。野球の選手の写真、飛行機の写真、レコードをお腹の中に備えた人形、卵の殻に自分で絵の具を塗って作った小さな人形などなど、子どもたちとの会話は楽しかった。小さな町にただひとつしかない小さなレストランで、この愛すべき家族と一緒に食事をご馳走になった。何組かの家族たちがハンバーグやホットドッグを食べていた。夕食を終えて、夜のバスで私がミネアポリスに帰るときにはブッチュが泣き出して止まない。シャロンは自分と赤ん坊を日本まで連れて行けという。ひと騒動のすえ、バスの停留所まで家族で送ってきてくれて別れた。個人の友情には国籍も人種もない。(十数年後にシャロンから結婚式の招待状が届いた。私は勿論行かれなかったが、しばらくたって美しい花嫁姿の写真が送られてきた。)

2月から3月にかけて私は毎週のように教会の高校生のグループで日本の話を頼まれた。戦争中には互いに敵と思っていた人とも、直接に会って話しをすれば同じ人間だとすぐに分かることをテーマとして話した。しかし戦争も敗戦も知らないで、美しい市ミネアポリスで育った幸せな子どもたちにとっては、この前の戦争はもう過去になりつつあることを感ぜざるを得なかった。

マッケンシュタットさん

1953年3月23日に私はネルソン家からマッケンシュタット家に引っ越した。アール・マッケンシュタット氏は市街外れの大通りにドラッグストアを経営していた。薬剤師の免状を持っていて、長年、ユダヤ人のドラッグストアで働いていたが、10年ほど前からドラッグストアの経営者は薬剤師の免状を取らねばならぬという法律ができて、そのユダヤ人が店を売ってカリフォルニアに移住した。その機会に、長年かかってためた金で別のドラッグストアを買って自分が経営者になったのである。マッケンシュタット氏は美しい白髪の、私くらいの背丈の紳士で、正直で、小心なほどに善良な人だった。

マッケンシュタット夫人は典型的な中年アメリカ婦人の体型で、頭のいいしっかりした、そして実のある婦人だった。3人の子どもたちは皆成人して、いまは2人だけで古い家に住んでいた。息子は日本に占領軍の兵隊として来たことがあるとのことだった。私はちょうど卒業間際の多忙を極めていた時期で、始終夜遅く家に帰った。それを夫人は心配して、勉強し過ぎないように、ひとつの体ですべてのことをすることはできないのだから無理しないようにと始終言ってくれた。私が学校から帰ると、いつもベッドがきちんとつくられていて、私の婚約者の写真が枕もとにかざってあった。マッケンシュタット氏は従業員を3人も使っていたので、1日おきに夜10時まで店に残って、自分で店を閉めてから家に帰った。帰ってくると私と同じくらいの時間になることが多かった。そういうときは、マッケンシュタッ

マッケンシュタット夫妻

ト氏は帰りがけによく店からソーダ水とアイスクリームをぶら下げて帰って来た。ソーダの中にアイスクリームを入れて食べるとなかなかおいしい。３人でよもやまの話をしながら夜遅く食べるアイスクリームソーダはなかなかおつなものだった。

マッケンシュタット夫人は私がたったひと月で次の家に移るのを悲しんで、私が家で食事をするときにはいつも大御馳走を作ってくれた。その頃はアメリカでも家庭料理を作るのを楽しむ人が多かった。日本に帰ったら、あまりいろいろのことに張り切り過ぎてはいけない。殊に最初は家庭を作ることが大事だ。一人の人がすべてのことをできるものではない。公のことは何もしないでいいから家庭を作りなさいと言ってくれた。

数か月後に、私がミネアポリスを発って日本に帰るときには、マッケンシュタット氏は店から荷造り用の箱と縄を持って来て、３日間もかけて荷造りを手伝ってくれた。そういうときはマッケンシュタット氏は実に手際よく、私は大助かりした。

マッケンシュタット家にて ― 房江への手紙から

3月27日

……この3月23日からマッケンシュタットさんの所に来たんだよ。ドラッグストアの主人でね、とてもいい人達。リンデイル教会って、所謂働く人達の階級の教会で、昨夜、四旬節の礼拝で初めてこの教会に行ったんだよ。僕たちが行ったらね、皆もう大分集まっていて、一斉に僕の方に視線が集まるのを感じながら悠然と一番前の席に座ったんだよ。礼拝が終わったらね、皆、僕に紹介して欲しくって、僕の方ちらちら見ながら立ち話してるんだよ。所謂普通の働く階級のアメリカ人て可愛くなってしまう。勿論大部分が皺のよった人達だけどね。……

4月3日

●日本に帰ってからの不安

……僕はね、何だか日本のいろいろの記憶がおぼろになってしまった。時の効果というのは恐ろしいものだね。ここの土地や生活がうまく回転し始めると、何だか過去のことがぼんやりとしてしまうの。日本に帰った時、誰かにアメリカのことを聞かれたとすると、今の此処の生活が余りにも日本の生活と違うこともあり、僕の経験していること全てが、僕のいつも会っている人、親しくしている人達のすべてが、日本の人達に未知の人であることに気付いて、愕然とするんだよ。そうしてね、一体何から話をしたらいいのだか分からなくなってしまうだろうと思うんだよ。僕が此処で日本のことを話すのに苦労するのと同様に、日本に帰って此処の生活を話すのに苦労するだろうと思うんだよ。……

4月10日

……第一に、日本の文献に、目を通すこと。それを早速帰ったらやらないと、先が進まないように思うんだよ。アメリカの文献の要約は目を通したの。でも、日本のことを知らないと僕らの社会に必要な学問ていうのが生まれてこない。帰ったら先ず、1月から1か月半、その為に使わなくてはならない。それをやってしまって、日本の学会とアメリカの学会の両方の概容が掴めれば後は、その時々にそれを補充しながら、自分の洞察力と実行力に訴えて仕事をしてゆけばいいから、後は少し楽になると思うの。……

4月11日

……僕の旅も終わりに近づくに従って早く会いたくてたまらない。……社会及び世界というものに目が開けて、自分の範囲からはずれた所をさまよい歩いて、又この頃もとに戻ってきたような気がするんだよ。……今学期はね、M.A.の試験があるし、論文も書いているんで大分専門的児童心理学の方面に入ってきたの。児童心理学便覧は殆ど暗記する位にしなければならないんだよ。それでやり始めたら、面白くて夢中なの。

4月18日

●帰国前の忙しさ、不安定さ

今、14日付の手紙もらったの。うれしくってぶるぶるふるえてるの。ピルグリムファウンデーションでリーとダナ（ピルグリムファウンデーションで一緒に住んでいた人達）にこないだからゆーつな時、話し込んでたんで、彼らが手紙が来たかって云って、僕、声も出なくて笑われちゃった。……僕、今週の木曜日には、お金が3セントと、電車のトークンが5つ6つあるだけだったの。金曜に学校には行けたけど、手紙を買うお金もなくって、それから、夜、セントポールのオリベット教会でデイビッド・キングていう世界キリスト者学生連盟に出席した学生の夕食会に行くのに、それに払う夕食の85セントもなかったの。エイ、どうにでもなれと思って学校に朝出かけようとしたら、マッケンシュタットさんがお金は充分あるかって聞いたんだよ。ないのにあるって云えないだろ?だから、十分はないって云ったら、1ドルくれたの。それからピルグリムファウンデーションにお昼に寄ったらバチェルダさんから20ドルの小切手が来てたの。それで、第一番にエアレターを買って手紙書いて、それからセントポールも無事に行けたの。こんなこと書くと情けないみたいだけど、僕、今働いてないから、お金がないっていうだけなの。「愛することを知った人間は、人生の最大の幸福を知った人間である」。どう、賛成する?……僕たち、泥沼の中に蓮の花を咲かせてゆくような努力をしようね。……

4月27日

ね、ビッグニュースなんだよ。藤野さんから手紙もらってね、6月末の飯野海運の船だったら、150ドル位で渡してくれるって。一寸忙しいけど、勿論、これにするつもりだよ。今ね、シアトルまで行くお金をどうやって作ろうかって考えているの。……

4月30日

……明日、お引っ越し。マッケンシュタットさんはとっても良い人達。僕大好き。とっても良い一月を過ごしたの。……

ダリーンさん

●ダリーン家

私がマッケンシュタット氏に連れられてダリーン家に移ったのは、1953年の5月1日の暖かい晩だった。

ダリーン家は市の郊外ミネハハクリークの小川の前にあった。ミネハハは、ロングフェローの詩「インモータル」で知られているが、アメリカインディアンの伝説の少女ハイワーサとの恋の物語の主人公である。小さな銅像が流れのわきに立っていた。ダリーン家の庭の芝生はその小川につながっていた。私共がダリーン家に行った日はロイ・ダリーン氏は出張旅行中で、マッケンシュタット氏はしばらく雑談して後、私一人を残して帰っていった。いつも私は前の家から移るときには新しい生活への緊張感と共に、親しんだ人々と別れを告げる寂しさを味わった。だがじきに私はバーサ・ダリーン夫人の明るく親しげな話振りに引き付けられた。夫人は40歳をひとつふたつ超えているのに、小柄な身体にエネルギーが満ちて若々しかった。夫人の興味は音楽から政治に至るまで広く、話していて面白かった。3日後の晩にダリーン氏は2週間の出張から帰宅した。帰ると先ず居間の机の上の手紙類に眼を通してから悠然と自分の椅子に戻る。これは毎日家に帰ったときのダリーン氏の日課である。ダリーン氏は大柄で、夫人はダリーン氏のやっと肩くらいの背丈の美人だった。ダリーン氏はミネアポリスで一番の大きなデパート「バワーズ」の家具部の部長をしていた。ゆっくりとした調子で一語一語力強く話した。夫妻はミネソタ大学在学中から親しい友人だった。ダリーン夫人の方が1学年上で、音楽科の学生だったが、在学中からソプラノ歌手として有名で、しばしばステージに立っていたとダリーン氏は得意げに話した。夫人は卒業後1年間ニューヨークの音楽学校で学び、ミネアポリスに帰ってからダリーン氏と結婚したときには新聞紙上で騒がれたという。当時の新聞を見せてもらうと、大きなトップ見出しに写真入りで詳細な記事が載っていた。夫人の母親ミセス・アーウインは、娘は芸術を放棄する気かとずいぶん反対したそ

ダリーン夫妻　　眞

うであるが、結婚後はダリーン夫人はステージに立つことはなかった。夫妻には14歳になる双子の男の子、スティーヴとノームと、もうひとり12歳の男児グレッグがいた。双子と言っても風貌も性格もまるで違っていた。スティーヴはアメリカ人には珍しい内向的な青年で、よく私の部屋に来て悩みを話した。ノームは屈託なく、人懐っこかった。スティーヴはバイオリン、ノームはチェロ、グレッグもバイオリンを弾いた。皆なかなか上手だった。3人寄ると立派な室内楽団だった。それにダリーン夫人がピアノで伴奏をつけ、ときどきソプラノで歌う。ダリーン氏だけは何も音楽をやらない聞き役で、賑やかな明るい一家だった。なかでも気持ちが良かったのは、夫妻は他人の立場を理解しようと努めていたことである。人の心を察して同情し、他人の話しを聞いているうちに涙が出て来てしまう。訪問者のあるとき私はしばしばそういう場面に立ち合った。話が日本の戦争のことになり、焼夷弾や原爆で死んだあの人、この人の話に及ぶと、夫人は涙を流した。朝、私が学校へ行くときにはきっと前晩の残りの御馳走をサンドイッチにして紙袋を持たせてくれた。近くに住んでいたダリーン夫人の母親のミセス・アーウインは毎日のように娘を訪ねてきて、庭のベンチでよく私とも話した。ダリーン夫人にはもうひとり弟がいたが、ミセス・アーウインはその息子のことを「ブラックシープ」と呼んだ。「ブラックシープ（黒い羊）」は日本語では鬼っ子とでも言うのだろうか。長年、家を離れて音信もない。話がその子のことに及ぶとミセス・アーウインは悲しそうな顔をした。

季節が急に夏になって、大学の教室の窓も開け放して芝生は学生で賑わうようになった。

1953年5月8日に、私は児童研究所の所長室に呼ばれ、M.A. の試験に合格した旨を知らされた。ハリス教授が私の手を握って「コングラチュレーションズ」と言ってくれた。私は PhD に進む気はあるかと尋ねられて、直ちにその気はないと答えた。婚約者が待っているのが第1の理由だが、私は早く日本に帰って本式に自分の学問にとりかかりたいと思っていた。学問に国境はないというが、子どもの研究についてはとくに、日本の土壌から生れる学問がなくてどうして本式の学問がありうるだろうか。外国の文献に頼らないで、実物の社会の中に身を沈めてよく観察し、その中から何かを取り出したいと、アメリカに来て以来ずっと考えていた。(そうできるようになるには意外と長い年月がかかってしまったが。)

●ノーマン・カズンズ

ダリーン氏夫妻はワールドフェデレーション (World Federation、世界連邦組織) に加わっていた。第二次世界対戦後のアメリカは、世界の恒久平和をどのようにして作れるかに強い関心を抱いている人が多かった。世界連邦はそのひとつで、世界から軍隊をなくして、そのかわりに世界がひとつの警察をもつという考え方だった。日本の再軍備はアメリカでも人々の話題だった。ダリーン氏は日本の敗戦後の農地改革と軍隊の解体を高く評価していた。軍隊という巨大な組織の維持に必要とする費用は厖大で、それを他のことに使ったら世界はどんなに幸せになるか、日本は良い例だと始終言った。私共は夜12時、1時までもそんなことを話して、もう寝ないと明日が大変だと急いでベッドに入った。

ダリーン氏は、世界連邦の主唱者であったノーマン・カズンズを高く評価していて、彼の著書、『だれが人間の代弁者になるか?』(Who speaks for man? The Macmillan Company. New York 1953) を私に読むようにと1冊くださった。ノーマン・カズンズはアメリカで最もよく読まれていたサタデーレヴュー誌の編集長をしていて戦中戦後の世界事情に明るかった。日本を最初に訪れたのは1946年(昭和21年)だった。その「ヒロシマ」の章は次の書き出しから始まっていた。

「ヒロシマは私が予期していたのとは違った。私は「諦め」を予期していたが、すでに「再建」が始まっていた。私は「荒廃」を予期していたのに、すでに「若い息吹」があった。私は、ヒロシマで原爆の破局を生き残り、生命を取り戻した人達、更に重要なことは、人間と自分自身への信頼を取り戻した人達に出会った。ヒロシマ市民たちは世界で最も美しい市をつくることを計画していた。」

更に彼は次のように書いている。

「もう一つ私の重要な関心は、ヒロシマ市民自身が原爆とアメリカをどのように考えているかということだった。それを尋ねると、ほとんど信じ難いことだが、原爆を受けた人達が1、2の例外を除いて憎しみや恨みの感情をもっていなかった。彼らが言うには、もしそれがヒロシマでなかったら他の市に原爆が落とされたろうし、他の人々の犠牲のもとに自分たちが助かる権利はないと言った。自分たちの犠牲によって何百万人もの他の生命が助けられたのだと言った。ヒロシマは平和の見本であり、新しい戦争の残酷な性格をドラマチックに示した実験場であり、それは戦争それ自体をも破壊したのだ。ヒロシマによって戦争は永久になくなったのだと言った。ある婦人は、原爆で死んだ夫のあとを継いで理容師をしていたが、彼女はアメリカ人を見たいとも思わないと言って目をそらした。彼女は自分の心にある憎しみを他人から悟られるのを恐れていた。あんな爆弾を落としたアメリカはそれによって自分たちの名誉を汚したのだ、こんな悪は悪人にしかできないと言った。」

1953年5月29日、ミネアポリスから車で2時間ほど西北にある小さなカレッジ・グスターフス・アドルフスでノーマン・カズンズの講演会があった。ダリーン氏夫妻は早くからそのことを話していて、私と一緒に聞きに行こうと張り切っていた。グスターフス・アドルフスというのは、17世紀の有名なスウェーデン国王の名である。ミネソタにはスウェーデン系の移民が多く、その名にちなんで名付けられた大学である。ノーマン・カズンズの英語は難解だったが、著書を呼んでいたことが助けになった。真っ暗な夜道を車で走りながら、帰途、ダリーン氏夫妻と講演について語り合った。

「アメリカは基本的にデモクラシーの国である。デモクラシーは、ノーマン・カズンズの言葉によれば、雑多性、複雑さ、不一致、非公式性を特色とするが、それを貫いて脈打っているひとつの心臓の鼓動がある。それは個人の決定が優先することということである。政治もイデオロギーも、自由な人間があってこそのことである。自由な人間には、高尚な側面もあるし、下劣な側面もある、またその両方がある。デモクラシーはその両方を抱えていることを前提にしなければならない。だから私共は議論をし、良い面で人々が合意してゆくように努力しなければならない。」ダリーン氏は付け加えて言った。「個人的友情はいかなる政治国際状況をも超えて、また人種をも超えて人々の間に温い心を通わせる。いろいろの国の人が互いに訪ね会い、理解しあい、友情を分かち合うことが世界平和の基礎である。私たちは何とかして世界を1つに結ぶような世界組織を持ちたいものだ」これはダリーン氏の持論だった。私も同意した。

数日後の晩に、ダリーン氏夫妻は10人程の音楽家を家庭に招いて小さな音楽会を催した。チェロやフルートの専門家が合奏した。その中心は「とっし」で、ショパンその他自分の作曲を10曲以上も弾いて、皆興奮した。「音楽史の1ページが今夜作られた」と音楽家たちが言った。「とっし」の人柄が謙遜なことが皆の尊敬を増した。

●送別レセプション

ある日の午後、大学から帰るとダリーン夫人が、あらたまった語調で、「ミスター・ツモリ、あなたは理髪店に行かないと心を決めているのか」と尋ねた。私は以前に理髪店に行ったとき、椅子に座るや否や「トップ　オフ？」と尋ねられて、何のことか英語の意味が分からなくて戸惑ったことがあった。髪の上部を切ってよいかという意味だったのに、頭を切られたら大変と、とっさに考えたのだった。そんなことがある筈はないのに、外国ではこんなことで懲りてしまうのである。私は長い間理髪店にいってなかった。ダリーン夫人がそう尋ねたのには別の思いがあったことに気づいたのはしばらくたってからだった。

5月23日、土曜日、ダリーン家で私のためにレセプションをするからと知らされた。その計画は早くになされていたらしいのに私は少しも知らなかった。私はまさかこんなに多勢とは思わなかった。半信半疑だった。7時から夕食で、トンプソン夫妻が第1着で、私がミネアポリスに来て以来私を泊めてくださった人達13軒の人達が、2軒を除いてことごとく夫婦で集まって下さった。私は今さら、こんなにたくさんの人たちの家庭に世話になったかと思ったらびっくりしてしまった。そうして一人一人の家のことを思い出して、とても懐かしかった。一軒一軒の家で楽しいときも辛い時も過ごして、皆で笑ったり冗談を言ったりしてきた。文化の相違も国の相違も、社会の相違も超えて、人間同士の愛情のつながりが一番強いものだと皆感じていた。私がここで良い経験を得ただけでなくて、一軒一軒の家に私も何かを残したことを知った。それはとても尊いものだと皆が言ってくれた。それから私がどうしてミネアポリスに来るようになったかということになったら、皆分からなかった。それで皆トンプソン夫人と北川大輔先生の骨折りと決断を称賛した。それからまた皆で冗談を言ったり笑ったりして11時頃まで楽しんで別れた。

それからダリーン夫妻とたくさんの皿洗いをした。朝4時、静かなミネハハクリークの傍らの家で、戸外には小鳥が鳴き始めた。私はこれから先どこにいようとも数千マイル隔てた海の彼方に、心を許した友人がいることを信じた。(その確信はいまなお私の心をはなれない。50年たったいま、13軒の中で夫婦で健在なのは、ネルソン夫妻、それからハリス教授夫妻だけである。一人だけになって健在なのは、バチェルダ夫人とコルレット夫人であり、他はみな天国の人になってしまった。）

ダリーン氏夫妻は、それから間もなくデパートを辞めてミネアポリスの郊外にモテルを経営した。そのモテルも閉じて１９８３年5月に日本に旅行に来られた。私は一緒に九州まで旅行した。

１９５３年7月1日、私はグレイトノーザン鉄道のミネアポリスの駅を発った。汽車の駅には私が泊まった家の方々が子どもたちも含めて大勢送ってくださった。一人ひとりと抱擁して別れた。

7月3日にシアトルに着いた。シアトルでは、はじめて来たときと同様にツァイ牧師が迎えて下さった。そこにはすでにダリーン夫人から私宛の手紙が届いていた。「グレッグと私は昼食にチーズサンドイッチを食べています。そしてもう一度冷蔵庫をのぞいてあなたの分のチーズサンドイッチが取りよけてあるのを見て、それから洋服ダンスの中を見たら忘れ物がありました。そして多分もう汽車に乗っているであろうあなたのことを思いました。――私たちは互いに遠くに離れましたが、私たちの心の中にはいつもあなたが生きています。時間も距離もそのことを変えることはありません。家族の一人が去ったようだと言っています。本当にそうです。忘れ物はシアトルに送ります。……」と記されていた。

ツァイ牧師の家庭は、この2年間に2人の子どもさんが生まれて、４人家族になっていて、私が泊まれる部屋はなく、シアトルの埠頭に近い小さなアパートの1室を予約しておいてくださった。7月14日まで、約10日間、飯野海運貨物船「若島丸」の入港を待ちながら、いつの日かアメリカの家庭のことを記したいと私はそれぞれの家について書き記した。今回、アメリカ留学の記録は、約1年10か月にわたってミネアポリスから婚約者に宛てて送った日記が主たる資料であるが、このときにこの小さな部屋で書き留めておいた文章も多く含まれている。

「若島丸」は7月17日にシアトルの埠頭を出航し、カナダのヴァンクーヴァーの近くのテクサダ島で1週間停泊して、鉄鉱石を喫水線が沈むほどに大量に積み、8月初めに九州の八幡港に入港した。ミネアポリスを発ってから約1月の旅だった。

ダリーン家からさらにシアトルで船を待つ間に

6月28日

……昨日は全部、荷物を発送したの。いよいよもう今夜一晩でミネアポリスともお別れ。方々から引っ張りだこで、この2週間、市中を駆けめぐったんだよ。ダリーンさんの所から発つつもり。……それに、いろんな人と劇的シーンばかりなんだもの。新しいタイプライター（中古）を買ったの。これは結婚祝いのお金じゃないんだよ。……

7月3日

ツアイ先生の所で君の手紙もらって本当に嬉しかった。ミネアポリスと別れて、もうなつかしい知っているお友達の顔を一生見られないかも知れないと思ってかなしかったの。……一人旅ってとても寂しいんだよ。ダウンタウンの小さな宿の一室で、時間ばかりあって、寂しくって寂しくってしょうがないの。……あと3週間の旅のこと考えると憂鬱になってしまう。……

7月4日

……まだ船も港に来ないんだよ。……僕ね、船が港に入る時には、青の背広に、赤いネクタイにするよ。赤いネクタイなんて日本じゃ一寸キザかも知れないけれど、ネルソンさんから今年のヴァレンタインにもらったもので、僕好きなんだよ。それによく目立つだろ?だからすぐ見つけてね。……

7月8日

……最後の1か月の船旅という試練を、又、大きな勇気と信仰をもって乗り切ろうね。……

7月9日

今日でね、全部、手続きを終わったの。「出発」っていう言葉を余り聞かされるんで、一寸何だか寂しくなるの。僕、ミネアポリスでいろんな人とあんなに仲良くしていたのに、結局違う国の人かと思うと、一寸妙な気持ちがするの。だけどね、国境というのは人間が作ったもの。神様は国境をお作りにならなかったんだよ。神様の前にはね、人間は人間なの。明日の朝、船に乗り込んで、移民官にアメリカ入国の時の査証を取られてしまうわけだけれど、それでも、それは人間の勝手にこしらえた手続きの上のことだけ。国を異にしても僕たちは、いつも、ミネアポリスの良い人達のお友達なんだよ。……

7月10日

……この手紙でアメリカからの便りはおしまい。この次はカナダから。

吾妹子《わぎもこ》よ、われの旅路を祝へかし、今日アメリカを船は出づれば。

第三部　アメリカから帰って

アメリカから帰って

昭和28（1953）年8月、私のアメリカの旅は終わった。アメリカから帰って直ぐ、私達は結婚することを宣言した。双方の家族も、2年近い2人の別離を思って協力してくれた。暑い8月に帰国後、10日程で結婚式をした。母の誕生日だった。その後私鉄沿線の商店街のアパートの1室に住むことになったが、当時としては恵まれたことであった。

1年10か月の間に、日本の社会は変化していた。帰国して私が第一に驚いたのは、「道徳教育」という語が頻繁に聞かれたことだった。いまでは殆ど信じられないかもしれないが、戦争が終わった直後から1951年の頃までは、教育界でこの語を聞くことは殆どなかった。そのくらい戦時中の道徳は新しい枠組みの中で考え直さねばならないと一般に思われていた。小学校では教科書も墨で塗りつぶし、教育勅語を暗唱することもなくなった。国家を中心とした忠君愛国の道徳とは違う、人間的で普遍的な価値観を人々は探っていたが、新しい言葉が見つからないうちに古い言葉が登場してきたという印象を私はもった。それは早くも日本の右傾化を暗示するように思われた。

第2に驚いたのは、「保育要領」に代わって「幼稚園教育要領」（案）が力をもっていたことだった。「保育要領」は幼児の生活に即したものだったから、保育現場では使いやすいものだった。それに対して「幼稚園教育要領」は、目標の羅列で、一見してそこから幼児の生活は見えてこなかった。そのうえ私に疑問だったのは、文部省が定めたものが幼児教育の根拠となるという考え方であった。コメニウス、ペスタロッチ、フレーベルの幼児教育思想、さらにその後の進歩主義教育の歴史はどう関連するのかということだった。保育要領は米国教育使節団のヘレン・ヘファナン女史に負うところが大きいが、彼女は米国の進歩主義教育の全盛期を生きた人である。いま『文部省幼稚園90年史』（１９６９年　１９６頁）を参照して見ると、「１９５２年、わが国の独立を契機として高まった教育の全面的な再検討の機運とあいまって、１９５６年2月に保育要領が改訂されて幼稚園教育要領となった」と記されている。１９５２年というとちょうど私がアメリカ留学中のことである。こうしてみると、この時期が日本全体の右傾化の発端をなしているようである。

帰国したばかりの私は、多くの人からアメリカの最先端の研究を尋ねられたが、私にとってはこの２つがいつまでも消えずに心に留まった。

●Dr.デール・B・ハリス教授の来日

アメリカから帰って直ぐに私はお茶の水女子大学に講師として復職した。

附属幼稚園で私が毎日見ていた、幼児が一日中遊ぶ姿の中に幼児教育があるという考えは、帰国して後も少しも変わらなかった。心理学者としてその続きをどうするかということが私の課題だった。附属幼稚園の中に家政学部児童学科の研究室があって、私は、毎日子どもたちの遊びとそれを生み出す保育を眼前にしながら、心理学はどのように貢献できるかを考えた。それを探って実に長い年月を経ることになった。
　アメリカの進歩主義教育協会は私がアメリカから帰って2年後の1955年に解散された。アメリカから届く心理学の新しいジャーナルは、子どもの活動を中断して遊びの実験場面をつくり、教育効果のあがるプログラムを作ろうとする研究が主流だった。アメリカも変化しつつあった。

　私がミネソタ大学を去って間もなく、それまでミネソタ大学に直属の独立児童研究所が教育学部付属研究所となり、名前も Institute of Child Welfare から、Institute of Child Development（児童発達研究所）と改

ハリス先生（お茶大にて）

められた。内容も大幅に変わり、それまで大きな部分を占めていた両親教育部門は廃止された。そのことを、ハリス先生は非常に残念がっておられた。改組にあたってハリス先生は数年間非常な苦労をされ、ミネソタ大学を去ってペンシルヴァニア州立大学に移られた。１９６８〜６９年（昭和43〜44年）に、お茶の水女子大学は、Dr.デール・B・ハリス教授をフルブライト教授として招いた。ハリス先生夫妻は小石川植物園のそばのマンションの一室に半年にわたって滞在され、児童学科のために講義をして下さった。ハリス先生はお茶の水女子大学附属幼稚園を見て、自分はノスタルジアを感じると言われた。先生はミネソタでの私の修士論文を覚えておられて、最近に出版されたクレミンの『学校の変貌 ― アメリカの進歩主義教育１８７６ ― １９５７』（The Transformation of the School-Progressivism in American Education-1876-1957 Vintage Books, New York 1961）をお土産に持って来て下さった。アメリカではプログラム教育が盛んで、ハリス先生はそれに対して批判的だった。先生は児童学科のことをInstitute of Child Studyと呼ばれた。半年の講義の最後に「米国における幼児教育の最近の動向」と「幼児教育理論のための心理学的基礎」を特別講義として加えられた。（デール・B・ハリス、津守真『児童発達教育学』（光生館　１９７１年）に載せてある。）

１９７０年前後、私は自分の子どもたちの長期にわたる描画の研究を契機として、ようやく自分の学問的苦悩から脱出しつつあった。

児童心理学から保育学の学徒へ

人は壮年期に、自らの心の底の願いと現実に行われていることとの間に食い違いを体験し、その溝を埋めるべく戦う。１９６０年代、１９７０年代、幼児の発達と保育を専門としていた私は、自分が訓練を受けてきた実証科学の思考法と保育の実際との間に大きな食い違いを感じていた。私が子どもとの間で最も重要と思ったものが科学の網の目からこぼれ落ちていた。私が子どもの描画の研究からこのことを明瞭に意識したのは１９７０年前後であった。東京で、ワシントンで、スウェーデンでの国際学会で、ひろく外国の学者と議論することができた。オランダユトレヒト大学のフェルメール先生も私の描画の研究に関心を寄せて励ましてくださった。この当時、私はルードウィッヒ・クラーゲスの「生命過程と精神」について考えていたが、フェルメール先生がクラーゲスを人間学の源流に位置づけておられることを心強く思った。（注　フェルメール先生の恩師であるランゲフェルト先生も後に来日された。それらについてはミネルヴァ書房『発達』88号にくわしい。）人間科学には自然科学とは異なる視点が必要なこと、それは世界に共通の現代の学問の課題であることを知った。

その時期、私は日々のノートを新しくし、変化して行く自らの考えの過程を記録しようと考えた。

１９７２年10月26日の日記には次のように記している。

いまや私が歩んできたもののなかから、またいままでの思考法のなかから、合理主義というか、保育を考えるのに不毛であった思考の残滓をすべて捨てて出発すべき時が来たようだ。子どもとかかわりつつ現象としてみること、意味をさぐる反省的思考など、思い切って保育研究の転回をしよう。

１９７２年10月30日

障碍をもつ幼児を幼稚園に入れることの是非を議論する大学の委員会があった。多くの委員が障碍をもつ子どもを園に入れることに原則的には反対しないが、それに伴う先生の負担、施設の改修の必要、人手の不足、他の子どもに及ぼすマイナスの点を考えねばならないという主張をした。病院でも内科の患者と外科の患者とはおのずから異なるところで処置せねばならぬという発言もあった。要するに障碍をもつ幼児を普通の幼稚園に入れることはできないとの結論である。この奥に感じられるのは、人を科学的思考で分断する力である。人と人との間を分断するのは悪魔（ラテン語で diabolos という、人と人との間に何かを投げるという意味）である。私共の常識的考え方の中には悪魔がいる。だが同時に私共には真実に向かう天が備えられている。

１９７２年11月5日

●子どもと共なる人生をふりかえる

日曜日の午後一杯、私は考えこんで何もしないで過ごした。子どもたちは風呂に入り、台所からは妻が焼き鳥を焼くにおいが流れてくる。

　子どもがたずねる。「お父さん　クリスマスプレゼントにもらいきれないほど　もらったらどうする?」「家を建てかえるかな」と私は何気なく答える。子どもがピアノをとぎれとぎれにひく。森有正は、『バビロンの流れのほとりにて』の中で、「人は孤独な運命のなかに自分をおくことによって思索する」というが、保育者は孤独とは縁遠い生活の中で思索せねばならぬ。過去10数年にわたって、私のまわりには家庭でも大学でも、常に子どもたちがいた。私は常に子どもたちの要求に追われて過ごし、そのなかで保育の本質を見い出そうとつとめてきた。だが、その最中に、幼児の専門家として私がとった学問の方法は外面的観察を主とする当世風であった。重要なものはぼろぼろと腕の下から抜け落ちていた。いまその本質にいくらかふれる道を見い出した。私なりに学問の思考法が転回した。その新しい目で資料を見直し、学問化することのできる時ではないか。

　子どもの弾くピアノはかなり流暢になった。「ごはんができました」と妻が言う。私はこうして書いている。そんな時間がいま与えられるようになったのだ。孤独ではない運命の10年。それを考えることのできる時。いずれも私に与えられた時である。

1973年7月18日　夢とその考察

一昨夜の夢
「木の根を掘り起こすと、やぶからしの太い根が木の根にからみついて、どちらが本物の根か分からぬほどである（やぶからしは、蔓性の植物である）。私は、その根を手でときほぐす。これではいまに地上の植物はすべてやぶからしになってしまうのではないかと思う」。

昨夜の夢

「私は何か自分の研究の報告をする。そのあとだれか保育現場の人の声がして『この研究には生命がない』と言う。私は憤慢を感じながら、それも本当なのかもしれないと思う」。

私は長い間、どこかに絶対的な知識の体系があって、それを発見しあるいは、それを作り上げることに参加するのが学問であると思っていた。はっきりとそのように意識していたわけではないし、部分的にはその逆も考えてはいたが、どこかに右のような前提があったと思う。しかし、少なくとも、子どもと人間に関する学問の分野では、そういう絶対的な知識の体系や法則があるのではなく、それを見い出すことが学問の課題であるのでもない。もしもそうだとしたら、それを見い出した人は、それを他の人に教え、それに従って考えることが保育者の課題となる。そうではない。

人間の心という未知なる世界が広がっており、私はそれにふれて、自分にとっての意味を見い出すのである。子どもの行動にふれて、それは私にとって意味のあるものとなる。私はそのことの意味を何度も発見し直し、子どものひとつの行動の分かり方が、自分にとってより根源的本質的なものにふれ、かつ、多面的になってゆくのである。

保育を教えるということは同型のものを作り出すことではない。相手が、その人なりに子どものことがよくわかるようになってゆくきっかけとなるのである。

このことを、きょうは、学生さんのレポートを一日ゆっくりと見ていて、自分なりに考えた。他人の体験を読み、またはひもどくとき、そのことから自分なりに考えることができる。その人と同じところで体験したならば、聞くだけとは違ったように考えることができるであろう。また、他の人が、その人の体験をその人なりに根源にふれて、いろいろの面から考えたことを聞くことは、自分が自分なりに考えて行くのにためになる。それが教えるということのはたらきである。

大学から養護学校へ

1983（昭和58）年、養護学校が義務化されて間もなく、私はお茶の水女子大学を辞職し、愛育養護学校の校長となり、毎日を子どもと共に過ごす者となった。

「1日、保育の現場に出ることは1冊の本を読むようなものだ。理解しながら読むこともできるし、訳の分からぬまま読みとばすこともある」（『保育者の地平』津守眞著　ミネルヴァ書房　1997　2頁）。私が校長となった最初の感想である。「昨日のことで身内が熱くなりながら今日も1日を現場で過ごす」。こうなった時、私はほっとした。これが私が学んだことであり、以後、私はその連続線上を歩んできた。次第に自分の保育の輪郭がはっきりしてきた。

保育の1日は、毎日違うし、子どもによって違う。しかし、違う日々を貫いて、共通のことがある。私は毎朝、子どもと出会うことから始める。「**出会う**」は身体の肌で出会い、心の肌で感じることである。

子どもの行動を内なる世界の表現と考えると発見がある。理解は知的な喜びである。表現をどう読むかは保育者にゆだねられている。理解の仕方に応じて応答の仕方は違ってくる。「困った」と否定的にとらえるか、肯定的にとらえるのかによってかかわり方は違う。理解とは知識の網の目に位置付けることではなくて、自分が変化することである。保育実践における子どもの理解の仕方は実証科学の方法とは違う。子どもと直接にかかわり、子どもと遊ぶことである。
私どもが将来への不安にとらわれて現在をおろそかにしたら、子どもの求めに応じてかかわることができない。

保育者は少しの時間も気を抜くことを許されない。子どもが目前から去ったあと、さし迫った現実の要求からひととき解放され、子どもと応答していた時の体感や物質のイメージなど、最初の感覚を思い起す。その省察は、個人的作業だが、同僚と話し合うミーティングの時を欠くことができない。保育の場を共にした人たちと話し合うことにより、同じ子どもの異なった側面をも知り、子どもの全体像が見えてくる。

ミーティングによる発見である。そのとき人々の間に上下関係はない。実習生もベテラン保育者も同列である。男、女、老若、人によって違った角度から見ているし、子どもは大人によって見せる顔が違う。それぞれが子どもに触れた直接体験を語り合う時、子どもの全体像が見えてくる。保育者同士、互いに話し合う時間がなくなったら、保育の質は向上しないし、子どもの成長もないだろう。

実習生、ボランティアを受け入れることが自分たちの保育にプラスになる。このことは私の保育生活でいくら強調してもし過ぎることはない。保育にかかわる人たちは皆対等である。私どもの学校では、かなり早い時期から、複数の大人で保育するのが当然と考えていた。実習生は指導の「対象」ではなく、一緒に保育をする仲間であり、同志である。それがこの子どもたちの未来をつくるのに、図らずも大きな力になっている。

子どもの成長の観点から言うならば、子ども自身の**存在感**がしっかりしていなければ、どんなカリキュラムも意味をなさない。どんな子どもにも自分から何かをしようとする**能動性**がある。子どもが自分からし始めることには、必ず意味がある。大人がそれに協力することによって、生活がつくられる。創造的であるとともに、社会にとって建設的な生活がつくられる。他人からやらされるのでなく、自分が選んだことを自分のペースでやることである。互いに相手の思いに合わせてやりとりする**相互性**は、規則や管理による統制とは違う。民主的社会性である。

こうして人間の**自我**がつくられる。わがまま、利己主義とは違う。力を込めて自分で何かをする体験が未来への自信と希望をつくり出す力になる。

具体的なことは日々違う。子どもによっても違う。1日として同じ日はない。

小さな行動に目をとめること。

子どもが私に手を触れた時の感触からその時の子どもの気持ちがわかる。親しみを感じさせる柔らかい手。立ったままで動こうとしない、不安な姿勢。砂の中に手を埋める、自分を外に出したくない、他人の目を気にしている手、などなど。

子どもの行動を心の表現としてみると、「発見」がある。

科学では優れた研究者が発見したことを当てはめて応用するが、保育では一人ひとりの人が子どもに直接触れて発見し、それに従って子どもに応答する。最も人間的なことである。保育者は発見の喜びと、その展開を見る楽しさがある。それができないときは、自分にも子どもにも苦悩の時となる。自分自身を根底から考え直し、自分を変えなければならないこともある。

子どもが主人公である学校。それは私が校長になって最初の大きな課題だった。一人ひとりの子どもが、ここは自分の学校だと威張って過ごせる場所。そう思えなかったら、子どもの成長はないだろう。そう思えない時は実際にはいくらもある。倉庫の教材を全部教室に運ぶことを主張する子。「子どものすることには意味がある」。その子に協力して一緒にそれらを運んだ時、スーパーの店のイメージがその子にあることが分かった。子どもが始めたことに大人がどう協力するかが問われている。子どもは大人よりもずっと、建設的に未来を見ている。それを信頼することから教育は始まるのである。

私は、障碍のある子どもは何もできないと以前は思っていた。長年つき合っているうちに、それは偏見であることが分かってきた。重い障碍をもっていても、自分が社会に貢献したいという高いプライドをもっている。他人から一段低く見られていると感じることが、「荒れた行動」を引き起こす。

「分かるはずはない」ことを前提にして幼児向きの易しい本を読むのではなくて、精神的に高度な本を読むことが子どもに訴えることを最近になって私は何人もの子どもについて経験している。アンデルセンの人魚姫の原文を読んで、自分が泡になってもいいという箇所で、その子は涙を浮かべた。ピノキオの続き物の本を持ってきて読むことを求めたのは激しい行動をした男の子だった。旧約聖書の柔らかい肌のヤコブが毛皮を着けて父親をだます箇所でニヤリと笑ったのは言葉を話すことをしないベッドに横になって1日を過ごす子どもだった。イザヤ書の「主に望みをおく人は新たな力を得、鷲のように翼を張って上る。走っても弱ることなく、歩いても疲れない」という箇所を読むと目を輝かせたのは1度も歩いたことのない子であった。

もう一つある。現代の日本の乳幼児のことである。

都会の中心に住む私の周辺は、子どもがのびのびと育つ環境ではない。

外に出られない狭い部屋で、1日の大部分を過ごさねばならない子どもたちが増えている。どの子も言いたいことがいっぱいあるだろう。「もっと長い時問自由に遊んでいたい」「大人はボクをおいて何処かへ行ってしまった」「ほんとは玩具ではなくて、ボクを見ていてほしかったんだ」などなど。子どもには小さな願いがいっぱいある。

保育所設置基準を守らなくても簡易に保育所がつくられるようになって、幼児の環境の悪化は一層ひどくなった。保育士の研修時間が減り、保育者同士が互いに理解し合うことが困難になり、大人の管理が窮屈になっている。

もちろん、環境も内容も良くやっている保育施設が数多くあることは希望である。

私は60数か国が加盟するＯＭＥＰ（世界幼児保育・教育機構）の日本代表を長年つとめてきた。かつては日本の保育は世界に誇るものだった。設置基準を守らなくてもよくなったころから、その誇りが失われつつある。

その根源には、歴史的緊張感の中で作られた教育基本法の改訂がある。

昭和20（1945）年、敗戦の時、当時青年だった私が、60年間抱き続けてきた、新しい時代への希望と誇りと生き甲斐が、時代の流れとともに壊されていくのを恐れている。

幼児に出会い、しばらくの時を一緒に過ごすと、そのとらわれない新鮮な見方と、生命力に驚かされる。いつの時代にも、どんな境遇にあっても、それは幼児を保育する者にとって事実であり、深めて考えることのできる体験である。

乳幼児期こそが人間の基礎（根の部分）をつくる時である。その根から枝葉が育って、青年、壮年へとつながっていく。

豊かな自然、豊かな時間・空間、豊かな人間関係、高尚な精神。これらがあれば、どんな子どもも立派に育つ。

（ペスタロッチ賞受賞記念講演より）

その後のミネアポリスの友人達

１９５１年以来、私がはじめてアメリカに行ったのは１９７１年12月だった。実に20年ぶりだった。私の家には４人の子どもがいたし、１ドル３６０円では自力で行くことなど考えられもしなかった。国立教育研究所の平塚益徳先生に誘われて、スタンフォード大学で行なわれた日米幼児教育会議に参加することになったとき、その帰途、ミネアポリスを訪れた。私にとっても私を泊めてくださったミネアポリスの友人達にもそれは感動的な再会だった。飛行場まで出迎えて下さったネルソン夫妻、トンプソン夫妻と共に飛行場から直行して、ミネアポリスでの最初の家クラウンズ夫人を病院に訪ねた。「おばさん（クラウンズ夫人は私にそう呼ぶようにと言っていた）」は、すっかり痩せて椅子に深々と座っていた。私を抱きえて涙を流した。一生のうちにこんな再会ができるとは考えられないことだと言って喜んだ。「おばさん」は私が来ると聞いたときあんまり興奮したので、当日の朝まで日時は教えなかったとのことだった。夜はホワイト夫人が私のために数日間かけて作ったという御馳走のパーティだった。ホワイト氏はこの頃忘れっぽくて、奇妙な行動があるとのことだった。子ども達が２人とも離婚したことがこの人たちの心の重荷になっていた。翌日はトンプソン家で私との再会パーティが開かれた。既に亡くなった４人を除いて９軒の人達が家族連れで集まった。30数人の大パーティだった。その翌日はピルグリムファウンデーションの友人７、８人が私のために同窓会をしてくれた。子どもも連れて集まった。その顔触れを見て、この人たちが夫婦になったのかと私は20年振りに合点した。

3日間の滞在の後、いまはペンシルヴァニア州立大学に移られたハリス先生をペンシルヴァニアに訪ねた。ペンシルヴァニア州立大学ではアートエデュケーションのDr.バイテルが私の描画の研究を高く評価して、半日スタッフと討論のときが作られた。そのことは保育研究の転回の時にあった私に自信を与えてくれた。


私が3回目にミネアポリスを訪れたのは、1974年カナダのモントリオールで行なわれた国際応用心理学会のシンポジウムに、ハリス先生と共に参加した帰途だった。ミネアポリスでネルソン家、ダグリーン家に泊まったときには自分の家に帰ったような落ち着きを感じた。数日の滞在だったが、ベトナム戦争によるアメリカの社会の変化を感じさせられた。かつては泥棒がいないことを誇っていたミネアポリスでも、停止信号のときに、ロックされていない自動車の窓からカメラやハンドバックが盗まれるというくらいだった。学生達はキャンパスを裸足で歩いていた。ソニーやミノルタの大きな広告看板が目に付いた。ミネソタ大学付属ナースリースクールでも知的教育のプログラムがなされていて、幼児の活動はこまぎれだった。私はそこに身をおくことに耐えられず早々に辞去した。

私が4回目にミネアポリスを訪れたのは、1985年にカナダのエドモントンで行なわれた国際人間科学研究会議（ＨＳＲＣ）の帰途だった。そのときはすでに私は愛育養護学校の保育の実践に忙しくしていた。私は妻と共にシカゴのベッテルハイムの学校を訪問した後ミネアポリスに3日間立ち寄った。ネルソン家で私共のレセプションが行なわれた。ある方は亡くなり、ある方は病気で、集まった人の数は半分に減っていた。大学のナースリースクールは前回の時のようなプログラム教育から脱していた。戸外で水たまりに木の葉を浮べて子どもたちが遊んでいた。ひとりの子どもが私に葉っぱをくれるという。私が手を出すと、スプーンに水をすくってくれた。私はスプーンを受け取ってやりとりするうちに、別の子にそのスプーンを渡してしまった。気が付いたら前の子が泣いていた。私がその間で困っていたら、男性の保育者がその子を抱き上げてくれた。担任の先生にそのことを話すと、良いところに目をつけたと喜んでくれた。職員室の書棚には私の知っていた進歩主義教育の時代の書物が並んでいた。医学部の学生が数人実習していたのは新鮮だった。私はアメリカ社会の変化の早さに驚いた。

最後に私がミネアポリスを訪れたのは1996年、日本で開催されたOMEPの世界大会の年である。この時の世界理事会がメキシコで行なわれた帰途だった。私はミネアポリスに1週間滞在した。こんなに長く滞在したのは学生時代以来なかった。私は障碍をもった子どもが成人した後の福祉を学びたいと思っていた。かつてのミネソタ大学児童研究所の建物「パティホール」には「居住型施設とコミュニティ生活センター」という看板がかかっていた。夏休みというのに大勢の大学院生や研究員が精力的に仕事をしていた。居住型施設は人権に反するという理由で訴えられて閉鎖されつつあり、作業所も閉鎖されて、障碍をもっていても普通の職場で働けるようにと人々が力を合わせていた。ピープルファースト運動は一般の人達の間にも広まっていた。障碍をもつ大人の福祉の変化を眼前にして、これは20世紀が獲得した成果であると私は思った。アメリカの幼児教育の管理主義については耳にしていたが、このときはミネソタ大学付属ナースリースクールを訪問することができなかったのは残念だった。

そのときにもまたネルソン家に泊めて頂いた。夫妻はいまなお矍鑠《かくしゃく》としておられる唯一の家庭である。丁度この原稿を書いているとき、私を泊めて下さったひとりであるコルレット夫人が亡くなったことを娘のジーンが知らせて来た。ジーンは私がミネソタを去って後に生まれた。手書きのその手紙には、コルレット家の6人の子どもたちの一人ひとり人の消息と、さらに孫たちの近況まで記されていた。父親と折り合いがよくなかったマギーはカリフォルニアに住んでいて、その娘は海洋学を専攻し、息子は化学を専攻している。いたずら坊主のチャックはミネアポリスに住んで、バレーボールのコーチをしているという。ジョンの娘の14歳のニコルは高校1年生で、いつも電話をかけている典型的なティーンエイジャーだと手紙は詳しかった。ジーン自身は子どもがいないが、教会のことで忙しく働いていると書いてあった。私はコルレット夫人が子育ての忙しい中で私を泊め、教会の日曜学校に熱心だったことを思い出した。

さらにその後のミネアポリスの友人達

私がお世話になった方々は、さらに年をとり、亡くなったとの知らせが次第に多くなった。短い文章の中に、その人を偲ばせるような思いがこめられている。老年になり天へ移ることが自分達の身にも迫っていることを教えてくれる。

クラウンズ家

私が最初に泊まった家庭クラウンズさんは、私が去った後、間もなく亡くなった。おばさん、クラウンズ夫人はその後90歳まで生きられた。ずっと後になって娘さんからの手紙で、自分が使っていたあの屋根裏部屋をあなたが知っていて嬉しいと記されていた。おばさんは私への手紙で、しばしば主人を思い出すと書かれた。

ライト家

私が去って早い時期に日本に来て、箱根や日光にゆき、更に島原で隠れキリシタンの遺物を私の友人の案内で見学された。その記録を小さな本にまとめられた。娘のグレースは菜食主義で、後にパイロットの資格を取った。ライト夫人はずっと後まで手紙で私と交信を続けた。91歳でなくなった。

ホワイト家

１９７４年の私の訪米の時と、さらにその次の訪米で再度訪問したが、そのときは私であることがほとんど分からず、悲しさが残った。その頃は娘のドリーンとその主人が面倒をみていた。私はこのことを知ったとき、人間の不思議な結び付きを感じた。

コルレット家

私が去った後に、さらに子どもが2人生まれたが、その後の手紙。

「ほとんど空っぽになった私の家、なんという変化……」大勢の子どもが成長した後の気持。

ロフリン家

私が去った後の音信がない。

ジギア家

私が去って間もなく、ジギア氏は屋根から落ちて亡くなり、夫人は落胆のあまり記憶を失って亡くなった。

バチェルダ家

バチェルダ氏は比較的早くに亡くなったが、夫人は目が見えなくなっても元気で、ミネソタ大学の通信講座で単位を取るのをたのしみにしていた。

ヘルパーさんに恵まれ、私は訪問するたびに会った。私がクッキーを送った時にはとても喜ばれた。ネルソンさんがしばしば訪問されていた。

トームス家

娘からの手紙によれば、「長くて力強い生涯でした」と記されていた。91歳で天に召された。

トンプソン家

名実ともに、私が勉強することを可能にしてくださった方である。

ご主人は鉄道会社の技師だったが、夫人を心から尊敬していた。数度日本に来られた。ずっと後に日本政府から、留学生の世話に尽くしたことで、勲章を受けられた。

ネルソンからの知らせ

「特別に悲しいニュース。トンプソン夫人が癌で苦しんだ末に5月末に亡くなりました。葬儀は6月4日に行われました。ひとり息子のダンは兵役から戻り遠くに住んでいるけれどもしばしば見舞っていました。」

ネルソン家

ネルソン氏は弁護士で、最後まで私に、いろいろの人たちの様子を知らせてくれた。養女のメアリアンと養子のリチャードがいる。メアリアンはネルソン家の傍に住み、看護師をしていて今も元気で、私との間で手紙のやりとりが続いている。

ネルソン氏は２００４年5月４日に長い生涯をを終えた。弁護士会の死亡通知には、その人柄を記して「寛容、着実、忠実、誠実、他者の世話を本気でする」とある。「これらの語はこの人をよくあらわしている」と記されている。ネルソン夫人は92歳で天に召されたことをメアリアンが知らせてくれた。

ダリーン家

夫人が声楽家で、在学当時から名が知られていたという。

ご主人はデパートの家具部で働いていたが、後に辞めて、自分でモテルを経営した。

１９８３年に日本に来られ、私と一緒に九州の唐津の旅をした。

息子のノームからの手紙には、1997年1月に父が亡くなり、母は5月の母の日に亡くなりましたとある。新聞には、声楽家としての才能とともに私の後に留学生を17人世話をしたと記されている。私が最後に夫人をたずねたとき、意識がはっきりしないと言われていたが、私を見るとしっかりとうなづかれた。

亡くなって後、息子たちが写真つきの追悼文集を作った。

マッケンシュタット家

ミネアポリスを去る時の準備を手伝ってくださった。

シュタウファー家

夫人は早く亡くなり、いまは大学の務めを終え一人で孫たちとの交わりを楽しんでいる。

テンプリン教授

大学の務めを終えた後、ボランティアとしていろいろの方の世話を終えて、退職者ホームにおられた。

ハリス教授

ハリス教授については、2007年4月28日に92歳で亡くなった。亡くなる2、3年前から体調を崩しておられた。ハリス夫人は、ハリス先生の2年後に亡くなられた。

私にとってはハリス先生は指導教官であり、はじめてアメリカのミネソタ大学の研究室を訪ねた日、日本人である一学生に、原爆を日本に投下したことを真摯に謝罪されたことが心に刻まれている。学問の指導だけでなく人間の在り方を教えていただいたことを重ねて感謝申し上げたい。

私は米国から帰り、その後の学問的な戦いも終わり、米国の友人たちとの交わりも殆ど終結した。私はさらに年を重ね、養護学校の子どもたちの傍らで思索する日々を重ねていた。ところが、さらに最晩年の２００７年に私は脳出血を起し文字を書くことが出来なくなった。思いもよらぬことで、子どもたちと同列に生きることになった。人間の学としての保育学は、このような状況になっても、いつでも未来に向かって扉が開かれている。

アメリカの家庭を記すのはあまりにも私的なことではないかと思い、途中で止めようかと考えたこともあった。アメリカの友人の実名を記すのはプライバシーにふれるのではないかと思ったとき、弁護士のネルソン氏は、だれもがあなたを心から信頼しているのだから、遠慮せずにフルネームで記し、写真をも載せることを勧めてくださった。世界の平和には政治の舞台の大きなことも必要だが、その根底には普通の人達の友情の交わりがもっと大きな力をもつ。

●おわりに●

今年の正月、私は86歳になった。

孫たち、子どもたちが集まったとき、亡兄の家から私の家の系図を借りて来て皆で肩を寄せ合って見た。遥か遠くに百済から来たという何百年も遡る私共の知らない時代から、南北朝時代、江戸時代、明治時代、キリスト教になった父の時代に至る長い年月を考えた。

日本が米国と戦争した時代、日本が米国に敗れ、私は米国に留学した。世界は変化し、日本は原子爆弾を落とされながら、原子力発電に依存し、ベトナム戦争では米国の苦難を対岸に見て、イラク戦争では曖昧に米国に追随し、今度は何が起こるか予想できない。旧約聖書の歴史ではバビロンは滅ぼされ、ユダヤ民族は放浪の民となりながらアイデンティティを保っている。これから先の日本の歴史はどうなるか予測できない。

今回この本の主題の一つである、米国で私が体験したことは50年以前のことであり、私を1月ずつ家に泊めて世話して下さった13の家庭の方は、1人を除きことごとく亡くなった。私はその後5回米国を訪問した。いずれもほぼ2週間という短期間である。その度に最初に出会ったときの親しみを回復した。そして、本文で分かるように、たくさんの友人たちと互いに長期にわたって手紙のやりとりをした。

外国の人とでも付き合えば、日本人同様に気持が通じる。いまや殆どの人がすでに天国に籍を移した。

私はそこに望みをもって生き、また死ぬ。

私が米国にいたのは1年半という限られた短い期間だったが、とうとう一生涯を通じての付き合いになってしまった。不思議なことである。

心理学の学徒から出発した私は、子どもの側に立って学び生きる保育学の学徒になった。いま、保育の現場で直接に子どもと触れるのがますます楽しくなっている。

子どもと交わることは、人間の根源を考え、学ぶ時である。

この本の草稿を最初に書いたのは30年以上前である。その後何度も書き改めて月刊誌「幼児の教育」に連載された。それにあたってはフレーベル館にお世話になった。あらためてお礼を申し上げたい。また、当時編集に力を尽くされた方々に、私の読みにくい文字を判読していただき、感謝致します。今回は、当時まだ結婚していなかった私の妻房江に宛て毎日書いた私の手紙の一部を資料として加えた。そのことにより、私自身のその時の内面が臨場感をもって伝わると思ったからである。

私は数年前に脳出血のために文字が書けなくなり高橋洋代さんに全面にわたって助けていただいた。

この本は高橋洋代さんと津守房江の協力を得てできた書物である。出版してくださったななみ書房の長渡夫妻も含め御礼申し上げます。

２０１２年春

津守　眞

著者紹介

津守　眞（つもり まこと）

〈略歴〉

1926　東京生まれ
1948　東京大学文学部心理学科卒業
　同年 恩賜財団母子愛育会愛育研究所研究員
1951 − 1953　米国ミネソタ大学児童研究所留学
1951 − 1983　お茶の水女子大学教授
1983 − 1995　愛育養護学校校長
1995　日本での OMEP 世界大会会長
1988 − 1998　社会福祉法人野菊寮理事長
1999 − 2006　学校法人愛育学園理事長
現在　愛育養護学校顧問
　　　お茶の水女子大学名誉教授
　　　OMEP（世界幼児教育・教育機構）名誉会員
　　　広島大学よりペスタロッチー教育賞受賞（2006）

〈主な著書〉

『幼稚園の歴史』恒星社厚生閣　1959（共著）
『乳幼児精神発達診断法』大日本図書　1961（共著）
『人間現象としての保育研究』光生館　1974（共編）
『子ども学のはじまり』フレーベル館　1979
『保育の体験と思索』大日本図書　1980
『自我のめばえ』岩波書店　1984
『子どもの世界をどうみるか』日本放送出版協会　1987
『保育の一日とその周辺』 フレーベル館　1989
『保育者の地平』ミネルヴァ書房　1997
「幼児保育から見た障碍の意味とその歴史的変遷」『保育学研究』
　36 巻 1 号　日本保育学会　1998
『学びとケアで育つ』（佐藤学監修　著者代表津守眞・岩崎禎子）
　小学館　2005
『出会いの保育学』ななみ書房　2008（津守眞・津守房江）

私が保育学を志した頃

2012年5月1日　第1版第1刷発行

●著　者	津守　眞
●発行者	長渡　晃
●発行所	有限会社　ななみ書房
	〒252-0317　神奈川県相模原市南区御園1-18-57
	TEL　042-740-0773
	http://773books.jp
●絵・デザイン	磯部錦司・内海　亨
●印刷・製本	協友印刷株式会社

ISBN978-4-903355-36-0
Printed in Japan